Das verborgene Wissen der Welt

wird herausgegeben von
Dr. Hans Christian Meiser

Über den Autor:

Franjo Terhart studierte Latein, katholische Theologie und Philosophie und ist als Autor von Sachbüchern und historischen Romanen bekannt. Sein Interesse gilt vorrangig der westöstlichen Mystik und dem keltischen Kulturraum. Zudem arbeitet er seit Jahren intensiv an dem Thema »Templer«, deren ketzerische Geheimlehre er sowohl durch das Studium alter Schriften als auch bei ausgedehnten Forschungsreisen entschlüsselte.

Franjo Terhart

Die Wächter des Heiligen Gral

Das verborgene Wissen der Tempelritter

BASTEI
LÜBBE

Bastei Lübbe Taschenbuch
Band 70182

1. Auflage: August 2001

*Dieses Buch ist gewidmet
der schönen Büßerin,
meiner Frau Jane
und meinem Sohn Christopher Sean.*

Vollständige Taschenbuchausgabe
der im Heinrich Hugendubel Verlag, Kreuzlingen/München,
erschienenen Hardcover-Ausgabe

Bastei Lübbe Taschenbücher ist ein Imprint
der Verlagsgruppe Lübbe

INHALT

Kapitel 3:
DER ORDEN UNTER ANKLAGE

Schlußbetrachtung –

Vorwort

Das Schönste im Leben ist, all jene Rätsel zu lösen, die uns Gott, die Natur und vor allem die Menschen aufgeben. Sieben Jahrhunderte nach ihrem doch eher plötzlichen Verschwinden regen die Mönchsritter mit dem roten Tatzenkreuz auf ihren langen weißen Mänteln nach wie vor unsere Phantasie an. Doch sowohl unsere Intuition als auch unser Verstand sagen uns, daß es da noch ein ungelöstes Rätsel gibt, ein Mysterium, das bis jetzt noch nicht restlos aufgeklärt wurde. Manche – vor allem Historiker – finden sich mit jenen traditionellen Erklärungen ab, die von der Begierde eines Königs und der Schwäche eines Papstes reden und beides für den Untergang des Templerordens verantwortlich machen. Aber zahllose Anzeichen sprechen dafür, daß es noch weitere, nur zu gern der Öffentlichkeit verschwiegene Gründe für die Auflösung des streitbaren Ordens gegeben hat. Der Kirche und allen Historikern zum Trotz hat uns der Orden der Mönchssoldaten ein geistiges, hermetisches Erbe hinterlassen, das nicht so leicht zugänglich ist und mehr Fragen aufwirft, als es Antworten gibt. Dieses hermetische Erbe der Tempelritter ist das Thema dieses Buches, nicht so sehr die Geschichte des Ordens, seine Niederlassungen im Heiligen Land und die Politik, die er betrieb. Darüber haben sich andere ausführlich genug ausgelassen. Weniger bekannt ist, was die Templer wirklich dachten und glaubten. Haben sie tatsächlich auf das Kreuz gespuckt und einen sprechenden Kopf angebetet? Ist es wahr, daß sie bis nach Mexiko gesegelt sind, um dort die Silberminen auszubeuten? Und was ist mit den geheimnisvollen Assassinen, ihren moslemischen Feinden? Warum waren die Templer gerade ihnen in manchem so ähnlich? Haben sie wie jene Rauschgift genommen, um sich im Paradies zu wähnen? Waren wirklich alle Templer gleichermaßen in die geheimen Ziele ihres Ordens eingeweiht?

Das vorliegende Buch stellt eine Einladung dar, sich auf eine ungewöhnliche Reise zu begeben – mit dem Ziel, die unausgesprochenen Geheimnisse der Templer an einigen ausgewählten Orten in Frankreich, Spanien und England aufzuspüren. Über das Thema Templer sind allein im Abendland zwischen 1927 und 1965 mehr als 800 Veröffentlichungen erschienen. Und danach werden sicherlich weltweit noch einmal so viele oder sogar mehr Druckerzeugnisse hinzugekommen sein. Warum also einem so viel beachteten Thema noch ein weiteres Buch hinzufügen? Für mich persönlich stehen dieses *zusätzliche* Buch und meine intensiven und langjährigen Forschungen zum Thema Templerorden in einem eher nachgeordneten Zusammenhang, vor allem nämlich hatte es mich einfach von Anfang an »gepackt«. Ich konnte mich dem Mythos und der Faszination der Tempelritter ab einem gewissen Punkt nicht mehr entziehen und wollte selbst das sehen, worüber andere schrieben.

Denn es ist diese wirklich eigenartige Verbindung zwischen Mönch- und Rittertum, zwischen Erbauern von Kathedralen und Landwirten, Verteidigern des katholischen Glaubens und Kreuzestodleugnern, Bankiers und Hütern einer geheimen »ketzerischen« Tradition, die für mich – wie für viele andere Suchende auch – den *Orden der Armen Männer Christi*, wie sie sich selbst nannten, von jeher so anziehend machte. Seit Jahrhunderten ranken sich zahllose Mythen, Legenden und phantastische Geschichten um die Ritter mit dem auffälligen roten Tatzenkreuz. Sie müssen auf ihre Zeitgenossen beeindruckend gewirkt haben. Nicht wenige der heutigen Zeitgenossen sehen in ihnen die wahren Hüter des Grals und die Bewahrer einer spirituellen Tradition, die später auf die Freimaurer und Rosenkreuzer übergegangen ist.

Die Gründung des Ordens erfolgte wahrscheinlich zwischen 1118 und 1120. Der letzte Großmeister starb 1314 auf dem Scheiterhaufen. Das überraschende Ende dieses besonderen Ritterordens ist nicht weniger mysteriös als seine Geschichte und das Geheimnis, das ihn 189 Jahre lang im Innersten zusammengehalten hat. Geradezu auffallend ist, daß ohne nennenswerte Gegenwehr und sozusagen über Nacht eine bis dahin militärische und wirtschaftliche Elite ihrer Zeit verschwinden konnte, die eine überstaatliche Großmacht mit eigenen Werften, Häfen, einer schlagkräftigen Kriegsflotte, einer Armee von vermutlich mehr als dreißigtausend Soldaten, eigenen Krankenhäusern, zahllosen Burgen und Ländereien von beträchtlicher Größe dargestellt hatte. Sich wehrhaft gegen Papst und französischen König aufzulehnen und beide von ihren Stühlen zu jagen, hätte für die Templer eigentlich wenig Anstrengung bedeuten müssen. Aber der Orden ließ alles über sich ergehen und sich geduldig zur Schlachtbank führen. Warum? Gab es vielleicht eigene, nur einem kleinen inneren Kreis nachvollziehbare Interessen, die eine Auflösung des Ordens sogar für wünschenswert hielten? Die von Papst und französischem König vorgebrachten Gründe für die Arretierung der Tempelritter entsprachen dem Schema von Ketzerverfolgungen: Götzenkult, Sodomie und gravierende Abweichungen vom dogmatischen Glauben. Waren das bloße Verleumdungen, um überhaupt etwas gegen den Orden in der Hand zu haben, oder gab es wirklich geheime, für aufrichtige Christen geradezu »unerhörte« Regeln im innersten Kreis der *Armen Ritter vom Salomonischen Tempel,* die die Kirche provozierten? Fühlten sich führende Templer vielleicht insgeheim als *Orden des Baphomet,* eines angeblich bärtigen Götzenidols mit vier Füßen, den nur wenige Auserwählte zu Gesicht bekamen?

Wer sich in den »Dschungel« der Geheimnisse der Templer begibt, läuft schnell Gefahr, den Wald vor lauter Bäumen nicht mehr zu sehen. Mythos und Realität, Hirngespinste und Authentisches gehen Hand in Hand und verstellen dem Forscher sehr häufig den Blick auf den wirklichen Kern des Geheimnisses. Als ich mich deshalb vor Jahren aufmachte, den oder die Schlüssel für die geheimen Lehren des Templerordens zu entdecken, wollte ich von vornherein einen Weg beschreiten, der sowohl für mich als auch für jeden anderen nachvollziehbare Erkenntnisse offenbarte. Mein Ziel war es, weniger mit Thesen als mit Fakten aufzuwarten. Dabei ging ich von der Annahme aus, daß sich bei der Vielzahl ehemaliger Templerbesitzungen irgendwo sichtbare Überbleibsel für eine geheime ketzerische Tradition finden lassen müßten. Ich müßte sie in Frankreich, England, Spanien und Portugal nur aufspüren! Wenn ich diese fände, intensiv studierte und entschlüsselte, dann würde sich doch vor meinen Augen das ganze Geheimnis des Ordens darlegen lassen. Ich lag keineswegs falsch damit, aber es dauerte Jahre, bis es mir endlich gelungen war, alle Bruchstücke, die ich gesammelt hatte, nach und nach wie ein Puzzle sinnvoll zusammenzusetzen. Was ich in Händen hielt, waren nichts als Fakten, aber sie lasen sich wie ein phantastisches Abenteuer. Da gab es unter anderem:

- eine verschlüsselte Botschaft in einer Genter Kirche;

- 30 Schatztruhen in den verschütteten Katakomben von Gisors;

- ein magisches Quadrat in Stenay und Gott Baal in Nordfrankreich;

- den rituellen Mord an einem Merowingerkönig;

- die Darstellung der neun ersten Templer von Jerusalem zusammen mit der Arche des Wissens in der Krypta von Saint-Denis in Paris;

- geheime Symbole im Kerker des offiziell letzten Großmeisters Jacques de Molay;

- rätselhafte Initiations-Rotunden in Lanleff, Eunate, Metz und Laon;

- die überwältigende Gralsträgerin im spanischen Taüll;

- einen versteckten Hinweis im berühmtesten Fresko von Leonardo da Vinci;

- Sonnenorakelräder in Laniscat (Bretagne) und im mallorquinischen Inca;

- das ketzerische Tau-Kreuz in den Templerkirchen Nordspaniens;

- den Heiligen Gral von San Juan de la Peña und die Feuertaufe der Johannis-Ritter durch den Heiligen Geist;

- das freimaurerische Senkblei und die Maria-Sophia von Montsaunès;

- Baphomet-Köpfe, wild, bedrohlich und rätselhaft, an der Templer-Kapelle von Eunate;

- einen unterirdischen Initiationsraum in der Normandie;

- salomonische Siegel und die Zahl 675 an den Wänden der Abtei von Fontfroide, auf den Festungsmauern von Carcassonne und als Exlibris des Abbé Saunière in Rennes-le-Château;

- das seltsame Sonnenzimmer vom Montségur;

- den Yogin-Templer von Méaux und seinen Athanor;

- die petroglyphe Geheimschrift der *Kinder Salomons;*

- keltische Wurzeln im Glauben des heiligen Bernhard von Clairvaux;

- Sternenpilgerpfade entlang von Breitengraden;

- den Templergeist von Gavarnie;

- Zahlenmystik: »Sieben und Neun, Neun und Sieben, wo ist der Schatz der Templer geblieben«;

- esoterische Landmarken, alle exakt ausgerichtet auf und nach den Längen- und Breitengraden unseres Planeten;

- und, und, und ...

Vor allem aber wurde ich im Languedoc (Okzitanien) und in Nordspanien fündig. Dabei wurde die Recherche immer faszinierender. Je tiefer ich mich in die geheimen Templerwelten hineinbegab, um so erregender wurde für mich das Gefühl, der Auflösung um die letzten Rätsel dieses mittelalterlichen Ordens näher und näher zu kommen. Und eines wurde mir schon bald zur Gewißheit: Die Templer hatten ihr Geheimnis nicht mit ins Grab genommen, sondern offen vor uns ausgebreitet. Das ist mitunter die beste Möglichkeit, etwas wirkungsvoll zu verbergen ...

Kapitel 1

DIE TEMPLER – MACHT, GEHEIMNIS UND MYTHOS DER MÖNCHSSOLDATEN

Ein sagenhafter Schatz – aber wo?

In der populären Meinung über die Templer gibt es viel Markantes. Der Ausspruch »Saufen und fluchen wie ein Templer«, der den Orden als ziemlich kulturlosen Haufen abkanzelt (wie tatsächlich von einigen Historikern behauptet wird), zählt sicherlich ebenso dazu, wie die Vorstellung von einem ungeheuren Schatz, der an einem geheimen und sicheren Ort verborgen liegt und so wertvoll ist, daß man damit ganz Europa kaufen könnte. Das erklärte jedenfalls im Jahre 1968 der Hotelier Noel Corbu im südfranzösischen Rennes-le-Château und erweckte den Eindruck, als wüßte er ganz genau, wo dieser Schatz zu finden sei. Leider kam der Mann drei Tage nach seiner Ankündigung bei einem mysteriösen Verkehrsunfall ums Leben. Sein Unfallgegner blieb bis heute unbekannt.

Gibt es einen materiellen Templerschatz, der alles bisher Dagewesene in den Schatten stellt? Niemand weiß es so ganz genau, aber viele hoffen es, suchen und suchten bereits danach. So auch die kleine Gruppe von zu allem entschlossenen Männern, die im Jahr 1339 in die Unterwelt Mallorcas hinabstieg. Ihr Ziel war das Innere von Coves del Drac, der *Drachenhöhle* in der Nähe von Manacor. Die berühmte Höhle war damals noch unerforscht, das Unternehmen ist aktenkundig. Anführer der Truppe war ein gewisser Bernat Gartell, dessen Begierde nach dem Schatz des untergegangenen Ordens so groß war, daß er sich dafür sogar in den Abgrund der Höhle mit seinen geheimnisvollen Tropfsteinen wagte. Ob Gartell und seine Männer fündig geworden waren, wird nicht berichtet, vermutlich erwies sich seine Expedition wie viele andere als Fehlschlag.

Zu allen Zeiten wurde spekuliert, wohin die Templer in den letzten Tagen vor ihrer Arretierung ihre Kleinodien vor dem Zugriff des französischen Königs versteckt haben könnten. Kommt eine ihrer 9000 Burgen und Schlösser in Frankreich dafür in Frage?

Vielleicht Schloß Arginy bei Lyon, oder, wie ein im Jahre 1923 gefundenes Dokument vorgibt, Schloß Val de Croix (Valcroz) in der Provence? Die bislang unglaublichste Annahme sieht sogar Oak Island südlich von Halifax in Kanada als mögliches Versteck vor. Dort wird seit Jahrzehnten versucht, aus einem Schacht einen möglichen Schatz – materielles oder geistiges Gut (Bücher, Schriftrollen etc.) – zu bergen, was bislang trotz Einsatz modernster Technik immer wieder mißlang. 1981 stieß dort Fred Nolan auf ein steinernes, tonnenschweres Kreuz aus jeweils vier großen kegelförmigen Granitblöcken. In seiner Mitte befand sich ein kleinerer Sandstein in Form eines menschlichen Schädels. Die vier Granitblöcke bildeten die Arme des Kreuzes, das von Nordosten nach Südwesten ausgerichtet war. Die eine Länge (von rechts nach links) betrug 110 Meter, die andere Länge (von oben nach unten) 264 Meter. Zudem wurden Einkerbungen und Markierungen an anderen Steinen gefunden, die stark an Symbole aus der Freimaurerei erinnerten, so meinte jedenfalls der Entdecker. Aber es könnten auch die Templer gewesen sein, denn immerhin ist deren gesamte Flotte, bestehend aus 13 Schiffen, im Oktober des Jahres 1307 von La Rochelle ausgelaufen und niemals mehr gesichtet worden. Vermutet wird, daß die Schätze zuerst nach Schottland und von dort 1398 mit Prinz Henry Sinclair von Schottland an die kanadischen Küsten von Nova Scotia gelangt sind. In der Tat existiert eine Beschreibung dieser Atlantiküberquerung aus dem Jahre 1398 als sogenanntes Zeno-Dokument. Und noch erstaunlicher: Sowohl die amerikanische Maispflanze als auch der Aloe-Kaktus wurden Jahrhunderte vor Columbus in die Mauern der Rosslyn-Chapel in Schottland gemeißelt. Vielleicht hat ja Prinz Sinclair, von dem man weiß, daß seine Familie Templern in den Jahren nach 1307 Unterschlupf anbot, den Schatz in der Neuen Welt auf Oak Island vergraben?

Womöglich wurde der Schatz aber auch schon gefunden! 1946 will Roger Lhomoy, der Kastellan der Burgruine von Gisors, 40 km nordwestlich von Paris, 30 Schatztruhen aus kostbarem Metall entdeckt haben. Damals sagte er aus, daß er in einer kleinen romanischen Kapelle unter der eigentlichen Burg auf diese gestoßen sei. Diese geheimnisvolle unterirdische Kapelle hätte die Maße von 30 Metern in der Länge und neun Metern in der Breite gehabt und sei der heiligen Katharina geweiht gewesen; zudem hätten sich hier neben den Schatztruhen auch 19 Sarkophage mit verstorbenen Würdenträgern des Templerordens befunden. Zwei Jahre lang dauerten die Grabungen des Kastellans, die er vor allem auf einen alten Brunnen innerhalb der ehemaligen Templerburg konzentrierte. Korrekt wie der Schatzsucher war, meldete er seinen sensationellen Fund dem Bürgermeister des Ortes, der daraufhin nichts Eiligeres zu tun hatte, als den Brunnen von der Feuerwehr wieder zuschütten zu lassen. Angeblich fürchtete er, daß jemand hineinfallen könnte. Außerdem bezweifelte er, was ihm der Entdecker des Fundes von 30 Schatztruhen mitteilte. Weil sich der Finder an die Presse wandte, wurde er kurz darauf entlassen. Roger Lhomoy verlor aber nicht nur seine Arbeit, sondern auch seine Frau, die ihn mit den Kindern verließ, weil sie ihren Mann für einen Verrückten hielt. Doch Lhomoy blieb bis zu seinem Tode bei seiner Behauptung, 30 Schatztruhen in einer geheimen Kapelle unter Gisors entdeckt zu haben.

Die unterirdische Kapelle Sankt Katharina in Gisors, die Roger Lhomoy entdeckte.

1964 erklärte der französische Staat die Burg und das Gelände darum zum Sperrgebiet. Pioniere der Armee nahmen Ausgrabungen vor, die jedoch nach kurzer Zeit überraschend beendet wurden. Hatten sie etwas entdeckt? Den Templerschatz?

Oder lag er von Anfang an 900 Kilometer weiter südlich in einem kleinen, im Grunde genommen unbedeutenden Nest auf einem Hügel: in Rennes-le-Château?

Der ermordete König von Sathanacum

Noch bevor ich jemals von Rennes-le-Château und seiner ganz spezifischen Besonderheit gehört hatte, kannte ich bereits Stenay, ein ebenso unbedeutendes Nest in den Ardennen an der belgischen Grenze. Dort wurde 1873 ein seltsamer, scheinbar uralter Stein gefunden, der das berühmte *magische Wortquadrat* in verschlüsselter Form wiedergab:

```
S A T O R
A R E P O
T E N E T
O P E R A
R O T A S
```

Über den Ursprung dieses seltsamen Buchstabenlabyrinths sind sich die Forscher nach wie vor uneinig. Zeitlich legen es die meisten ins erste nachchristliche Jahrhundert. Gefunden wurde das Quadrat sowohl am Euphrat als auch auf einer Medaille in den Ruinen von Pompeji. Das Spiel mit Worten, die sich sowohl von rechts nach links als auch von oben nach unten lesen lassen, war in der Antike weit verbreitet. Nachzuweisen ist das Wortquadrat auch auf einer lateinischen Bibel aus dem Jahr 822 und auf einem Manuskript aus dem 12. Jahrhundert. Für unser Thema ist es deshalb interessant, weil es in Frankreich nur drei Stellen gibt, an denen es aufgefunden wurde: Stenay, Gisors und Rennes-le-Château. Drei Städte, die die Geheimorganisation *Prieuré de Sion* gern als das *Goldene Dreieck* bezeichnet.

Was aber stellt das *Sator-Rotas-Quadrat* dar? Es ist weit mehr als bloße Wortspielerei, wie manche gern glauben wollen. Es ist ein Initiationsrätsel, das nur der Eingeweihte zu lösen versteht. Was erkennen wir in ihm? Seine einzigen Vokale sind A, E und O. Also A für Alpha und O für Omega – Anfang und Ende der Welt? A für Adam und E für Eva wäre ebenso denkbar! Soll man es also dualistisch – in diesem Fall Mann/Frau – auflösen? Eine kluge Interpretation setzt es in bezug zu den Templern. Verbindet man nämlich sowohl waagrecht wie auch senkrecht A mit O und E so ergibt sich daraus das berühmte Tatzenkreuz. Es ist zudem bekannt, daß die Templer das Wortquadrat kannten.

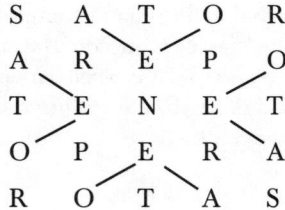

Eine weitere Möglichkeit, hinter den Sinn des magischen Wortquadrats zu kommen, besteht darin, ROTAS hebräisch zu schreiben und anschließend kabbalistisch zu deuten: Resch-Vav-Tav-Samekh. Sie haben die Zahlwerte: 200 + 6 + 400 + 60 und ergeben die Zahl 666 – die Zahl des Tieres aus der Apokalypse.

Was aber ist mit dem Text? Ist er übersetzbar? Ja – doch auch hierbei bieten sich verschiedene Möglichkeiten an. Pierre Plantard – Autor und angeblich neuzeitlicher Gründer der Prieuré de Sion – übersetzt ihn folgendermaßen: Sator – der Schöpfer, Tenet – hält, Opera – sorgfältig, Rotas – die Räder fest.[1] Arepo wird nicht übersetzt, was mich besonders stört. Arepo bedeutet nämlich »ich krieche« und könnte eine Beziehung zu der Ebene andeuten, in der Stenay liegt: Woevre. Das Wort kommt aus dem Altfranzösischen und bedeutet »Schlange«, die wiederum in der

---

[1] Vgl. Pierre Plantard: La Vrai Langue Celtique. Paris 1966

Gnosis kein unbedeutendes Tier ist, zudem dort positiv besetzt, ganz anders als im Christentum. Ich forschte weiter und fand heraus, daß Woevre einen unter der Erde hausenden Drachen meint, der einen Schatz bewacht, ähnlich dem Lindwurm in der Nibelungensage. Während Pierre Plantard seine Übersetzung inhaltlich dahin lenkt, daß Gott und Vorsehung eins sind, läuft meine in die entgegengesetzte Richtung. Etwas freier, aber wie ich meine, den Sinn des Textes nicht verzerrend, übersetze ich: »Schöpfer, zwar krieche, wälze ich mich im Staub der Erde, dennoch halte ich von nun an Macht und Kultur in meinen Händen.«

Opera übersetze ich dabei mit »Werke, Arbeit, Macht« und Rotas – eigentlich »Räder« – als altrömisches Saiteninstrument, im weitesten Sinne also »Kultur«. Das magische Quadrat ist somit als Ausspruch eines erwachten Menschen zu verstehen, der begreift, daß die Welt, das Universum um seinetwillen erschaffen wurde. Dieser aufrührerische Geist ist zutiefst satanisch und gnostisch. Diese *satanische Schlange* begegnete mir später in der Kirche von Rennes-le-Château als Dämon Asmodeus wieder.[2]

Überrascht stellte ich fest, daß Stenay zur Römerzeit *Sathanacum* hieß und ein Zentrum für den Gott Saturn war, der hier ein Heiligtum besaß. Für die katholische Kirche trägt er satanische Züge, und in der Astrologie gilt der gleichnamige Planet als Symbol des Todes. Saturn ist ein zwiespältiger Gott: Zum einen frißt er seine eigenen Kinder, zum anderen zeigt er sich in den Saturnalien als Herr über die Fruchtbarkeit. Ältere Darstellungen des Stadtwappens von Stenay zeigen ein gehörntes Haupt und verweisen somit auf den ursprünglichen Namen der Stadt, nämlich Sathanacum.

Kurios ist auch, daß knapp vier Kilometer von Stenay entfernt ein Ort liegt, der Baalon heißt, was sehr an den Gott Baal erin-

---

[2] Für die Juden ist Asmodeus Samael, der Eva verführte, den Apfel vom Baum der Erkenntnis zu essen, der König Salomon half, seinen Tempel zu bauen, der aber auch, wie im perso-ägyptischen Mythos nachzulesen, die sieben vorherigen Ehemänner von Tobit und Raguels Tochter allesamt jedesmal in der Hochzeitsnacht tötete. In Persien heißt Asmodeus »Aeschma Daeva«.

nert. Gott Baal liebte Blutopfer, wobei es für unsere Untersuchung viel wichtiger ist, daß aus Baal-Zebub – *Herr der Fliegen* – Belzebub, der Teufel wurde. Aber wie ist sein Name – Baal ist ein chaldäischer Gott aus dem Nahen Osten – so hoch in den Norden an die belgische Grenze gelangt? Und wie konnte er dort zum Ortsnamen werden? Baal-Zebub ist aber auch der *Herr der Burg des Nordens,* und damit kommen wir in zweierlei Hinsicht langsam zu der Verbindung zwischen dem Languedoc und Stenay nahe der belgischen Grenze.

Zum einen hat Baal etwas mit dem Berg Sion in Jerusalem zu tun, wo angeblich 1099 der Geheimorden *Prieuré de Sion* durch Gottfried von Bouillon gegründet worden war, der nach wie vor noch existieren soll und viel mit dem Geheimnis von Rennes-le-Château zu tun haben will. Sion war nämlich zugleich der heilige Berg der Kanaaniter, die dort ihrem Gott Baal geopfert haben.

Zum anderen ereignete sich in Stenay am 23.12.678 ein Mord. Das Opfer der schändlichen Tat war weithin bekannt und berühmt: Dagobert II., Herrscher von Austrien – einem Gebiet so groß, daß es sich vom Bodensee bis zu den Ardennen erstreckte. Meersburg, die älteste Burg Deutschlands, war auf Veranlassung seines Vorgängers, Dagobert I., erbaut worden. Dieser wuchs in Irland und Nordengland auf und wird dort sicherlich mit der keltischen Religion, keltischen Sitten und Gebräuchen in Kontakt gekommen sein. Ermordet wurde Dagobert II. auf Anweisung seines eigenen Kanzlers, wobei sich der König allem Anschein nach im Wald aufhielt und sich dort, wie es die Legende berichtet, schlafen gelegt hatte. Das ist recht seltsam, denn man sollte doch meinen, daß sich ein König so kurz vor dem Weihnachtsfest nicht im Freien schlafen legen muß. Man kennt sogar den genauen Tatort: die Quelle Arphays, die sich vom Blut des Königs rot färbte. Sein mutmaßlicher Schädel, auf dessen Stirn ein tiefer Spalt klafft, wird heute im Kloster von Mons aufbewahrt. Mich haben die zeitlichen wie die örtlichen Umstände des Mordes an Dagobert II. immer ein wenig befremdet. Das Weihnachtsfest wird seit dem Jahre 237 n. Chr. anstelle des antiken Festes der Wiedergeburt der Sonnengötter Dionysos,

Apollon und Mithras gefeiert. Sollte vielleicht Dagobert II. einen rituellen Opfertod gestorben sein, damit ein neuer König – ein dem Christentum ergebener – regieren konnte? Drahtzieher des Mordes waren die karolingischen Hausmeier, die die Macht an sich rissen, obwohl Dagoberts Sohn Sigebert, noch jung an Jahren, zum König hätte gekrönt werden müssen. Und die Kirche segnete das Tun der Karolinger, weil sie sich als rechtschaffene Katholiken erwiesen hatten.

Nachzutragen sei, daß Dagobert II. im Jahre 1170 heiliggesprochen wurde – wohl vor allem auf Druck der Gläubigen, die ihren weisen Merowingerkönig nicht vergessen wollten. Auch kann die Frage geklärt werden, was aus dem Stein wurde, den man in Stenay auffand und auf dem das *magische Wortquadrat* eingraviert war: Er wurde leider im Ersten Weltkrieg von den Deutschen zerstört. (Im übrigen ist es schon recht merkwürdig, daß die größte Vernichtungsschlacht des Ersten Weltkrieges keine 40 Kilometer von Stenay entfernt in Verdun stattfand. So wurden dem höchsten Gott der Kanaaniter erneut blutige Opfer dargebracht.)

Dagobert II. hat in unserer Geschichte also sowohl mit Rennes-le-Château – hier stand einstmals seine merowingische Hauptstadt Rhedae, die an Bedeutung verlor, als er in der *Burg des Nordens* ermordet wurde – als auch mit den Templern, wie wir noch sehen werden, und mit Stenay zu tun. Zwischen beiden Orten liegen sicherlich mehr als 900 Kilometer Luftlinie. Als ich Stenay damals verließ, um ins Languedoc zu reisen, ahnte ich noch nicht, worauf ich bei meinen ausgiebigen Templerrecherchen noch stoßen würde …

Ein mysteriöses Zeichen

Vor meinem ersten Besuch in Rennes-le-Château hielt ich mich im August 1994 zu Recherchearbeiten in der Bretagne auf. Damals schrieb ich an einem Buch über die bretonischen Kelten und sammelte zudem örtliche Legenden und Aussagen über

Menhire und Dolmen. Dabei begegnete mir in Carnac, wo die großen Menhirreihen stehen, ein merkwürdiges Symbol, das ich auf einigen Steinen eher zufällig wiederfand.

Das geheimnisvolle Zeichen, das mich durch ganz Frankreich verfolgte.

Ich war etwas verblüfft, auch verärgert, weil es einfach nicht dahin gehörte. Die unbekannten Erbauer dieser tonnenschweren Steingräber haben uns nichts Schriftliches hinterlassen. Also konnte es nur ein Schmierfink gewesen sein, der die altehrwürdigen Steine derart verunstaltete! Während ich noch über den möglichen Sinn oder Unsinn des geheimnisvollen Symbols sinnierte, fiel mir ein, daß ich es auch schon auf einer Mauer am Mont Saint Michel bemerkt hatte. Meine Gefühle schwankten zwischen Verblüffung und Verärgerung. Was bezweckte der unbekannte Autor damit? Und was stellte das geheimnisvolle Symbol, diese Mischung aus Kreis, Dreieck, eventuell angedeutetem Pentagramm und den Zahlen 765 oder 675 dar? Ich wußte es nicht und ignorierte das Zeichen schnell wieder.

Unfaßbar war für mich, was ich eine Woche später erlebte. Ich besuchte die Kirche Notre-Dame de Laval, weil mich Marienkirchen von jeher faszinieren und ich jede, die mehr oder weniger auf meinem Weg liegt, aufsuche – vor allem, wenn sie alt ist. Notre-Dame de Laval nahe Caudiès-de-Fenouillèdes ist wenig bekannt. Ich vermute sogar, daß sie kaum ein Tourist je besucht hat. Und während ich nun dastand und ihre Außenfassade musterte, rieselte es mir plötzlich eiskalt den Rücken herunter. Auch hier stieß ich auf das seltsame Symbol, und ich hatte allmählich den Eindruck, daß es mich verfolgte. Ich fragte mich, ob ich jemandem mitgeteilt hatte, daß ich heute diese Kirche aufsuchen wollte, und konnte diese Frage entschieden verneinen. Es hätte ja sein können, daß mir ein Witzbold, vielleicht sogar ein Freund, einen Streich spielen wollte. Aber das konnte ich ausschließen. Meine Entscheidung, Notre-Dame de Laval aufzusuchen, geschah damals sogar sehr spontan, weil die Kirche nicht direkt auf meiner Route lag. Was also sollte mir das Symbol sagen? Wenn es mir überhaupt etwas sagen sollte. Durch kabbalistische Reduktion ergab sich aus der Quersumme der Ziffern die Zahl 9 (5 + 7 + 6 = 18, 1 + 8 = 9). Die Neun ist die potenzierte heilige Drei. Christus starb in der neunten Stunde. In der islamischen Kosmologie besteht die Welt aus neun Sphären. Bei Shakespeare vollziehen die *Unheilsschwestern* ihre Beschwörung neun Mal. Und die germanische Seherin spricht in der *Völuspa* von neun Welten, die sie kennt. Gott Odin hängt neun Tage am Weltenbaum – von der Lanze durchbohrt und sich selbst geweiht. Neun und kein Ende. Mir fielen unzählige Beispiele ein, auch, daß die Neun im französischen »neuf« zugleich an *neu* erinnert. Damals suchte ich mir aus den oben angeführten Beispielen die schönsten und angenehmsten für mich heraus und faßte zusammen, daß die Zahl für mich persönlich die Summe alles Heiligen, des Glaubens und auf andere Weise des Neuen sein sollte.

Insgeheim fürchtete ich, daß mich das Symbol bis nach Deutschland zurückbegleiten könnte, was aber Gott sei Dank nicht geschah. Und so erzählte ich mitunter guten Bekannten und Freunden von meinem speziellen Symbolerlebnis in der Bretagne, und es ergab sich der eine oder andere Scherz darüber. Die Zeit verging. Ich begann ein neues Buch zu planen; ein Buch über die Geheimlehre der Templer. In der Kirche Saint-Denis im Norden von Paris war ich auf ein Steinrelief mit neun Köpfen gestoßen, die die Gründungsmitglieder des Ordens zeigen. Meine Recherchen ergaben, daß ich zum Thema *Templerische Geheimlehre* vor allem im Languedoc fündig werden müßte. Die dort lebenden Menschen waren zu allen Zeiten dem Dogmatischen gegenüber weniger aufgeschlossen gewesen als dem, was nicht dem Mainstream angehörte. So beschloß ich im Herbst 1996, mir selbst ein Bild zu machen und mich vor Ort umzusehen. An das Symbol dachte ich schon lange nicht mehr. Um so größer war mein Schock, als ich es in der Abtei Fondfroide wiederfand, die auf meinem Weg lag. Sie liegt etwa zehn Kilometer südwestlich von Narbonne und wurde 1145 als Benediktinerkloster erbaut. Fontfroide spielte in katharischer Zeit eine nicht unbedeutende Rolle, ist jedoch leider heutzutage nur noch eine Ruine –

dafür aber eine besonders schöne. Und an diesem Ort, weit entfernt von der Bretagne, holte mich mein fast zwei Jahre zurückliegendes Erlebnis wieder ein: Unübersehbar am Fuße des großen Kreuzes auf dem Hügel grinste mich das altbekannte Symbol an. Ich konnte es kaum fassen. In der Folge stieß ich auf das in schwarz gemalte Zeichen zweimal auf der inneren Stadtmauer von Carcassonne und als letztes auf dem Turm Magdala (Magdalenenturm) in Rennes-le-Château. Ich war beeindruckt! Mir fiel der amerikanische Autor Anton Robert Wilson ein, der zusammen mit Robert Shea die »Illuminaten-Trilogie« geschrieben hatte und dem ab einem bestimmten Zeitpunkt seines Lebens ständig die Zahl 23 begegnet war.

C. G. Jung würde solche Ereignisse als Synchronizität erklären! In meiner Not fragte ich Freunde aus Carcassonne um Rat, und sie sagten mir, daß sie dem Phänomen ebenfalls begegnet waren. Das erleichterte mich ungemein, denn ich hatte bereits angefangen zu glauben, daß nur ich dieses Symbol sehen würde. »Und was hältst du davon?«, fragte ich einen Freund.

»Es ist keinesfalls alt, schon deshalb nicht, weil sich die arabischen Ziffern im Abendland meines Wissens nicht vor dem 15. Jahrhundert durchgesetzt haben. Entweder hat sie ein Witzbold unserer Tage dort angebracht, oder sie sind Ausdruck eines unbestimmten Protestes. Vielleicht stellen sie das Erkennungszeichen einer Geheimorganisation dar. Möglich ist auch, daß jemand ein psychologisches Experiment an uns vornimmt. Er läßt etwas Merkwürdiges in der Welt zurück, mit der Absicht, daß es sich durch uns, seine Interpreten, entwickelt, ohne daß er selbst eingreifen will. Manche stellen sich ja Gottes Wirken in dieser Weise vor!« »Könnten sie gar auf deinem Mist gewachsen sein?«, raunte ich ihm zu. »Nein! Obwohl ich zugeben muß, daß mir diese Art von esoterischem interaktivem Spielchen durchaus gefällt. Es hat seine Reize, und ich könnte vielleicht im Internet anfragen, ob auch andere das Symbol gefunden haben.« »Und was fange ich damit an?« »Neun ist das kabbalistische Ergebnis von 675. Du suchst doch das Geheimnis der neun ersten Templer! Also, laß dich davon inspirieren, was dir auf deiner Reise begegnet.« »So sei es!«, dachte ich und machte mich gestärkt auf die Suche.

Der Magdalenenturm in Rennes-le-Château.

Die ketzerische Kraft der Kirche von Rennes-le-Château

Rennes-le-Château würde heutzutage niemand besuchen, wenn es nicht durch Bérenger Saunière zur Berühmtheit geworden wäre. Bemerkenswerterweise mögen die Bewohner dieses kleinen südfranzösischen Dorfes ihre in bestimmten Kreisen geradezu spektakuläre Berühmtheit überhaupt nicht. Das Bild des Dorfes auf dem Hügel südlich von Carcassonne ist eher armselig und bietet Touristen keinerlei äußere Anreize. Das ist gewollt, denn die wenigen Menschen, die ihr Dorf immer noch nicht verlassen haben, sind, so scheint es jedenfalls, der Geschichten über verborgene Schätze und den angeblichen Reichtum, auf dem sie leben, ohne darauf zu stoßen, überdrüssig.

»Die Bewohner Rennes-le-Châteaus wandeln auf purem Gold. Es ist genug, um sie alle 100 Jahre lang aufs beste zu kleiden und zu ernähren, und selbst dann wäre noch eine gehörige Menge übrig«, soll Marie Denarnaud, die Haushälterin des Abbé, gesagt haben.[3] War die Alte vielleicht übergeschnappt? Wollte sie sich gar an ihren Mitmenschen rächen, weil diese immer nur an Gold und Geld dachten? Wir wissen es nicht, denn mehr als diese eine Behauptung war aus Marie Denarnaud nicht herauszubekommen. Viel Tinte, die zumeist abenteuerliche Theorien formulierte, ist über Rennes-le-Château und den seltsamen Abbé Saunière vergossen worden, so daß ich mir eine gründliche Wiederholung hier erspare. Mich hätten das kleine Dorf auf seiner Bergkuppe und seine esoterische Vergangenheit eher kalt gelassen, wenn ich nicht sowohl auf frühe Zeugnisse templerischer Aktivitäten in und um Rennes-le-Château gestoßen wäre, die mich stutzig machten, als auch auf wirklich merkwürdige Ungereimtheiten. Um mit letzteren zu beginnen, so ergeben sich eine Vielzahl verwirrender Wortspielereien und Analogien: Was bedeutet beispielsweise *Cheval de Dieu, das Pferd Gottes? Eisenbahn,*

[3] Zit. aus: Richard Andrews/Paul Schellenberger: Das letzte Grab Christi – Die Geometrie des Heiligen Gral. Bergisch Gladbach 1996, S. 165

wie es Paul Schellenberger und Richard Andrews annehmen? Bezeichnet der Ausdruck einen Menhir in der Nähe des Dorfes oder ein Gemälde von Delacroix in der Kirche St. Sulpice von Paris? Oder ist *cheval* mit Kabbala verwandt? Außerdem begegnet einem ständig der »17. Januar« – so auf dem Grabstein der Marquise von Hautpoul, als Festtag des heiligen Antonius beziehungsweise von St. Sulpice, der der Kirche in Paris ihren Namen gab. Am 17. Januar 681 kam auch Sigebert IV., Sohn des Merowingerkönigs Dagobert II., in Südfrankreich an. 681 hat aber auch wieder mit 1,681, dem Goldenen Schnitt, zu tun. Diese Zahl steht auf der berühmten westgotischen Säule in Rennes-le-Château; zumindest wenn man die Zahl 1891 umkehrt, denn die Säule steht merkwürdigerweise auf dem Kopf. Der Goldene Schnitt ist wiederum das Maß, nach dem die *Kinder Salomons,* die Baumeister der Templer, Kirchen und Kapellen errichtet haben. Dann taucht im Zusammenhang mit Rennes-le-Château häufig das lateinische Wort *ursus* (Bär) auf. Aber wer ist damit gemeint? Artus? Die merowingischen Könige? Die griechische Nymphe Kallisto wurde als Konstellation des Großen Bären an den Himmel versetzt. Ihr Sohn ist Arcas, der Kleine Bär. Der westgotische Name von Rennes-le-Château war Rhedae, was man mit *Wagen* übersetzen kann. Der *Wagen* am Himmel entspricht wiederum dem Sternbild des Bären. Aber das Mysterium geht noch weiter. Die sieben Abteien von Caux bilden auf der Landkarte die Form des Sternbildes des Großen Bären am Himmel. Eine solche Ausrichtung von mittelalterlichen Gebäuden auf ein bestimmtes Sternbild ist in Frankreich nichts Ungewöhnliches. So sind in Nordfrankreich die Liebfrauenkirchen oder auch Notre-Dame-Kathedralen eines bestimmten Gebiets so angeordnet, als habe man mit ihnen das Sternbild der Jungfrau abbilden wollen: Chartres, Reims, Amiens, Bayeux und Laon. Die aufgeführten Orte hatten nicht nur große Bedeutung für den Templerorden; alle ihre Kirchen wurden der Jungfrau Maria gewidmet. Eine solche Konzeption ist uralt, denn wie Robert Bauval und Adrian Gilbert in ihrem Buch »Das Geheimnis des Orion« überzeugend darlegen, wurden die drei großen Pyramiden, besonders aber die des Cheops, auf den Oriongürtel ausgerichtet. Insofern ist zu hinterfragen, ob die Idee, Gebäude auf der Erde einem bestimmten Sternbild zuzuordnen, nicht vielleicht von den Templern oder den Steinmetzbruderschaften aus dem Orient adaptiert und ins Abendland gebracht wurde. Das würde die These vom Besitz uralter altägyptischer Geheimpapiere, die, auf welche Weise auch immer, in den Besitz des Ordens gelangt sind, untermauern.

Aber zurück zu der Stadt auf dem Hügel in Südfrankreich. Rennes-le-Château ist Teil eines ausgeklügelten Verwirrspiels: Der sechste Großmeister des Ordens, Bertrand de Blanchefort, begann im Jahr 1156, kaum daß er sein Amt übernommen hatte, mit umfangreichen Grabungsarbeiten in der Gegend von Rennes-le-Château, genauer im Gebiet zwischen Château de Blanchefort und der Templerfestung Le Bezu. Wonach man suchte, darüber existieren keine Unterlagen. Man weiß aber, daß für diese Arbeiten eigens Bergleute aus Deutschland angeheuert wurden. Dabei war es den Templern offenbar wichtig, daß die Deutschen zum einen Kenntnisse in der Arbeit unter Tage hatten und zum anderen sich nicht mit der Bevölkerung vor Ort verständigen konnten. Gerüchte, daß die Templer eine Goldmine ausbeuteten, bestätigten sich nicht. 1647 untersuchte nämlich der Bergbauingenieur César d'Arcon die angebliche Goldmine und entdeckte, daß es den Templern seinerzeit nicht um den Abbau des Edelmetalls gegangen war. Er stellte aber verblüfft fest, daß die deutschen Bergleute 500 Jahre zuvor Eisen in großen Mengen verhüttet und damit eine Art unterirdisches Bauwerk angelegt hatten, das der Bergbauingenieur als *Tresor* beschrieb. Also ein Bunker? Hatte der sechste Großmeister nur ein geheimes und überaus solides Versteck für einen Schatz besonderer Art anlegen wollen? Vielleicht handelte es sich ja dabei um den sagenhaften Schatz Dagoberts II., dessen zweite Frau mütterlicherseits eine westgotische Prinzessin gewesen sein soll. Die Westgoten hatten im Jahre 410 den Römern jenen berühmten Tempelschatz abgenommen, den diese im Jahre 70 n. Chr. aus Jerusalem gestohlen hatten. Um diesen bedeutenden Schatz vor dem Zugriff der Römer für immer zu sichern, hatten die Westgoten nach dem Tode ihres Königs Alarich einen Fluß in Südfrankreich umgeleitet, König und Schatz im Flußbett begraben und danach dem Fluß wieder seine ursprüngliche Richtung gegeben. Sollten die Templer also diesen Schatz zusammen mit dem toten westgotischen König entdeckt und an einem neuen Ort versteckt haben? Weist darauf das kleine verschlüsselte Manuskript hin, auf das Abbé Saunière im Innern seines Altars bei Renovierungsarbeiten überraschend stieß: »Dagobert II. König und Sion gehört dieser Schatz, und er ist der Tod.«

Wer ist der Tod? Der König und Sion? Oder bringt etwa der Schatz den Tod? Mich hat immer gewundert, daß die Templer es überhaupt nötig gehabt haben sollen, nach einem Schatz zu suchen. Waren sie denn nicht reich genug? Und Gier nach weltlichen Schätzen scheint sie meines Wissens am wenigsten bewegt zu haben. Sie könnten zwar auf den Schatz König Dagoberts II. gestoßen sein, aber auch auf etwas ganz anderes. Vielleicht sind die Templer im Gebiet um die Burg Blanchefort auf ein Uranvorkommen gestoßen und mußten erfahren, daß Radioaktivität Menschen langsam tötet, ohne daß die Templer gewußt hätten, was da physikalisch und biologisch vor sich ging. Sie erkannten eventuell nur, daß es einen Stein gibt, der Menschen dahinsiechen läßt, und vielleicht fanden sie auch heraus, wie man sich davor schützt. Solche besonderen Schätze dürften die Mönchsritter wesentlich mehr interessiert haben als Silber und Gold, denn sie waren wirkungsvolle Waffen gegen Feinde: gezielter Einsatz von radioaktiver Strahlung, die den Tod bringt. Bereits die alten Ägypter wußten ihre Könige – vor allem Tut-Anch-Amun – wirkungsvoll gegen Grabräuber wie Carter zu schützen. Diejenigen, die den König und seine Schätze dennoch aufspürten, konnten sich nicht lange daran erfreuen. Die meisten starben binnen Jahresfrist.

Zu phantastisch klingt diese Theorie für meine Ohren nicht. Das würde nämlich auch erklären, warum die Templer so großen Wert darauf legten, daß sich die deutschen Bergleute nicht mit den Einheimischen verständigen konnten. Zeigten die Deutschen erste Anzeichen einer rätselhaften Krankheit, so wurden sie in ihre Heimat zurückgebracht, und keiner hatte etwas gesehen oder gehört. Die Bevölkerung vor Ort blieb im ungewissen über das, was im Bergwerk vor sich ging. Ansonsten wäre vielleicht Panik ausgebrochen, oder aber die Menschen hätten von Teufelswerk geredet. Derlei negative Propaganda konnte sich der Großmeister Bertrand de Blanchefort nicht leisten.

Oder gab es doch einen größeren materiellen Schatz zu verstecken? Das Rätsel um den plötzlich zu Reichtum gekommenen Abbé Bérenger Saunière scheint darauf hinzudeuten. Woher hatte er so viel Geld? 3,5 Millionen Franc, ca. 1.000.000 DM, haben die Arbeiten an der Kirche gekostet, die 1891 angefangen und sechs Jahre später beendet wurden. Abbé Saunière betrieb mit einer bewundernswerten Hartnäckigkeit die Restaurierung der kleinen Kirche von Rennes-le-Château, die Maria Magdalena geweiht wurde, und errichtete der schönen Büßerin noch zusätzlich einen eigenen Turm, den *Magdalenenturm*, in dem Abbé Saunière seine Privatbibliothek unterbrachte.[4] 1059 wurde die Kirche von Rennes-le-Château erbaut. Sie ist ein geradezu überwältigendes Beispiel für gelebte Häresie – hierin sicherlich vergleichbar mit Rosslyn-Chapel in Schottland. Sie ist durch und durch gnostisch gestaltet und mit esoterischen Anspielungen und Symbolen geradezu gespickt. Kaum zu glauben, daß dies alles das Werk eines katholischen Geistlichen sein soll. Zudem scheint es Hinweise auf die Templer zu geben.

Um einen Eindruck von der ketzerischen Kraft dieses Gotteshauses zu erhalten, begeben wir uns in das Gebäude hinein:

Gleich am Eingang, auf der linken Seite, unter der Statue der Jungfrau Maria, hat der Abbé einen alten westgotischen Pfeiler aufstellen lassen. Das dargestellte Kreuz ist das *Katharische Kreuz des Schweigens*, das zudem noch auf den Kopf gestellt ist.

Unter dem Portal liest man zwei Sätze: »Mein Haus wird Haus der Gebete genannt werden« und »Terribilis est Locus iste« – »Dieser Ort ist schrecklich«. Beide Sätze sind unvollständig zi-

---

[4] Maria Magdalena, in der man gern die Ehefrau des Herrn und Mutter seiner Kinder sieht, wurden in Südfrankreich (Sainte-Baume, Provence), vor allem aber in Nordspanien mehrere Kirchen bzw. Klöster geweiht. Auf dem Boden von Pallars, Tivia und Burg am Südhang der Pyrenäen finden sich die frühesten Spuren (9. Jahrhundert) der Verehrung von Maria Magdalena. Die Familien der Matfriden und Etichonen sind mit der Einführung des Magdalenenkults verbunden.

tiert. Der erste ist Matthäus 21,13 entnommen und lautet vollständig: »Mein Haus wird Haus der Gebete genannt werden, ihr aber macht einen Ort für Gauner daraus.« Und der zweite aus dem Alten Testament, Genesis 28,17: »Dieser Ort ist schrecklich, es ist das Haus Gottes, das Tor zum Himmel.« Am Eingang stößt man auf einen Teufel, der das Weihwasserbecken trägt. Dieser Teufel ist Asmodeus, der Hinkende, zugleich Wächter des Salomonischen Tempels. Auf ihm hat sich der Abbé mit seinen Initialien B. S. verewigt. Darüber erheben sich vier Engel, die wiederum auf einem Sockel ruhen, welcher zwei Greife, Wächter des Schatzes, darstellt. Es könnte sich aber auch um zwei Salamander handeln: Das Wappen der Grafen von Angoulême. Unter den Engeln steht der von Kaiser Konstantin am Himmel gesehene Satz: »par ce signe tu vaincras« (»durch dieses Zeichen wirst du siegen«) Abbé Saunière gab diesem berühmten Satz eine eigene Note. Er ließ schreiben: »par ce signe tu le vaincras« (»durch dieses Zeichen wirst du ihn besiegen«). Wen mag er dabei im Sinn gehabt haben? Durch das Hinzufügen von zwei weiteren Buchstaben, »le«,

Der Dämon Asmodeus – Wächter des Geheimnisses in der Kirche von Rennes-le-Château.

erhöht sich die Gesamtzahl der Lettern auf 22. Diese Zahl entspricht den 22 Zähnen des Schädels über dem Friedhofseingang und auch den 22 Zinnen des Magdalenen-Turmes. Zudem ist die Zahl 22 im Tarot, das die Templer nach Europa gebracht haben könnten, die Summe der Großen Arkana. Sie besteht aus 21 + 1 Karten. Die 21 Karten kann man in je drei Siebenerreihen unterteilen, welche die drei Wege darstellen, die sich im *Narren* treffen, der einen vierten Weg andeutet. Die Verdoppelung der 21 führt zu den 42 geheimnisvollen Büchern des Thot. In ihnen sind uralte ägyptische Einweihungsriten beschrieben. Je zwei dieser Bücher entsprächen einer Tarotkarte. Nur auf den *Narren* entfällt kein Buch, weil er über jeglichem Bücherwissen steht. Innerhalb der Großen Arkana ist die Karte 22 *Der Narr,* die alles umfassende Null, deren hebräischer Buchstabe das *Tau* ist. Es ersetzt beiden Templerkirchen Nordspaniens das Kreuz und wurde zum Zeichen für den gnostischen Jesus. 22 ist auch eine Symbolzahl im Judentum. Das Alphabet besteht aus 22 Buchstaben; *Tau* ist der letzte. Das Alte Testament ist eine Sammlung von 22 Büchern. In der Bibel werden 22 Schöpfungswerke Gottes und 22 Tugenden Christi erwähnt. Mit der 22 beginnt nach dem Siebenerrhythmus ein neuer Lebensabschnitt, der für den Abbé sicherlich ein ganz besonderer gewesen war. Die Restaurierung der

Kirche wurde auch nach sieben Jahren abgeschlossen. Welche große Bedeutung der Abbé seinem Unternehmen beimaß, macht die Gravur unter der Statue der Maria Magdalena im Kirchgarten deutlich: »Mission 1891«.

Aber über die zwei zusätzlichen Buchstaben *le* läßt sich noch anderes spekulieren: Sie stehen genau an der 13. und 14. Stelle des Satzes, und setzt man die Zahlen nebeneinander, so erhält man mit 1314 das Sterbejahr von Jacques de Molay, dem 22. Großmeister der Templer. Das L entspricht dem 12. Buchstaben des Alphabets, das E dem 5. Beide addiert ergibt 17. Das Arkanum 17 im Tarot entspricht dem Stern, den man auf der Wetterfahne der Kirche sehen kann. *Der Stern,* die siebzehnte Karte der Großen Arkana im Rider-Tarot, zeigt das Bild

Templerkreuz und Mission 1891 auf dem von Abbé Saunière aufgestellten Stein im Garten seiner Kirche.

einer nackten Frau unter der Sonne, die von sieben Planeten umgeben ist. Sie gießt den Inhalt ihres Gefäßes ins Meer zurück. Die Karte sagt aus, daß nach der Wiedergeburt die Seele in einen neuen Körper eingetreten ist und der ewige Kreislauf von Werden und Vergehen weitergeht. Unklar ist, ob der Mensch der Verdammnis oder der endgültigen Erlösung zustrebt.

Als ich über das Schachbrettmuster des Kirchbodens mit seinen 64 Feldern ging, der nach den vier Himmelsrichtungen ausgerichtet ist, erkannte ich, wieviele unbeantwortete Fragen ich an den katholischen Priester zu richten hätte, wenn er mir noch begegnen könnte. Aus katholischer Sicht müßte diese Kirche sofort geschlossen werden. Nicht nur Asmodeus, der Teufel, sondern alle Statuen in der Kirche schauen zu Boden. Was suchen sie dort unter dem Fundament? Schätze? Die Unterwelt des Geistes? Den Abgrund der Hölle? Die Jungfrau trägt ihr Kind. Josef, ihr Ehemann, trägt ebenfalls ein Kind auf dem Arm. In jeder bayerischen Kirche würde eine solche Darstellung zweier Jesus-Kinder in einer einzigen Kirche zu einem Skandal führen. Was will uns der Abbé damit sagen? Daß er ein Katharer gewesen ist? Die Katharer glaubten, daß der Teufel der Zwillingsbruder von Jesus gewesen ist, der zur gleichen Zeit im Himmel starb, als Jesus auf der Erde am Kreuz verschied. Satan und Jesus – Söhne des einen und ewigen Gottes?

Im Kirchenfenster über dem Altar sieht man eine rothaarige Maria Magdalena. Laut Bibel war sie aber blond. Es gibt eine weitere lateinische Inschrift, bei der mich sehr erstaunte, daß sie von einem des Lateins mächtigen Priesters verfaßt wurde, aber trotzdem grammatikalische und orthographische Fehler enthält. Statt *paenitentium* schrieb der Abbé *poenitentium,* und die Präposition *per* vor *Magdalenae* ist eindeutig falsch. Der Satz lautet übersetzt: »Jesus erlöse uns von unserer Pein. Einzige Hoffnung für unsere Vergebung. Dank der Tränen Magdalenas tilgst du unsere Sünden.«

Lichtspiele schien der Abbé zu mögen. Wie die Templer! Am 13. Januar eines jeden Jahres (der Tag der Taufe Jesu im Jordan durch Johannes, wodurch er sich nach gnostischer Auffassung als dessen Anhänger zu erkennen gibt) berührt die Sonne die Füße der Christusstatue und steigt langsam an ihr hoch. Am 17. Januar (Tag des heiligen Antonius) berührt ein Sonnenstrahl die Statue des heiligen Antonius. Ab dem 4. April projiziert die Sonne eine Woche lang durch das *Fenster des Lazarus* Christus auf die Mauer und scheint auf Maria, wobei der Strahl langsam nach unten wandert. Aschermittwochs projiziert das Sonnenlicht ein perfektes Dreieck (Hirams Symbol für den vollendeten Menschen) durch das Kirchenfenster, auf dem dargestellt ist, wie Jesus seine Jünger unterrichtet (in einer Geheimlehre). Im Winter wird um 12 Uhr mittags durch die südlichen Kirchenfenster ein Apfelbaum mit drei (!) blauen Äpfeln projiziert. (Hier sei darauf verwiesen, daß der Abbé ein geheimes Manuskript wie folgt entschlüsselt haben will: »Hirtin, keine Versuchung, daß Poussin Teniers den Schlüssel bewahrt. Friede 681 durch das Kreuz und dieses Pferd Gottes überwinde ich diesen Dämon von Wächter. Mittags blaue Äpfel.«)

Auch der Kreuzweg in der Kirche ist bemerkenswert und an manchen Stellen originell. Abgesehen davon, daß er zunächst einmal seitenverkehrt aufgehängt wurde, gibt es einige Besonderheiten. Bei der zweiten Station kniet ein junger Mann vor einem goldenen Helm. Christus trägt einen roten Mantel. Eine Leiter ragt in den Himmel. Bei der siebten Station erkennt man im Bildhintergrund eine offene Tür, durch die man den Magdalenen-Turm sieht. Bei der achten Station wird Jesu roter Umhang von einem fränkischen Krieger genommen. Eine Frau mit Witwenschleier hält ein Kind mit einem schottischen, blauen Tuch auf ihrem Schoß. (Für Freimaurer nur zu eindeutig: das Kind der Witwe ist Hiram. Somit deutet das Tuch des Kindes auf den *Schottischen Ritus* hin und seine Farbe auf den *blauen Grad*.) Bei der elften Station wird Jesus vom Kreuz geholt, und es ist Nacht. Laut Bibel wurde Jesus nachts ins Grab gelegt. Hier ist es Tag.

Mir persönlich ist es gleichgültig, ob sich unter der Erde von Rennes-le-Château irgendwo ein Schatz befindet, den Abbé

Saunière vielleicht entdeckt hatte. Alle, die in den letzten Jahr-zehnten wie die Verrückten den Boden um Rennes durchpflügt haben, sind eher zu bedauern. Einer dieser Vandalen hat sogar den Teufel Asmodeus in seiner Gier enthauptet, so daß er heute zu seinem eigenen Schutz nur noch unter Plexiglas zu bewun-dern ist. Was mich an der ganzen Geschichte um Abbé Saunière und seine zwei Priesterfreunde, die ebenfalls eingeweiht waren, fasziniert, ist dieser unverhohlen zur Schau gestellte Gnostizis-mus. Immerhin waren sie ja katholische Priester, und der Entzug der Missio und des Priesteramtes wurde von seiten der Kirche schon bei kleineren Anlässen ausgesprochen. Aber das schien ihnen keinerlei Sorgen zu bereiten. Im Gegenteil! Saunière ge-staltete sogar seine Kirche nach seinem »Glaubens-Gusto«.

Was war geschehen im Languedoc, daß den freimaurerisch oder zumindest hermetisch denkenden Abbé niemand wirklich zurechtwies oder sogar von seinem Amt suspendierte? Es war ja keineswegs so, daß man ihn kirchlicherseits nicht kannte. Von den Adelshäusern Chambord und Habsburg erhielt er großzügi-ge Zahlungen, was mich befremdet, sollte er wirklich einen Schatz geborgen haben. Johann Salavator von Habsburg, Cou-sin des österreichischen Kaisers, die Operndiva Emma Calvi und der Komponist Richard Wagner besuchten den Abbé in sei-ner Kirche. Warum eigentlich? Was wollten sie von ihm? Der neue Bischof von Carcassonne versuchte Saunière seines Amtes zu entheben, woraufhin sich der Abbé persönlich an den Vati-kan wandte und ... freigesprochen wurde. Bevor Johannes XXIII. zum Papst gewählt wurde, hatte sogar er mit dem Abbé und seiner Kirche zu tun. Was er genau von ihm wollte, bleibt unbekannt. Die Prieuré de Sion setzt den kirchlichen Würden-träger jedenfalls auf die Liste der Persönlichkeiten des 20. Jahr-hunderts. Welche geheimen Gönner hatte der Abbé innerhalb der Kurie, und vor allem, warum waren sie ihm so sehr gewo-gen? Warum durfte Saunière seine Häresie (Irrglaube) nach außen bekennen, sogar seine Kirche zum Forum derselben ma-chen, ohne jemals deswegen von seinen Vorgesetzten ernsthaft gerügt oder bestraft worden zu sein? Das ist auch ein Geheimnis von Rennes-le-Château! Zum anderen scheint mir im Hinblick auf die Templer Languedoc oder Okzitanien allgemein eine Brutstätte für antikatholische Ideen gewesen zu sein. Nur hier und nirgendwo sonst in Frankreich oder Europa hatte sich die Geheimlehre des Ordens entwickeln und entfalten können. Nur hier hatte sie sich gegen ihre Feinde so hartnäckig behaupten können. Und wenn ich zum Kern des Geheimnisses vorstoßen wollte, dann hatte ich einzig in diesem Raum zu suchen und nirgendwo sonst.

Und bei dieser Suche verfolgte mich das Symbol, das ich wiederholt auf verschiedenen Mauern und an so weit voneinander entfernt liegenden Plätzen entdeckt hatte: Der Kreis, das Dreieck, das ein nicht ausgeführtes Pentagramm zu sein scheint, und die Zahl 675. Auf dieses Symbol stieß ich auch im Museum von Rennes-le-Château bei Abbé Saunières persönlichem Exlibris. Es ähnelte bezüglich seiner geometrischen Struktur stark dem Symbol, das mich hergeführt hatte. Sollte es zwischen beiden vielleicht eine geistige Verwandtschaft geben? Oder Urheberschaft? Letzteres würde ich niemals beweisen können, aber es wäre ihm durchaus zuzutrauen gewesen. Im übrigen glich sein Exlibris einer ausgemachten Narretei. Zwei Sätze gab es da zu lesen: 1. »Die Mitte ist im Dreieck der Mitte.« 2. »Drei sind am bewundernswertesten: Gott und Mensch, Mutter und Jungfrau. Drei ist Einer.« Wenn man nicht berücksichtigt, daß eine Mutter und eine Jungfrau zur Gattung Mensch gehören, zählt man vier Protagonisten. Was mag sich der ketzerische Abbé dabei gedacht haben? Ich ahnte, daß ich zu ihm zurückkehren würde, wenn ich ins häretische Zentrum des Ordens vorgestoßen war.

Die Anfänge des Templerordens

Müssen die Anfänge dieses außergewöhnlichen Ordens in erster Linie im Gelobten Land gesucht werden? Dort, wie es uns die Historiker lehren, soll sich der Templerorden zum Schutz der Pilger gegründet haben: Unter den Kreuzrittern, die 1096 in den Orient aufbrachen, befanden sich auch Hugo de Payens und Gottfried de Saint-Omer. 1099 wurde die Heilige Stadt Jerusalem geplündert und alle Besitzungen unter den Adeligen und Invasoren aufgeteilt. Hugo de Payens und Gottfried de Saint-Omer stellten sich als Adelige jedoch in den Dienst, den Pilgerweg zum Grab Christi zu bewachen. Hierzu sollte ein besonderer Ritterorden ins Leben gerufen werden. Unter Balduin II., König von Jerusalem, wurde dieser Orden von den beiden Rittern im Zeitraum zwischen 1118 und 1120 gegründet. Vermutlich ist 1120 die korrekte Jahreszahl, denn gemäß einer Aussage von Bernhard von Clairvaux soll der Orden im neunten Jahr seines Bestehens durch das Konzil von Troyes gebilligt worden sein. Das Konzil tagte am 13. Januar 1128. Dieses Datum basiert jedoch auf dem damals im Nordosten Frankreichs üblichen Kalender, bei dem das Jahr nicht wie unser heutiger Kalender am 1. Januar, sondern erst am 25. März, am Tage von Mariä Verkündigung, beginnt. Nach unserem heutigen Kalender trat das Konzil von Troyes ein Jahr später, nämlich am 13. Januar 1129, zusammen. Damit wäre das Gründungsjahr des Ordens tatsächlich das Jahr 1120!

Sieben Gesinnungsgenossen legten zusammen mit Hugo de Payens und Gottfried de Saint-Omer im Zeichen des schwarz-weißen Banners die Gelübde ab: Armut, Keuschheit und Gehorsam. Hinzu kam als viertes Gelübde der Kampf gegen die Ungläubigen – womit die Templer den Schutz der Pilger gewährleisteten und zur Teilnahme an der Wiedereroberung des Grabes Christi aufgerufen waren. Alles in allem ruhte die gesamte fränkische Herrschaft im Heiligen Land, das von den Ordensrittern Outremer genannt wurde, auf einer eher dünnen, kaum tragfähigen Basis.

Viel ist darüber spekuliert worden, warum es ausgerechnet neun Gründungsritter und nicht mehr oder weniger gewesen sind. Weil ich, wie wir noch sehen werden, auch keltische Traditionen vor allem bei Bernhard von Clairvaux erkenne, sehe ich den Aspekt der Neun als Bestandteil der keltischen Esoterik. Für die Druiden war die Neun eine ungeheuer wichtige Zahl, nämlich die Potenz der Drei. In der Neun steckt zum einen die Fünf, die Zeit und Raum erfaßt, und zum anderen die Vier, die die vier Himmelsrichtungen symbolisiert. Das heißt: Die Zahl neun versinnbildlicht das gesamte Universum. Nicht von ungefähr sind es genau neun Priesterinnen, die auf der Insel Sein im Atlantik über Wind und Wolken gebieten; und die feindlichen Milesier, die einst Irland erobern wollten, wurden neun Wellen weit vom Land entfernt zurückgeschlagen. Auf neun Säulen sollte der Tempel ruhen, den Abbé Saunière über dem Ort Rennes-le-Château errichten lassen wollte. Neun Haselnüsse trägt der Baum der Weisheit an der Quelle des irischen Shannon, und neun Ritter gründeten einen Geheimbund, dem es um Weisheit, hermetisches Priestertum und Macht zugleich ging. Leider gibt es keine Abbildung dieser neun ersten Tempelherren bei ihrem heiligen Schwur im Jahre 1120. So heißt es jedenfalls! Hatte man diese denn niemals irgendwo darstellen wollen, fragte ich mich? Und wie überrascht war ich dann eines Tages, als ich unverhofft doch noch auf eine Abbildung dieser neun ersten Templer von Jerusalem stieß. Ihr Konterfei aus Stein ist in Deutschland kaum bekannt, und wer sich die neun ersten Templer anschauen will, der sollte die Kirche Saint-Denis in Paris besuchen. Der Bau von Saint-Denis wurde 1140 begonnen und ist das älteste gotische Bauwerk der Welt. Die sehr schöne Kathedrale – letzte Ruhestätte fast aller französischen Könige – liegt in einem nördlichen Vorort von Paris. Schon im 5. Jahrhundert gab es hier eine Kirche. Im 12. Jahrhundert ließ Abt Sugur die ehemals romanische Kirche zu einer gotischen Kathedrale umbauen. Heute zählt Saint-Denis viele Besucher pro Jahr, die sich vor allem die alten Grabplatten und Figuren der Könige und ihrer Gemahlinnen aus früheren Zeiten anschauen und sich so ein Bild über die Grabmalkunst des Mittelalters und der Renaissance machen. Das Interessanteste liegt jedoch unter dem eigentlichen Dom: die Krypta. Sie ist alles andere als klein und bewahrt noch Überreste der ersten Kirche aus dem 5. Jahrhundert. Hier, am ursprünglichsten Teil des Gotteshauses, existiert ein interessantes Kapitell, auf dem die israelische Bundeslade abgebildet ist, die von einem Pferd oder Esel gezogen wird. Diese Lade ähnelt in ihrer Form der an der Kathedrale von Meaux, die dort als Motiv eines Kirchenfensters zu sehen ist. Also verfügt neben Chartres noch eine weitere französische Kathedrale über die Bundeslade als Steinrelief. Der Journalist und Schriftsteller Graham Hancock, der die Bundeslade von Saint-Denis und Meaux offensichtlich nicht kennt und der die Tempelritter mit der Entdeckung der echten Bundeslade im salomonischen Tempel in Zusammenhang bringt, würde überrascht sein, wenn er sähe, was sich oberhalb des Reliefs mit der Lade – genauer dem Zugpferd – befindet: nämlich neun kleine Köpfe – wegen ihrer auffälligen Frisur allesamt als Templer zu erkennen. Sie wurden so gemeißelt, daß sich einer der Köpfe ein wenig von den anderen acht abhebt. Dieser neunte Kopf ist zweifellos der von Hugo de Payens, und seine Gesichtszüge wirken sehr ernst und nachdenklich.

Auf meine Nachfrage, wen denn diese Köpfe und das Pferd mit der Lade darstellen sollen, gab mir einer der Geistlichen von Saint-Denis, den ich zufällig traf, die Antwort, daß es sich dabei um neun Pilger handeln würde, die die Reliquien irgendeines Heiligen transportierten. Auf meine Vermutung, daß es Templer sein könnten und die Kiste mit den angeblichen Reliquien die Bundeslade sei, wollte der Mann überhaupt nicht reagieren. Dabei spricht alles dafür! Die Bundeslade ist der von Chartres und der von Meaux sehr ähnlich. Was aber hätten Pilger mit ihr zu schaffen gehabt? Nichts. Folglich muß es sich um Templer handeln, denn jene waren die einzigen, die sich im Mittelalter für die Lade so sehr interessiert hatten, daß sie in Jerusalem danach suchten. Die neun Köpfe (8+1) stellen meiner Ansicht nach die neun ersten Templer dar und keine Pilger, denn dann hätte der Bildhauer nur acht Köpfe aus dem Stein herausgehauen. Der neunte stört das Ensemble nämlich ein wenig, wenn es bei der Darstellung nur um reine Kunst gegangen wäre. Dieser neunte Kopf ist mit ein Indiz dafür, daß ich auf eine Darstellung der ersten Templer blickte.

Ob dieses Relief nun zugleich ein unmittelbarer Beweis dafür ist, daß die Templer im Besitz der Bundeslade waren, bezweifle ich. Ich sage aber nicht, daß es unmöglich ist. Nach wie vor bedeuten solche Abbildungen für mich in erster Linie, daß sich der Orden im Besitz von Geheimwissen befand. Das geeignetste Symbol

Die neun »Gründungstempler«, dargestellt als Relief an einem Pfeiler in der Krypta von Saint-Denis im Norden von Paris.

dafür stellt sicherlich die Bundeslade dar. Und eine Vielzahl von ähnlichen Abbildungen an Kathedralen, wie derjenigen des Templers von Saint-Étienne in Meaux, der zeigt, daß er Kenntnisse in Yoga hat, wovon noch zu sprechen sein wird, belegen dies unwiderruflich. Aber vorerst weiter mit der Geschichte des Ordens.

Zwischen 1120 und 1127 bestand der komplette Templerorden aus den neun *Gründungsrittern,* wobei es durchaus im Rahmen des Möglichen liegt, daß es weitere Ordensmitglieder in Frankreich gegeben hat. So sehen es jedenfalls die Historiker, obwohl mir das aus rein praktischen Erwägungen heraus immer als sehr unwahrscheinlich erschienen ist. Neun auf einer Insel und weitere »Brüder« ganz woanders und weit weg, ohne daß man sich jemals gesehen hätte? Und das auch noch vor dem Hintergrund, daß der Orden noch nicht einmal die kirchlichen Segnungen, sprich die Anerkennung durch Papst und Bischöfe erhalten hatte. Nun denn! Es wird jedenfalls sofort klar, daß neun, wenn auch noch so tapfere Ritter den Pilgern nur sehr wenig Schutz gegen die *Ungläubigen* hätten geben können. Aber den gewährten sie ohnehin nicht. Denn obwohl es in diesen Jahren genügend Kämpfe im Heiligen Land gab, nahmen die Templer an keiner einzigen Auseinandersetzung gegen die Feinde der heiligen Mutter Kirche teil. Warum eigentlich nicht? Was machten sie denn neun Jahre lang auf dem vermuteten Gebiet des Tempels Salomonis in Jerusalem? Wir wissen es nicht und können deshalb nur Vermutungen anstellen. Kein Chronist jener Zeit hat uns Näheres darüber hinterlassen. Die Verteidigung der eroberten Gebiete und die Sicherung der Pilgerwege überließen die neun Templer getrost dem Hospitaliterorden. Sollte der sich mit den Mohren auseinandersetzen – sie hatten Besseres zu tun! Denn die neun Mönchssoldaten hatten all die Jahre keineswegs die Hände in den Schoß gelegt. Sie warben Männer an, die handwerklich geschickt waren, und ließen sie für sich arbeiten. Ich bin nicht der Meinung, daß man diese Leute als zum Orden gehörig betrachten sollte. Vielleicht haben ihnen die neun Templer bestimmte Versprechungen gemacht, etwa daß sie später einmal dem Orden beitreten könnten. Das ist gut möglich. Aber in erster Linie werden sie die Arbeit der Handwerker lediglich entlohnt haben, wenn auch eher bescheiden. Daß es den Templern zunächst um Aufbauarbeiten ging, davon erfahren wir aus verschiedenen, eher spärlich gesäten Texten.

Spätere Autoren lassen uns wissen, daß man versucht hatte, den Tempel Salomons wiederaufzubauen, und dabei verschiedene Grabungen durchführte. Bei einer sei man sogar auf unterirdische Pferdeställe gestoßen. Sollen wir uns also die neun Ritter als ein Team von Bauherren und Archäologen vorstellen, das die Erde des alten salomonischen Tempels durchwühlte? Auf der Suche nach was? Nach Mauerresten? Nach sagenhaften Schätzen? Ihr Verhalten mutet schon recht seltsam an, und es wundert einen, daß man sie so viele Jahre lang gewähren ließ, obwohl sie doch eindeutig gegen ihre originären Pflichten und Aufgaben verstießen! Oder waren sie von Anfang an nur ins Heilige Land gekommen, um im zerstörten Tempel Salomons nach etwas ganz Bestimmten zu suchen? Die genaue Stelle, die sie besetzt hielten, ist der Felsendom, auch El-Aksa-Moschee genannt, auf dem Berg Moria. Dieser Felsendom ist im unteren Bereich achteckig, worüber sich eine hohe Rotunde mit Kuppel erhebt. Diese architektonische Form wurde von den Templern bei späteren Bauten übernommen. Davon wird auch noch zu sprechen sein.

Neun Jahre lang betrachteten sich die Mönchssoldaten also mehr als Schatzgräber denn als Wächter der Pilgerwege.

Aber wonach suchten sie nur so eifrig? Und warum ausschließlich im großen jüdischen Tempelbezirk? Wollten sie den Gral bergen oder die Bundeslade oder uralte magische Formeln, mit denen sich die Welt nach Maß, Zahl und Gewicht berechnen ließ? Darüber ist viel spekuliert worden. Es ist kaum anzunehmen, daß die neun Templer aufs Geratewohl Grabungen vornahmen. Sie waren nach Jerusalem mit einer bestimmten Absicht gekommen, und sie wußten, daß sie bei dem, was sie zu finden hofften, nur im Tempel Salomons fündig werden würden und an keiner anderen Stelle im Land. Das macht das Ganze noch rätselhafter, denn es würde voraussetzen, daß Hugo de

Payens und Gottfried de Saint-Omer dazu bereits in Frankreich einen weitreichenden Plan erarbeitet hatten. Oder wurden sie von geheimen Auftraggebern gelenkt? Wenn es von vornherein um verborgene Dinge ging, die nicht ans Licht der Öffentlichkeit dringen sollten, warum dann die Sache mit der Ordensgründung? Sie stellte für den Zweck des Unternehmens doch eher eine Last als eine Hilfe dar. Oder war die Ordensgründung die einzige Möglichkeit, von König Balduin II. die Erlaubnis zu bekommen, sich ungestört auf dem Gebiet des ehemaligen Tempels, der moslemischen El-Agsa, auszubreiten und im Boden nach dem begehrten Objekt zu suchen? Vermutlich ist es so gewesen, und die neun Mönchsritter hatten den König über ihr eigentliches Ziel und den Grund für ihren Aufenthalt in Jerusalem täuschen können. Ein Orden braucht ein festes Zuhause und eine Kirche, werden sie argumentiert haben, und deshalb bauen wir den alten Tempel wieder auf bzw. richten ihn für uns als Ordensburg und Gotteshaus her, auch wenn dieser Ort ursprünglich kein christlicher Tempel gewesen war. Aber das schien offensichtlich niemanden zu stören. Und es schien auch niemand daran Anstoß zu nehmen, daß die neun Templer in dieser Zeit, während sie den ehemaligen Tempelbezirk unterwühlten und den verlassenen moslemischen Gebetssaal in Zellen unterteilten, keinem anderen Ritter erlaubten, ihrem Orden beizutreten. Nicht einmal jenem wegen seiner ritterlichen Kühnheit so sehr gerühmten Grafen Fulko V. aus dem Hause Anjou, der sie im Jahre 1121 in Jerusalem besuchte und der ihnen danach eine jährliche Summe von dreißig angevininschen Livres zusprach. Womit hatten sie ihm dieses Geld aus der Tasche gelockt? Mit der Wahrheit über ihre Mission? Vielleicht ja, denn das Haus Anjou spielte von da an bis hin zu René von Anjou im 15. Jahrhundert in bezug auf das Templergeheimnis, vor allem aber in bezug auf den Heiligen Gral eine wichtige Rolle, wie wir noch sehen werden. Und was, wenn Graf Fulko V. von Anjou der geheime Auftraggeber gewesen war oder ihr Abgesandter? Jedenfalls wird für die ersten sieben Jahre auschließlich sein Name und seine jährliche Geldspende an den Orden erwähnt. Ohne diese schriftliche Überlieferung gäbe es nicht einmal einen handfesten Beweis für den Aufenthalt der Templer in Jerusalem von 1120 bis 1126.

Die neun Ritter in diesen Jahren betätigten sich also als wahre Schatzsucher. Von orthodoxen Juden werden sie erfahren haben, daß es unter dem Felsen verborgene Gänge gab, die bereits König Salomon hatte anlegen lassen. Angeblich war ihm die Zerstörung des Tempels im Traum von Gott eingegeben worden. Aus diesem Grunde hatte er einen Ort unter dem Tempel bauen lassen, in dem man die Bundeslade bei Gefahr in Sicherheit bringen konnte. In der Chronik Alberts von Aachen, eines Kreuzfahrers, stieß ich auf folgende interessante Stelle: »Mitten im Felsendom steht ein Felsblock ... auf der einen Seite des Felsens führen Stufen in eine Höhle hinab, auf der anderen aber befindet sich nach dem wahrheitsgetreuen Bericht derer, die es mit eigenen Augen gesehen haben, ein kleines Türchen, das aber immer versiegelt ist. Dort sollen nach Meinung mancher Leute einige von den allerheiligsten Dingen bis auf den heutigen Tag verwahrt werden.«[5]

Ein jüdischer Archäologe bestätigte mir, daß es für die Wissenschaft immens wichtig wäre, den Tempelberg systematisch zu durchforschen. Sein Inneres sei in der Tat mit künstlichen Gängen, unterirdischen Räumen und uraltem Gemäuer durchsetzt. Aber zu eingehenden Forschungen sei es bislang nicht gekommen, weil sich die Oberhäupter der Juden wie der Moslems gleichermaßen dagegen wehrten. Für sie kämen archäologische Grabungen einer Entweihung des gesamten Tempelberges gleich. Einige kleinere Grabungen erfolgten dennoch, die Bundeslade wurde dabei allerdings nicht gefunden. Der orthodoxe Rabbi Dr. Jimmy DeYoung behauptete jedoch, daß er mit Hilfe von Spiegeln die Lade in einem bislang unerforschten Gang gesehen hätte. Einen Beweis für seine Behauptung lieferte DeYoung aber nicht. Er erklärte nur, daß die heilige Lade dort ru-

[5] Zit. aus der Chronik Alberts von Aachen. Faksimileausgabe der historischen Fakultät der Universität Bochum

hen sollte, wo sie jetzt sei und erst dann geborgen werden würde, wenn der dritte Tempel in Jerusalem gebaut sei. Bis dahin müsse sie vor den Augen der Ungläubigen im Tempelberg verborgen bleiben. Vielleicht haben die Templer die Lade aber auch in den Jahren 1120 bis 1127 entdeckt und an einen anderen Ort gebracht!?

König Balduin II. scheint den Templern während dieser Zeit überaus gewogen gewesen zu sein und hat sie vermutlich sogar materiell unterstützt. Daß er dabei einem Orden half, dessen Gründung nicht mehr als ein Gelöbnis war und von kirchlicher Seite überhaupt noch nicht legitimiert worden war, schien Balduin nicht zu stören. Eines Tages im Oktober 1127 teilte Hugo de Payens dem König mit, daß er nach Frankreich zurückkehren werde. Warum ausgerechnet zu diesem Zeitpunkt? Weil ihm durch Etienne Harding, den Abt von Cîteaux, nahegelegt worden war, den Orden endlich von der Kirche anerkennen zu lassen. Und so kehrte der Großmeister zusammen mit André de Montbard, Onkel des damals noch jungen Abtes von Clairvaux – Bernhard – nach Europa zurück. Bemerkenswerterweise besuchte er nach einem kurzen Aufenthalt in der Champagne zuerst Graf Fulko V. im Anjou, um ihm als Nachfolger Balduins II. die Krone von Jerusalem anzutragen. Der König besaß nämlich keinen direkten Erben und hatte bereits zu Lebzeiten damit geliebäugelt, seine Tocher Melisande mit Fulko von Anjou zu verheiraten. Als dann Hugo de Payens Fulko sein Angebot unterbreitete, stimmte dieser bereitwillig zu. So weiß man, daß der Graf im Sommer 1129 in Akkon im Heiligen Land anlegte und sich zusammen mit Hugo de Payens und seinen Truppen gegen Ende desselben Jahres an einer Militäroperation gegen Damaskus beteiligte. In dieser Zeit trat er dem Orden als *Templer auf Zeit* oder Laienbruder bei. Am Rande sei noch erwähnt, daß Fulko von Anjou über seine erste Frau der Urgroßvater von Richard Löwenherz war.

Für den Orden hatte es 1128 das so wichtige Konzil von Troyes gegeben, auf dem kundgetan wurde, daß die Templer endlich innerhalb der Kirche Legitimität und einen festen Status erhalten. Seit dem 13. Januar 1128 waren sie Mönche und Ritter, die für den Schutz der Pilger im Heiligen Land Sorge trugen, obwohl das wiederum mit keinem einzigen Wort in der Ordensregel erwähnt wird. Für die Gruppe um Hugo de Payens hatte es bis zum Konzil schriftlich nicht festgelegte Gebräuche gegeben, die das Ordensleben bis dahin geregelt hatten: das dreifache Gelübde der Armut, der Keuschheit und des Gehorsams. Daneben hatte es die Regeln in der Art einer kleinen privaten Miliz gegeben, die alle Aufgaben in der Gruppe der neun Männer verteilte. Für das Konzil von Troyes jedoch bestimmte Bernhard von Clairvaux maßgeblich die Hauptregeln des neuen Ordens. Diese bestanden vor allem darin, sündige Ritter durch eine Askese eigener Art im Orden zum Heil zu führen – was auch immer das heißen mochte. Jedenfalls wurde einiges schon sehr bald deutlich: Der Templerorden verstand sich, was die Aufnahme von neuen Mitgliedern anging, als eine Art mittelalterliche Fremdenlegion. Ganz gezielt agierte der Orden an den Rändern der christlichen Gemeinschaft und nahm bevorzugt Heißsporne, Raubritter und Unruhestifter auf. In der französischen Regel hieß es auch unmißverständlich: »Wir heißen euch dorthin zu gehen, wo nach eurer Kenntnis exkommunizierte Ritter versammelt sind.«[6]

Warum gerade eine solche Klientel? Um sich als besonders barmherziger Orden zu etablieren? Oder als einer, der vor allem jene Männer zu sich zählen wollte, die die Kirche mit einem Bann belegt hatte, also auch sogenannte Freidenker? Ein gutes Beispiel für die doch seltsame Anwendung der Ordensregel ist der Fall Gottfrieds von Mandeville, des Grafen von Exeter. Er hatte, weil ihm Unrecht widerfahren war, im blinden Haß geplündert, gemordet und gefoltert und dabei kirchliches Eigentum zerstört. 1144 traf ihn ein tödlicher Pfeil, und er starb ohne die Absolution der Kirche. Der Chronik der Abtei Walden zufolge tauchten in diesem Augenblick Tempelritter auf, bedeckten

[6] Zit. in: Alain Demurger: Die Templer – Aufstieg und Untergang 1120-1314. München 1997, S. 61

seinen Leichnam mit einem Kreuz und brachten ihn in ihr Haus, den Old Temple in London, wo sie ihn wenig später auf ihrem eigenen Friedhof beerdigten. Ein für das Mittelalter unerhörter Vorgang, der jedoch zeigt, daß die Templer offensichtlich das Recht für sich beanspruchten, *verfluchte Leiber* auf ihren Friedhöfen zu begraben.

Die Vorbereitung

Was hatte sich eigentlich vor der Gründung des Ordens ereignet? Mir schien, als ob gerade die Jahre vor 1120 – bezogen auf die Absicht nach Jerusalem zu gehen – die wichtigsten gewesen waren. Wie bereits vermutet, waren die neun Templer nicht ohne Plan und Auftrag auf den Tempelberg gereist. Hugo de Payens (und sein persönliches Umfeld) stellte dabei eine Schlüsselfigur dar. Geboren wurde er in Payens, unweit von Troyes, eine damals wichtige Stadt für Handel und spirituell Suchende, denn offensichtlich war Troyes in jener Zeit ein wichtiger *Nährboden* für *verbotenes geistiges Wissen* – eine kirchengefährliche Mischung aus jüdischer Kabbala und Gnosis. Chretien von Troyes lebte hier, Autor eines der wichtigsten Bücher über den Heiligen Gral. Nahe bei Troyes stößt man noch heute auf jenen bereits im Mittelalter geheimnisvollen *Wald des Orients*, von dem niemand so genau weiß, wie er zu seinem ungewöhnlichen Namen gekommen ist. Hier also wuchs Hugo von Payens auf. Doch wer war dieser Mann, von dem wir hören, daß er Laie gewesen ist, verheiratet mit der Cousine des späteren heiligen Bernhard von Clairvaux? Er hatte einen Sohn, Thibaud, der Abt von Sainte Colombe wurde und der später mit ihm nach Jerusalem zurückkehrte, wobei er eigenmächtig einen Teil des Klosterschatzes mitnahm, was im übrigen die Mönche von Sainte Colombe veranlaßte, ihn einen gemeinen Dieb zu schimpfen. Ich will diese Tat nicht überbewerten, aber sie ist alles andere als christlich. Heißt das, daß Thibaud den Orden der Templer über jedes Gebot und den eigenen Anstand stellte und vermutlich wegen des Diebstahls noch nicht einmal ein Unrechtsempfinden besaß?

Was hätte am Templerorden für den jungen Abt so verlockend sein können, daß er dafür sogar seine ehemaligen Bittbrüder bestahl? Doch wohl nur die Aussicht auf etwas ganz Außergewöhnliches – etwas, was ihm nur im Templerorden widerfahren konnte.

Geboren wurde Hugo de Payens, Graf der Champagne, im Jahre 1077. 1104 reiste er mit seinem zwei Jahre jüngeren Bruder Stephan zum ersten Mal ins Heilige Land. Drahtzieher für die Entsendung dürfte Etienne Harding gewesen sein, denn unmittelbar nach seiner Rückkehr besuchte Hugo de Payens diesen Mann, den damaligen Prior von Cîteaux bei Dijon, der danach sein Kloster zu einem Zentrum für das Studium hebräischer Texte umwandelte, unterstützt durch textkundige Rabbiner. Einer von ihnen ist sogar namentlich bekannt geworden: Raschi. Sein genauer Name lautete Rabbi Schlomo Ist'haqui, einer der größten Bibelexegeten seiner Zeit. Etienne Harding muß ein freiheitlich denkender Geist gewesen sein, jedenfalls was die Erforschung von hermetischen und kabbalistischen Texten anging, die allesamt heidnisch waren. Bereits durch die katharische Bewegung und deren Vorläufer, die Bogumilen, waren ketzerische und unerhörte Ideen ins Abendland gelangt. Meist ging es vor allem um ein völlig neues Christusbild, das Jesus von Nazareth als einen Propheten von vielen auswies, und um gnostische Texte, die ihn erheblich anders beschrieben als die kanonisierten. Man muß zudem feststellen, daß es sich bei Religionssystemen wie denen der Katharer, der Bogumilen und der Gnostiker nicht um erfundene handelt. Zu jener Zeit dachte sich niemand einfach so eine neue Religion aus, wie es heutzutage vorkommt und sich die Sekten vermehren wie die Kaninchen. Vor etwa 1000 Jahren stützten sich die Menschen auf Traditionen und auf Texte, die von kirchlicher Seite nicht anerkannt waren, die es jedoch seit Jahrhunderten gab – in Ägypten, in Palästina, in Syrien, in Griechenland. Daran war Etienne Harding interessiert, aber ohne Unterweisung durch einen fachkundigen Rabbi – und es konnte nur ein Rabbiner sein, weil es innerhalb der katholischen Kirche keine Tradition für esoterische, sprich glaubensfeindliche

Texte gab – blieb die Entzifferung von geheimen Botschaften sinnlos. Raschi verstarb 1105, aber Harding erhielt fachkundige Hilfe von Rabbinern aus Toledo.[7]

1114 reiste Hugo de Payens erneut ins Heilige Land und nahm nach seiner Rückkehr ein Jahr später Kontakt mit Etienne Harding auf, der sich seit wenigen Monaten Abt von Cîteaux nennen durfte. Man könnte nun die Vermutung anstellen, daß Hugo de Payens von seiner ersten Reise 1105 einen oder mehrere Geheimtexte mitgebracht hatte, die im Kloster von Cîteaux übersetzt werden sollten. Warum sonst hätten die Mönche dort so eifrig damit beginnen sollen, hebräisch zu lernen? Es muß sich um Texte von besonderer Wichtigkeit gehandelt haben, daß sogar Rabbiner mit hinzugezogen wurden, bei der Übersetzung zu helfen. Welche Texte könnten es gewesen sein? Im Grunde genommen ist die Antwort denkbar einfach: »Die Essenz von geheimen Überlieferungen des Judentums und des Alten Ägyptens, von denen einige wahrscheinlich bis in die Tage Moses' zurückreichen«, erklärt Gaetan Delaforge in seinem Buch »Die Templertradition im Wassermannzeitalter«[8].

Vermutlich werden damals verschiedene Faktoren zusammengetroffen sein. Denn im farbigen Kulturgemisch des Mittelmeerraums wird ein nach solch exponierten Texten suchender Hugo de Payens sehr schnell auf gnostische und geheim-religiöse Traditionen im Judentum und im Islam gestoßen sein. Der Adelsmann aus Frankreich wird sogar von sich aus Kontakte zu bestimmten Kreisen und Zirkeln aufgenommen haben und durch sie mit ketzerischen Aussagen bezüglich Gott, Erschaffung der Welt und dem Kreuzestod Jesu konfrontiert worden sein. Wie weit man ihn einweihte, ist nicht bekannt. Im besten Fall wird er es auch mit der im Libanon lebenden Sekte der Drusen und ihrer Geheimlehre zu tun gehabt haben oder sogar schon mit den Assassinen, die sich mit Drogen, Zahlenmagie und Kab-

---

[7] Aus Toledo kommt auch Kyot, Wolfram von Eschenbachs Informant hinsichtlich der Gralsritter.
[8] Zit. in: Christopher Knight/Robert Lomas: Unter den Tempeln Jerusalems. München 1996, S. 43

bala beschäftigten. Es ist bekannt, daß gerade die Assassinen gnostische Texte aus dem 1. und 2. nachchristlichen Jahrhundert besaßen. Seit den sensationellen Funden von Nag Hammadi haben wir eine Vorstellung davon gewinnen können, wie reichhaltig und fruchtbar die religiösen Ideen vor der »Machtergreifung« des Christentums im Nahen Osten gewesen sind. Hugo de Payens wird – wie immer seine *Mission* im Heiligen Land auch im Detail abgelaufen sein mag – auf fruchtbares Terrain gestoßen sein, was seine Neugier sicherlich noch mehr angestachelt hat. So kehrte er vermutlich mit zweierlei nach Hause zurück: Zum einen brachte er geheime hebräische Schriften ins Kloster von Cîteaux, wo sie intensiv studiert wurden, zum anderen wird ihm höchstwahrscheinlich von moslemischer oder jüdischer Seite anvertraut worden sein, daß bereits König Salomon ein profunder Kenner des *verborgenen Wissens* gewesen war und daß den Katakomben seines ehemaligen Tempels sicherlich noch Geheimnisse zu entreißen seien, die Salomon einst große Macht und Weisheit gesichert hätten. Sie in Händen zu halten, würde für jeden Finder sicherlich das größte Glück auf Erden bedeuten. So wird schon damals zwischen 1104 und 1114 bei Hugo de Payens und seinem Mentor Etienne Harding der Plan gereift sein, einen Orden zu gründen, der sich des alten jüdisch-ägyptischen Geheimwissens bemächtigen sollte. Hugo de Payens und Etienne Harding werden seinerzeit keinerlei Vorstellung davon besessen haben, auf welches Wagnis sie sich damit einließen. Die Lunte für ein Pulverfaß war gelegt und angezündet worden, und sie sollte fast 200 Jahre später mit dem Untergang der Templer ihr Ziel, das Faß, erreicht haben.

Etienne Hardings bester Schüler und Vertrauter war kein geringerer als Bernhard von Fontaine, der spätere Abt von Clairvaux – jener Mann also, der die Ordensregeln verfeinerte und dafür Sorge trug, daß der Templerorden seinen innerkirchlichen Status als Orden von Mönchssoldaten auf dem Konzil von Troyes erhielt. Von 1128 an wuchs der Orden in recht kurzer Zeit zu einer beeindruckenden Größe. Hatte anfangs der Besitz des Tempels ausschließlich aus den Reichtümern der ersten Templer bestanden, so breitete sich nach dem Konzil der Orden in Flandern, in der Picardie, der Champagne und im Burgund rasch aus und wurde reicher und mächtiger. 1128 kamen die ersten Schenkungen auf der iberischen Halbinsel, in der Provence und im Languedoc hinzu. Hugo de Payens kehrte 1129 mit 300 Tempelrittern ins Mutterhaus nach Jerusalem zurück. Dort, wo einst der Tempel Salomons gestanden hatte und wo dem weisen jüdischen Herrscher die Königin von Saba ihre Aufwartung gemacht und ihn in die Weisheit der Sophia eingeweiht hatte, bezogen nun christliche Ritter ihr Quartier. Ihr Haus stellten sie unter den Schutz *Unserer Lieben Frau*. Daß die Wahl auf die Madonna gefallen war, lag ausschließlich am Einfluß Bernhards, der zu Maria ein besonderes Verhältnis hatte.

Bernhard von Clairvaux: Marienverehrer und Kelte?

Einstmals hatte Bernhard in der kleinen Kirche Saint-Vorles in Châtillon-sur-Seine vor einem Bild der Mutter Gottes inbrünstig gebetet. Bei diesem Bild handelte es sich um eine Schwarze Madonna. Und Bernhard bat die Jungfrau: »Zeige mir, daß du eine Mutter bist ...« Und Maria drückte auf ihre Brust, und drei Tropfen Milch spritzten auf Bernhards Lippen.

Was sich wie eine nette kleine christliche Legende anhört, birgt viel geheimes Wissen. Bernhard bat die Madonna nicht darum, ihm beispielsweise ihren Sohn zu zeigen, der doch eigentlich wichtiger sein sollte als sie selbst. Er sprach sie auch nicht als Jungfrau an oder als Gottesgebärerin, sondern so wie jeder Heide die ägyptische Isis, die keltische Morgana, die babylonische Inanna, die griechische Demeter und andere Muttergottheiten angesprochen hätte. Der Wille des Mannes Bernhard war unzweifelhaft ganz und gar auf die Macht der bergenden und schützenden Allmutter gerichtet. Ganz eindeutig identifizierte hier Bernhard die Madonna mit einer Muttergottheit, und so, wie sie sich ihm zeigte, könnte sie durchaus keltischen Ursprungs gewesen sein.

Die Beziehung zur keltischen Religion könnte Bernhard durch Etienne Harding vermittelt worden sein. Harding selbst war in der druidisch-keltischen Abtei von Lismore in Irland erzogen worden. Später hatte er bei dem gelehrten Rabbi Raschi Hebräisch studiert und dabei die jüdische Kabbala, aber auch die häretische Lehre der Katharer kennengelernt. Somit befand sich Harding im Besitz des Geheimwissens seiner Zeit. Er ist vermutlich einer der Drahtzieher bei der Entsendung Hugo de Payens ins Heilige Land gewesen. Wieweit er sein Geheimwissen in die Seele des Bernhard von Clairvaux säen konnte, wissen wir nicht. Aber daß er sein druidisch-keltisches Geheimwissen an ihn weitergegeben hatte, ist bei seinem Wunsch an die Madonna unübersehbar.

Ich selbst bin in der Bretagne bei meinen Reisen auf Darstellungen von Heiligen mit drei Brüsten gestoßen. So bei der heiligen Gwenn in Vennec im Finistère. Ihre drei Brüste symbolisieren die Allernährerin und verdeutlichen uns ihre Dominanz über jede männliche Gottheit. Die

Die dreibüstige heilige Gwenn, die Allernährerin von St. Vennec in der Bretagne.

Schwarze Madonna ist Sinnbild der Fruchtbarkeit und damit Symbol der kosmischen Energie, der Natur, die den Tod als Mitte eines langen Lebens hervorgebracht hat. So lehrten es jedenfalls die Druiden. Kann es sein, daß Bernhard Beziehungen zum Wissen der Druiden hatte? Seinen eigenen Meistern soll er Eichen und Buchen bei seinem Abschied geschenkt haben, zwei *Essenzen*, die den Druiden äußerst heilig waren. Zum anderen hielt Bernhard den Brüdern von Clairvaux immer wieder vor, daß es im Wald und in der Natur weitaus mehr zu lernen gäbe, als sie jemals durch Bücher erfahren könnten. Eine Meinung, der sich alle Druiden ange-schlossen hätten, die ohnehin nichts Schriftliches hinterlassen haben, sondern ausschließlich auf einer mündlichen Weitergabe bestanden. Doch kehren wir noch einmal zu Bernhards Ge-schenk zurück: Eiche und Buche, zwei so wichtige Bäume drui-discher Magie ...

Diese Magie steht ganz im Zeichen der Kommunikation mit den Naturkräften. Flüsse, heilige Haine, Pflanzen wie die Mistel oder der Bärlapp (Selago), Steine und alte Bäume sind Hüter tiefer Weisheit und Erkenntnis. Jeder Baum führte den keltischen Wei-sen den *druidischen Hauptlehrsatz* von der Unendlichkeit des Le-bens und der Endlichkeit des Todes fortwährend vor Augen.

Besonders der Apfelbaum – man denke an Avalon, die *Apfel-insel* – hatte für die Druiden die stärkste Beziehung zur Anders-welt. Äpfel kommen ausschließlich in den Körben der Mutter-göttinnen vor und erweisen sich als wahre Lebensspender. Auch heute noch gilt: Wer eine enge Beziehung zu Bäumen schafft, der darf an Energie, Kraft und Güte teilhaben. Rituelle Hand-lungen, aber auch das Wissen um die Wirksamkeit bestimmter Pflanzen, um die Wirkung von Tanz und Musik, aber auch um die Kraft des gesprochenen Wortes führen zum Verstehen des-sen, was die Macht der Druiden einstmals ausmachte. Hierbei treffen sich deren Vorstellungen mit denen der alten indischen Weisen. In indischen Sagen heißt es, daß in den Kräutern die ganze Kraft der Welt vorhanden sei. Und die altindischen Seher erblickten gleich den Druiden durch ihre magische Pflanzenkun-de das ganze All.

Bernhard als Druide? Für einen orthodoxen Christen unan-nehmbar. Aber ich spürte, daß ich auf der richtigen Spur war. Die weißen Mäntel der Templer, ihr langer Bart ...

Aber vor allem die Dreizahl machte mich stutzig. Genau drei Tropfen Milch fielen auf seine Lippen.[9] Die Drei war die Heilige Zahl der Druiden. Wohlgemerkt auch die der Christen, wenn

---

[9] »So weiß wie Milch« ist auch ein Vergleich, der bei den Kelten sehr beliebt war.

man an Vater, Sohn und Heiliger Geist denkt. Bernhard hat die Dreizahl geradezu auffällig oft in seine Ordensregeln miteinbezogen. So war ein Templer verpflichtet, auch bei drei Gegnern bzw. Ketzern den Kampf mit ihnen anzunehmen. Zurückschlagen durfte ein Templer erst dann, wenn er dreimal attackiert worden war. Blieb eine Aufgabe unerfüllt, wurde der Mönchssoldat dreimal gegeißelt. Dreimal pro Woche gab es Fleisch zu essen, dreimal im Jahr mußte er zur Kommunion gehen, dreimal in der Woche die Messe hören, dreimal in der Woche Almosen geben, drei Teller durften von einem Templer geleert werden, wenn er mehrere Tage lang gehungert hatte. Die Drei ist die Zahl der Druiden, die ihre Weisheiten immer durch drei wesentliche Dinge formulierten, weil diese Zahl die vollkommene Schöpfung ausdrückt. Drei ist aber auch die wesentliche Zahl in der Lehre des Pythagoras. Sie war für den griechischen Denker die Vereinigung von Materie und Form: unendlicher Gott und unendliche Materie werden eins. Durch die Drei ist das All vollendet bestimmt: Höhe, Breite und Tiefe des Raums, Vergangenheit, Gegenwart und Zukunft der Zeit. Gott ist nach Bernhard von Clairvaux *Länge, Höhe, Breite und Tiefe*. Jeder Großmeister der Templer besaß einen Stab als Zeichen seiner Macht: den Abakus. Ein solcher Zauberstab, der die männliche Energie symbolisiert, ist pythagoräisch. Pythagoras wiederum berief sich auf das Wissen der alten Ägypter. Im Profil gleicht ein Abakus dem ägyptischen Henkelkreuz Ankh. Und schon jetzt sei angemerkt, daß die Großmeister der Templer noch über ein weiteres Symbol verfügten: die Peitsche, wie man sie über dem Südportal der Kathedrale von Chartres in den Händen eines Engels sehen kann. Sie ist dreischwänzig und gleicht in ihrem Aussehen genau jener, wie sie in Stein gemeißelt auf dem Sarkophag des Pharao Tut-Anch-Amun abgebildet ist. So eng ist die Geheimlehre der Templer mit dem Wissen Altägyptens verbunden!

Aber zurück zur Madonna. Sie war Bernhard gewogen und zeigte sich ihm noch mehrmals: 1109 erschien sie in Cîteaux, als die Mönche über den Geheimtexten aus dem Heiligen Land »brüteten«, um im Anschluß daran die kirchliche Lehre von Christus

um eine geheime und gnostische zu erweitern. Hat die Gottesmutter die Arbeit des Klosters und die von Bernhard gesegnet?
Mit Sicherheit! Denn sie erschien ein zweites Mal, doch diesmal
in Clairvaux 1153 – Bernhards eigenem Kloster und in seinem
Todesjahr.

Exkurs: Geheimnisvolle Wälder und Seen

Als Bernhard von Clairvaux den Templern predigte, daß sie besser in und von den Wäldern lernten als durch Bücher, da hatte
diese Ermahnung auch einen praktischen Hintergrund. Wälder
sind hervorragende Orte, um sich zu verstecken, wenn man geheimen Riten nachgehen will. Aus diesem Grund schienen die
Templer Wälder wie den sagenumwobenen Brocéliande-Wald in
der Bretagne, den Forêt d'Orient bei Troyes und andere zu be-
vorzugen. Mehr noch: Es gibt sprachliche Hinweise darauf, daß
die Templer ganz bestimmte Orte geradezu suchten. So ist es auffallend, daß ihre Kommandaturen in Frankreich sehr häufig in
der Nähe von Plätzen lagen, die irgend etwas mit *épine* (Dorn,
Weißdorn) zu tun haben: L'Epine, Epinay, L'Epinat, Pinay,
Epinac, der Wald von Courbépine usw. Das kann kein Zufall
sein. *Epine*, der Dorn, dient als natürliche Abwehr gegen jeden
Eindringling, ein Mittel, symbolisch gesehen, das eine geheime
Welt vor Nachstellungen wirkungsvoll schützt. Aber der *Dorn*
stellt zugleich auch ein initiatorisches Hindernis dar, das der Un-
eingeweihte zu überwinden hat. Das Märchen von Dornröschen
basiert auf dieser Tatsache. Der Prinz darf sich der Schönen erst
nähern, nachdem er den Dornenwald überwunden hat. Die Krone aus Dornen schmückt den Gottessohn, sie symbolisiert den
Schmerz seiner Mutter (»Maria durch einen Dornwald ging ...«).
Ich bin davon überzeugt, daß *Epine (Dorn)* eine Barriere darstellte, eine Passage, die es zu überwinden galt, um zu den Geheimnissen des Ordens vordringen zu können. Der Legende nach
wurde die Bundeslade der Israeliten aus dem Holz eines Dornbusches gefertigt – denn Gott trat den Menschen gern in Gestalt
eines brennenden Dornbusches gegenüber.

Es sei auch noch vermerkt, daß es Templer gewesen waren, die das
»Buch der Richter« im Alten Testament als erste ins Französische
übersetzt haben. In Kapitel 9,14 steht geschrieben: »Da sagten

Der urwüchsige und sagenumwobene Templerwald Huelgoat im Finistère.

alle Bäume zum Dornenstrauch: ›Komm, sei Du unser König‹ Und der Dornenstrauch antwortete den Bäumen: ›Wenn ihr mich wirklich zu eurem König salben wollt, dann findet ihr Schutz in meinem Schatten. Wenn aber nicht, dann soll vom Dornenstrauch Feuer ausgehen und die Zedern des Libanon fressen!‹«

Eine geheimnisvolle Textpassage, die sicherlich jeder Großmeister richtig zu deuten gewußt hätte. Aber leider können wir keinen der 22 Templer-Großmeister mehr danach fragen. Ein Großmeister würde uns sicherlich auch eine einleuchtende Erklärung dafür geben können, was wirklich mit dem *Kuß aufs Gesäß* gemeint gewesen ist – etwas, das man in den Untersuchungen von 1307 als Indiz für Homosexualität unter den Brüdern ausgelegt hat. Das Rückgrad heißt nämlich im Französischen *épine dorsale,* aber nach dem oben Angeführten scheint der Begriff eher auf einen geheimen Initiationsritus hinzudeuten, bei dem *épine* – der Dorn – (wie auch immer) im Vordergrund stand.

Ein weiteres sehr häufiges Element ist der See. Fast jede Templerkommandatur lag in der Nähe eines Sees. Das mag durchaus praktische Gründe gehabt haben, aber es scheint dafür auch noch ein anderes Motiv eine Rolle gespielt zu haben. Derlei Seen, zumeist in einem Wald gelegen, hatten auch bei den Kelten eine wichtige Bedeutung. So weiß man, daß sie gerne heilige Dinge in Teichen und Seen versenkten. Ebenso legten sie gerne unterirdische Räume an, wie man sie heute noch an einigen Orten in der Bretagne antrifft. Diese Sitte hatten die frühen Templer offenbar aufgegriffen. Viele Kommandaturen besaßen solche unterirdischen Verstecke in der Nähe von Seen. Die Vorstellung, im Leib der Erde zu liegen, war Bestandteil eines uralten Initiationsritus. Im Schoß der Erde wird man wiedergeboren; nur hier erfährt man die Verschmelzung mit dem Unendlichen. Daß man einige solcher von Templern angelegten unterirdischen Höhlen (in der Nähe von Wasser!) gefunden hat, legt den Gedanken nahe, daß Templer hier geheime Initiationsriten abgehalten hatten. Derartige künstliche Höhlen stammen aus der Zeit, als der Orden noch recht jung war. Vermutlich wirkte hier die Aufforderung Bernhards von Clairvaux noch nach, sich abseits der Welt im Wald, in der Wildnis, unterirdisch eine geistige Zuflucht zu suchen.
Wo solche Plätze zu finden sind, ist in Deutschland völlig unbekannt. Ich bin daher Michael Vital-Le Bossé sehr dankbar, der

mir eine solche, in diesem besonderen Fall geradezu atemberaubend schöne *unterirdische Kirche* des Templerordens zeigen konnte. Es handelt sich um den *Bove des Chevaliers* im Tal des Flusses Orne in der Normandie. Die genaue Stelle heißt *Wald von Jaunière,* und dieser liegt etwa 40 Kilometer südlich von Caen. Schon die Ortsbezeichnungen in seiner Nähe sind erwähnenswert: *Prévotière de la Babylone* (Propstei von Babylon), die man durch die *Porte-Lancière* (Stechginster-Tür) erreicht, vorbei am *Croix-Rouge* (Rotem Kreuz), dem *Rouges-Terres* (Roten Land), der *Le Nouveau-Monde* (Neuen Welt) und schließlich über den *Pont-Percé* und den *Pont de Vie* (Durchbohrte Brücke und Brücke des Lebens). Daß auch die rote Farbe ein direkter Hinweis auf die Templer ist, wird deutlich, wenn man weiß, daß man sie in der Bretagne und in einigen Teilen der Normandie die *Roten Mönche* genannt hat.

Als ich die unterirdische Kirche betrat, stockte mir der Atem, und ich stellte sogleich fest, daß sie nicht in erster Linie als Zufluchtsort errichtet worden war. Hier wollte sich niemand verstecken! Dafür spricht die Architektur eine zu deutliche Sprache: Der große Saal hat die Form eines keltischen Kreuzes, von seinem Innern führen rechteckige oder runde Durchgänge zu einem Rundgang mit sieben Einbuchtungen. Welche geheimen Zeremonien mögen hier in der Frühzeit des Ordens stattgefunden haben? Erinnern wir uns, daß auch unter der Burg von Gisors eine Kapelle existieren soll, die der heiligen Katharina geweiht ist. Später errichteten die Mönchsritter *überirdisch* ganz bestimmte Tempel, wie man sie in Eunate, Lanleff oder Montsaunès noch bewundern kann. Aber der kreisförmige Umlauf blieb auch bei diesen erhalten. Ihre Vorläufer sind jedoch unzweifelhaft die Wälder und die unterirdischen Kammern in der Nähe von einsamen Seen gewesen, wenn auch nicht alle solch eine wunderbare Atmosphäre besaßen wie der *Bove des Chevaliers.*

Mittelalterliche Großbankiers und Eingeweihte

Der rasche Aufstieg des neuen Ordens beschleunigte sich vor allem durch die Unterstützung des charismatischen Kirchenmannes Bernhard von Clairvaux. 1128 bzw. nach heutiger Zeitrechnung 1129 wurde, wie gesagt, mit seiner Hilfe auf dem Konzil von Troyes die

Ordensregel festgelegt. Später erschien Bernhards Schrift »De laude novae militiae« (Lob der neuen Ritterschaft), die dem Orden zum endgültigen Durchbruch und zu starkem Zustrom verhalf.

Der Orden bestand aus vier Klassen: 1. die Ritter, *fratres milites* (kämpfende Brüder), die anfangs noch adeliger Herkunft sein mußten; 2. die Kapläne, *fratres capellani* (betende Brüder), die geistige Elite, die das Geheimwissen gehütet hat; 3. die Knappen und Herolde, *fratres servientes* (dienende Brüder), die schwarze Mäntel trugen; 4. alle Hausleute, Landarbeiter, Knechte und Handwerker, *fratres famuli et officii* (arbeitende Brüder), die braune oder blaue Ordensgewänder trugen. Die Handwerker waren noch einmal in die *Gesellen der Freiheit* (Baumeister und Steinmetze), *Gesellen der Pflicht* (Schreiner und Schlosser) und *Meister der Axt* (Zimmerleute) gegliedert.

Sowohl die Kapläne als auch die Ritter bildeten das »Schwergewicht« innerhalb des Templerordens. Frauen fanden keinen Platz im Orden, es sei denn als Ehefrau, denn Ehepaare konnten ihm assoziiert werden. Die Waffen der Tempelritter waren von einem bestimmten Zeitpunkt an mit kabbalistischen Symbolen geschmückt – Symbolen einer Geheimlehre, die von den Waffenherolden gehütet wurde. Ein neuer Ritter wurde für würdig befunden, die *Kabale* zu reiten, was bedeutet, daß er sich als Soldat zu Pferd in den Geheimzeichen der Kabbala auskannte. Um das Geheimnis der kabbalistischen Angaben zu wahren, verständigten sich die Ritter untereinander in bildhaften Symbolen oder durch phonetische Wortspielereien.[10] Die templerische Geheimsprache wurde *Sprache der Vögel* genannt, die die Ritter des 1. Grades erlernen durften. Im 2. Grad erlangten sie die Kenntnisse in Kampftechniken zu Pferd und zu Boden.

Niemand gelangte jedoch von sich aus in den inneren Kreis der Geheimlehre, sondern wurde als Ritter dazu *gerufen.* Von da an gehörte er zu den Kaplänen und versah keinerlei Waffendienst mehr.

---

[10] Daher auch die Annahme, daß Baphomet solch eine phonetische Wortspielerei ist. Beth ist der zweite Buchstabe im hebräischen Alphabet. Er drückt das Wissen und den kreativen Gedanken aus.

Von Anfang an gab es Sonderregeln für die Templer. Vom Zehnten (Steuern) wurden sie befreit, durften selbst teilweise den Zehnten erheben und fast immer die gesamte Kriegsbeute behalten. Viele Adelige überließen den Templern ihre Einkünfte oder belehnten den Orden mit Land. Ehrenstellen wurden an Tempelherren verliehen, und an vielen Orten in ganz Westeuropa gab es Stadthäuser und Burgen, obwohl der Hauptsitz nach wie vor in Jerusalem blieb. Über 30.000 Ritter konnte der Orden Anfang des 13. Jahrhunderts mobilisieren. Sein Einflußbereich hatte sich vom Mutterland Frankreich nach Deutschland, England, Spanien, Portugal, Italien, auf den Balkan und selbstverständlich nach Palästina ausgeweitet.

Bei vielen wichtigen politischen Entscheidungen standen Templer mit in der ersten Reihe, und häufig genug war ihr Reichtum das Zünglein an der Waage. Mit der Zeit entwickelten sie sich sogar zu wahren Großfinanziers, obgleich sie persönlich zu einer asketischen Lebensweise und eher schlichter Kleidung verpflichtet waren. Man darf sie mit Fug und Recht sogar als Erfinder des Girokontos bezeichnen. Wer in Paris oder London einzahlte, der durfte sicher sein, daß er sein Geld über einen Wechsel in jeder beliebigen Währung in Jerusalem oder Griechenland zurückerhielt. Insofern wurden auch Wechselbrief und Scheck von ihnen erfunden. Sie übernahmen sogar die Kontoführung und die Anlageberatung für Herrscher und Handelshäuser und scheuten sich auch nicht, moslemischen Potentaten Kredite zu geben.

»Die Templer waren Geldhändler großen Stils, regelrechte Finanziers, Vorläufer der italienischen Gesellschaften, die ab dem 14. Jahrhundert um sich griffen. Fast zwei Jahrhunderte lang hielten sie den überwiegenden Teil des europäischen Kapitals in ihren Händen. Aufgrund des Vertrauens, das sie genossen, waren sie Schatzmeister der Kirche, von Fürsten, Königen und Privatleuten.«[11]

[11] Zit. aus: Bernard Vaillant: Westliche Einweihungslehren. München 1992, S. 69

Darüber hinaus wurden sie zu Initiatoren der Errichtung bedeutender Kathedralen und vollbrachten erstaunliche Leistungen auf dem Gebiet der Architektur. Spanische Kirchen, die von Templern errichtet worden sind, zeigen in ihrer Architektur eine wunderbare Synthese von gotischen und orientalischen Elementen.

Sie waren sicherlich *das* Phänomen des Mittelalters, und viele sehen heute in den Templern so etwas wie Katalysatoren, die den machtvollen mystischen Drang des mittelalterlichen Menschen zum Göttlichen kanalisieren sollten. Im Templerorden sieht man auch das Ideal vom Aufstieg der Gesellschaft und der Menschheit, die Selbstverleugnung im Dienst am Nächsten sowie die Philosophie, die diese Tendenzen vereint und aus ihnen eine hermetische Lehre macht, verwirklicht.

Verblüffend, aber bei näherer Betrachtung auch wieder nicht, ist, daß man in den Ordensregeln kein Wort von initiatorischem Wissen, geheimen Regeln oder Ansätzen einer Geheimlehre entdeckt. Es wäre auch äußerst verwunderlich und geradezu selbstmörderisch gewesen, wenn die Templer auch nur andeutungsweise ihre wahren Absichten in ihre Ordensregeln aufgenommen hätten. Die Kirche hätte mit ihnen nicht lange gefackelt und sie als Ketzer gebrandmarkt. Deshalb sollten wir unbedingt zwischen einer Geheimregel und der offiziellen, von der Kirche zudem gebilligten, unterscheiden. Daß es esoterisches Wissen im Orden gegeben hat, darauf deuten zahlreiche Anzeichen hin: Zum einen die Aussagen, häufig verzerrend und verleumderisch, die nach der Verhaftung von 1307 zutage gebracht wurden, zum anderen die Symbole, Geheimzeichen, Triaden und Siegel, die uns von den Templern überliefert sind.

Das Ende der Tempelritter

Mit wachsendem Reichtum des Templerordens mehrten sich auch zwangsläufig seine Neider und Kritiker. Man warf den *Armen Männern Christi* unter anderem vor, durch den ständigen

Einfluß vorderorientalisch-islamischer Geistesströmungen – beispielsweise des Sufismus – Züge entwickelt zu haben, die dem kirchlichen Standpunkt widersprachen. Mehr noch: Die Templer würden Gott leugnen, auf das Kreuz spucken, sich allerorts überaus selbstherrlich aufführen und sich insgeheim homosexuellen Lastern hingeben. In Frankreich, wo die Templer riesige Besitzungen unterhielten, blieben diese unerhörten Vorwürfe nicht ohne Folgen. In gewisser Weise kamen sie dem König Philipp dem Schönen (Philipp IV.) gerade recht, weil die reichen Templer schon immer seinen Neid erweckt hatten. So besaß der Orden zum Beispiel eine Hochburg in Paris, den *Temple*, der 1809 abgetragen wurde und in dem Ludwig XVI. mit seiner Familie während der Französischen Revolution 1792/93 gefangengesetzt wurde.

Das Heilige Land und Jerusalem waren schon 1187 in einer katastrophalen Schlacht unter dem umstrittenen Großmeister Gerhard von Ridefort verlorengegangen. Ridefort hatte sich mit 200 Templern einer Übermacht von 5000 Sarazenen gestellt. Als man ihn aufforderte zu fliehen, antwortete er: »Es wäre nicht gottgefällig!« Er wollte nicht, daß man dem Templerorden Feigheit vorwarf. Ein harter Bursche, der sehr aufbrausend und unberechenbar sein konnte, aber in seiner Todesstunde mutig und gefaßt war. Nach dieser Schlacht wurde ein Kreuzfahrerstaat nach dem anderen von den Moslems zurückerobert. Einzig Akkon konnte ihren Angriffen noch eine Weile standhalten. Doch 1291 fiel auch diese letzte Festung der Christen in Outremer, obwohl die Templer heldenmütig gekämpft hatten. Durch den Verlust des Heiligen Landes waren sie ihrer eigentlichen Aufgabe beraubt worden. Wozu gab es sie jetzt noch? So wandten sie sich stärker Europa zu, in der Hoffnung, dort Rechtfertigung für den Fortbestand des Ordens zu finden. Allerdings muß auch gesagt werden, daß der letzte Großmeister, Jacques de Molay, versuchte, Papst und König für einen neuen Kreuzzug zu gewinnen, der mit einer starken Flotte geführt werden und dessen Ziel Ägypten sein sollte. Ägypten ist auch das Reich aller Geheimnisse und esoterischen Traditionen. Vergeblich! Jacques de Molay konnte sich mit seinem

Plan nicht durchsetzen. Zudem war der Orden ins Fadenkreuz des Interesses des französischen Königs geraten ...

Am Freitag den 13. Oktober 1307 befahl Philipp der Schöne, König von Frankreich, eine großangelegte Verhaftungswelle gegen die Tempelritter. Die offenbar völlig überraschten Ordensbrüder setzten sich scheinbar gar nicht zur Wehr, und so lagen bis zum Abend 15.000 Männer in Ketten. Der König hatte vor allem im Sinn, den mißliebigen Orden zu vernichten und sich dessen Besitztümer anzueignen. So auch den Pariser *Temple*. Die verwirrten Ordensritter wurden abgeführt, in den Kerker geworfen, später gefoltert, um Geständnisse zu erpressen: Man warf ihnen vor, daß sie sich gegenseitig auf Mund, Nabel und Gesäß küssen würden, gleichgeschlechtliche Beziehungen unterhielten und vor allem einen rätselhaften bärtigen Männerkopf – den Baphomet – anbeten würden.

»Je umfangreicher und tiefer Wir die Sache verfolgten, desto schlimmere Greuel fanden Wir«, rechtfertigte Philipp sein Handeln vor der Öffentlichkeit.[12]

Fast alle Autoren, die über Philipps Motive geschrieben haben, werfen ihm vor allem Neid und Geldgier vor. Nach der Festnahme der Templer folgten jahrelange Verhöre, Geständnisse, Widerrufe und schließlich die Urteile. Die Angeklagten wurden auf dem Scheiterhaufen verbrannt. Auch Jacques de Molay, der letzte offizielle Großmeister des Ordens, der sich anfangs noch unter dem sicheren Schutz von Papst Clemens V. gewähnt hatte. Dabei war genau dieser einer der beiden Drahtzieher der Verfolgung gewesen – ein Papst, von dessen Mätresse es hieß, sie habe ihn mehr als das Heilige Land gekostet. 1312 löste er den Orden wegen Ketzerei, sittlicher Verfehlungen und Verschwendung von Kirchgeldern auf. Jacques de Molay wurde am 11. März 1314 auf der Pariser Seine-Insel in einer Nacht-und-Nebel-Aktion verbrannt, weil man die Reaktion der Öffentlichkeit fürchtete. Auf dem Scheiterhaufen soll der standhafte Großmeister

---

[12] Vgl. Bernard Vaillant: Westliche Einweihungslehren. München 1992, S. 124

König und Papst binnen Jahresfrist vor Gottes Richterstuhl geladen haben. Sein Wunsch wurde erfüllt, denn Clemens V. und König Philipp starben schon wenige Monate später.

Das Merkwürdigste am Untergang der Templer ist die Tatsache, daß der Orden sich kampflos hingab. Sicher, er schuldete dem Papst Gehorsam. Aber es hatte Großmeister gegeben, die auch einem Papst gegenüber großspurig behauptet hatten, nur ihrem eigenen Gewissen, Gott und den Prinzipien des Ordens Rechenschaft schuldig zu sein. Dann aber ließen sich die Ritter wie Lämmer vom Wolf fressen. Und es hätte Jacques de Molay, der bereits beim ersten Verhör beteuerte, er sei unwissend und könne weder lesen noch schreiben, doch ein leichtes sein müssen, Papst und König zum Teufel zu jagen! Warum hat kein Templer versucht, seinem Großmeister Jacques de Molay das Leben zu retten? Warum hat de Molay selbst nichts unternommen, um den verhängnisvollen Lauf seines Schicksals zu ändern? Er hätte jahrelang Zeit dazu gehabt! Doch er tat nichts als abzuwarten. Warum? Aus Loyalität der Krone und der Kirche gegenüber? Wohl kaum, denn er erlebte ja am eigenen Leib, wie beide mit ihm umgingen, ihm jedes Wort im Mund umdrehten und außer Verleumdungen nichts in der Hand hielten. Der letzte Großmeister des Ordens saß von 1307 bis 1314 in Untersuchungshaft und hat diese sieben Jahre nicht nützen können oder wollen, um sich seinen grausamen Anklägern und späteren Richtern entziehen zu können? Als Großmeister eines Ordens, der auf eine doch ruhmreiche fast 200jährige Geschichte zurückblicken konnte! Es gibt dafür nur eine Erklärung, nämlich die, daß er von einer anderen, irdischen Instanz, gegenüber der er verpflichtet gewesen war, zu seinem märtyrerhaften Verhalten angehalten wurde. Wer das hätte sein können, davon wird noch an späterer Stelle in diesem Buch ausführlich die Rede sein.

Kapitel 2

AUF DER SUCHE NACH DEN WURZELN DES GEHEIMNISSES

Zeichen und Symbole

Rotes Kreuz auf weißem Grund

Das Tatzenkreuz haben Hugo de Payens und die Templer *der ersten Stunde* nicht gekannt. Es taucht erst Jahre nach ihrem Tod
auf, und zwar am 27. April 1147. Das Kreuz auf dem weißen
Mantel, das den Orden so berühmt machte, wurde über der linken Schulter vor dem Herzen getragen und sollte mit seiner besonderen Form – den Tatzen – die Leiden Christi symbolisieren:
Rot als Farbe vergossenen Blutes und als Farbe des Lebens.

Andererseits symbolisieren die vier *Richtungen* des Kreuzes das
Universum. Das Tatzenkreuz besitzt acht Spitzen, die Acht stellt
einen Bezug zu der oktogonalen Form vieler Templerkirchen her.
Acht ist das Zeichen des ewigen Kreislaufs, liegend das mathema-
tische Symbol für Unendlichkeit. Das Kreuz selbst ist ein uraltes
Symbol, das sich schon lange vor dem Christentum in vielen Kulturen finden läßt. Für die Templer verkörperte es die vier Elemente – Luft, Erde, Feuer und Wasser – ebenso wie die vier
Evangelisten. Eine jüngste Theorie besagt, daß das Tatzenkreuz
der Schlüssel für eine geheime heilige Geographie ist, die die
Templer im Orient kennenlernten und erfolgreich anwendeten.

Für die Templer war von allen Inseln Griechenlands Delos
am interessantesten. Für die Kelten war die Bretagne der Mittel-
punkt der Welt. Für die Templer war die Insel Delos der *Ompha-
los* (Nabel) der ganzen Welt. Hier befand sich einst das Heiligtum
des Gottes Apollon, zugleich ein wichtiges Orakelzentrum. Offensichtlich fügt sich Delos, wie es der Autor Robert K. G. Temple in seinem Buch »Das Sirius-Rätsel« überzeugend darlegte, in
eine Reihe von weiteren Orakelzentren ein, die allesamt jeweils
nur einen Breitengrad voneinander entfernt sind: Dodona, Delphi, Delos, Kythera, Knossos sowie ein Ort auf Zypern. Das legt
die Deutung nahe, daß die Erde in der Antike vermessen wurde
– wie und auf welche Weise auch immer. Die Templer schienen

die in Vergessenheit geratene Methode der Alten zu kennen. Ich habe diesem Thema ein eigenes Kapitel gewidmet (siehe S. 108), denn auch Rennes-le-Château fügt sich in das Schema eines geheimen Rasters ein, das ägyptischen Ursprungs zu sein scheint.

Zwei Ritter auf einem Pferd

Das berühmte Siegel der Templer, das zwei Ritter auf einem Pferd zeigt, ist häufig kommentiert worden: als Zeichen der Brüderlichkeit und der Armut (ein Pferd genügt für zwei Templer). Es wurde sogar als Symbol für Homosexualität unter den Brüdern gedeutet. Doch was stellt es wirklich dar? Sein Ursprung ist erneut keltisch, und es versinnbildlicht die zwei Naturen des Menschen, die göttliche und die menschliche. Keltisch ist das Siegel auch deswegen, weil das Pferd als dritte Kraft hinzutritt (2 + 1). Der Körper als Instrument für die Seele und den Geist macht sich auf die Suche nach dem Göttlichen. Die schönste Darstellung fand ich im bretonischen Plébouille in der Nähe vom Cap Fréhel, wo es in der ehemaligen Templerkapelle als farbig gestaltetes Kirchenfenster zu bewundern ist.

Beaucéant, die Kriegsflagge

Auch über sie ist viel nachgedacht und geschrieben worden. Alte Chroniken bezeichnen sie auch als *Gonfanon*, so daß man nicht schlecht beraten ist, Kriegsruf und Kriegsflagge der Templer als *Gonfanon-Beaucéant* zu bezeichnen. Die Farben dieser Fahne sollen schwarz und weiß gewesen sein: Löwen im Krieg, Lämmer im Frieden, so sahen sich die Ritter mit dem Tatzenkreuz. Dazu kam der Wahlspruch: »Nicht uns, o Herr, nicht uns, sondern Deinem Namen sei Ehre!«

Immer wenn die Kriegsfahne der Templer wehte, gab es Krieg. Zugleich wurde der Name der Fahne als Schlachtruf verwendet. Woher der Ausdruck *Beaucéant* stammt, bleibt rätselhaft. Einige führen ihn auf *baucent* (zweigeteilt) zurück, wodurch sich das Prinzip von Gut und Böse (Dualismus) Raum schafft. Vermutlich waren die zwei Farben der Fahne wie ein Schachbrett angeordnet.

Selbstverständlich war auch das rote Tatzenkreuz auf der Flagge zu sehen. Für die geheime Deutung des *Beaucéant* ist vielleicht die erste Strophe von »Le Serpent Rouge« (Die rote Schlange) hilfreich – ein recht mysteriöses Dokument der Prieuré de Sion, in der darauf hingewiesen wird, daß die Texte nur für den Sinn machen, der sich bewußt ist, daß die verschiedenen Farben des Regenbogens Weiß und die Farben einer Malerpalette Schwarz ergeben. Dieser scheinbar paradoxe Ausspruch ist zutiefst alchemistisch, denn die Nigredo (Schwärze) und die Albedo (Weiße) sind die beiden Grundvoraussetzungen für das Große Werk – das Ziel jeder Alchemie: »Die Materie ist anfangs *kohlschwarz,* nachgehends wird sie himmelblau, bisweilen grün, dann *schneeweiß,* endlich goldgelb, letztlich aber *rot* wie ein Rubin.«[13]

Drei Farben: Rot, Weiß, Schwarz

Das sind die von Templern verwendeten Farben, und sie erinnern mich an einen Schwan (schwarze Füße, weißer Körper, rötlicher Schnabel) – ein den Kelten heiliger Vogel. Rot selbst ist die Farbe des Lebens, des Heiligen und des Geheimnisses. Sie steht für die Sonne. Weiß bedeutet Reinheit und Keuschheit, steht für den Mond, zeigt aber auch die Grenze zwischen dieser Welt und der Anderswelt auf, während Schwarz für Kraft und Mut steht, aber auch für die Transzendenz, die Wiedergeburt, die Alchemie, bei der die Materia prima (Urstoff, Samen und damit Ausgangsstoff für das Große Werk) eine wichtige Rolle spielt. Schwarz symbolisiert die Übergänge der Natur vom Tag zur Nacht, vom Guten zum Bösen, vom Bewußten zum Unbewußten.

Der Orden des Baphomet

Seitdem ich vor Jahren in der englischen Kirche Templecombe überraschend mit dem doch recht merkwürdig anmutenden

---

[13] Zit. aus: Hans Gebelein: Alchemie – Die Magie des Stofflichen. München 1996, S. 54

Gemälde eines bärtigen Männerkopfes konfrontiert wurde, von dem einige Forscher glauben, daß es einstmals den Deckel einer eisenbeschlagenen schweren Truhe geziert habe, in dem vielleicht eine Kopie des berühmten *Idols* der Templer aufbewahrt worden war, geht mir das Rätsel um den Baphomet nicht mehr aus dem Sinn. Im übrigen schienen die Templer ein Faible für seltsame Köpfe gehabt zu haben, denn an der Kapelle San Juan de la Peña in Nordspanien entdeckte ich bei meinen Forschungen an einem Außengiebel einen Kopf mit drei Gesichtern – eigentlich eine Darstellung des irischen Dagdas, wie man sie auf der Vase von Bavay findet. Dagda ist der Herr über Leben und Tod und über jedes Wissen, besonders über das okkulte. Ihn an einer christlichen Kirche wiederzufinden, hatte schon etwas Eigenartiges an sich. Interessant ist in diesem Zusammenhang auch die alte Templerkirche von Garway, an deren Außenseite sich – allerdings erst auf den zweiten Blick erkennbar – zwei Köpfe befinden. Der eine soll von einem Bischof stammen, der andere von einem unbedeutenden Mann, wie es das Kircheninfo der Gemeinde dem Besucher erklärt. Im keltischen Kulturraum wimmelt es geradezu auch von kopflosen Gestalten, die harmlosen Wanderern zwischen Menhiren oder am Fuße von *Fairy-Hills* auflauern. Haben die Templer solche heidnischen Vorstellungen einfach nur übernommen, oder gab es andere Gründe dafür?

Einer der Vorwürfe im Templerprozeß bezog sich auf die angebliche Anbetung eines seltsamen Götzen, wie zum Beispiel die steinerne Figur an der Kirche Saint-Merri in Paris, die Templer dort angebracht haben sollen. Dieser *Abgott* wurde Baffimet oder Baphomet genannt, ein in der Regel bärtiger, manchmal sogar sprechender Januskopf aus Gold und Silber. Diese rätselhafte Figur sei ihr *Heiland* gewesen, »der alle Bäume erblühen und die Ernte reifen läßt.« Eine solche Aussage trifft auch auf den irischen Gott Dagda zu, der den Kosmos fortwährend erneuert und erhält und in dessen Reich – der Anderswelt – drei immerzu fruchttragende Bäume wachsen. Wieviel Keltentum verbirgt sich in den Geheimlehren der Templer? Seit den Templerprozessen spukt Baphomet in den Köpfen der Esoteriker. Sehr viel Tinte ist über den bärtigen Menschenkopf mit den zwei oder sogar drei Gesichtern vergossen worden. Hat es ihn wirklich gegeben oder ist er reine Erfindung? Der Philosoph und Autor Idries Shah, einer der wichtigsten Vertreter des islamischen Sufismus, brachte Baphomet sprachlich mit *Abu-fihamat*, Vater des Wissens, in Zusammenhang und behauptete, daß der arabische Begriff im maurischen Spanien *Bufimat* geheißen habe.

»In sufischer Terminologie bedeutet *ras elfahmat* (Haupt der Erkenntnis) die geistige Tätigkeit des Menschen nach seiner Läuterung, das verwandelte Bewußtsein«, erklärte Idries Shah.[14] Somit wäre der Baphomet nicht ein Götzenbild, sondern das Symbol des vollendeten Initiierten.

Baphomet und kein Ende. Spekulationen und angebliche Beweise zur Identität des mysteriösen Kopfes zuhauf. Wissenschaftler wie der Orientalist Sylvestre de Sacy erklärten, daß Baphomet vom arabischen Begriff *bahommerid* abgeleitet wäre und somit eine *Moschee* bezeichnete. Der deutsche Orientalist Hammer-Purgstall wiederum glaubte in Baphomet das arabische Wort *bahoumid* zu erkennen, was soviel wie Kalb bedeutet, und wollte herausgefunden haben, daß die Templer mit ihrem rätselhaften Kopf den Kult um das *Goldene Kalb* des Alten Testamentes wiederaufleben ließen. Als man Hammer-Purgstall von fachlicher Seite darauf hinwies, daß sich *bahoumid* in keinem Wörterbuch nachschlagen ließe, behauptete er plötzlich, Baphomet könne selbstverständlich auch aus dem Griechischen kommen, nämlich von *baph* (Taufe) und *meteos* (Initiation oder Weisheit). Letztere wäre allerdings eine Einweihung durch das Feuer gewesen. Alles falsch, meldete sich der Historiker Albert Ollivier zu Wort. Seine Lösung zielte in eine völlig andere Richtung. Baphomet würde auf *Bapho*, den zyprischen Hafen hindeuten, von dem aus die Templer jahrelang über das Meer gezogen wären. Im übrigen hätte es im Altertum in Bapho einen Tempel der Aphrodite-Astarte gegeben, einer mächtigen Muttergottheit. Die Jungfrau

---

[14] Zit. aus: Hans Biedermann: Das verlorene Meisterwort – Bausteine zu einer Kultur- und Geistesgeschichte des Freimaurertums. München 1988, S. 123

Maria nahm deren Platz in Zypern ein, und es sei durchaus denkbar, daß die Madonna Züge der heidnischen Göttin in sich vereinigt habe, jedenfalls im geheimen Glauben der Templer. Auf dieser Basis könne man nun endlich erklären, warum einige Templer beim Verhör ausgesagt hätten, daß der Kopf einer Jungfrau gehört habe. Vermutlich hätten die Templer bei ihrem Weggang von Zypern einige Knochen oder auch einen Schädel mitgenommen, der ihnen heilig gewesen war. Soweit die Theorie von Albert Ollivier, wie er sie in seinem 1958 erschienenen Buch »Les Templiers« vertrat.

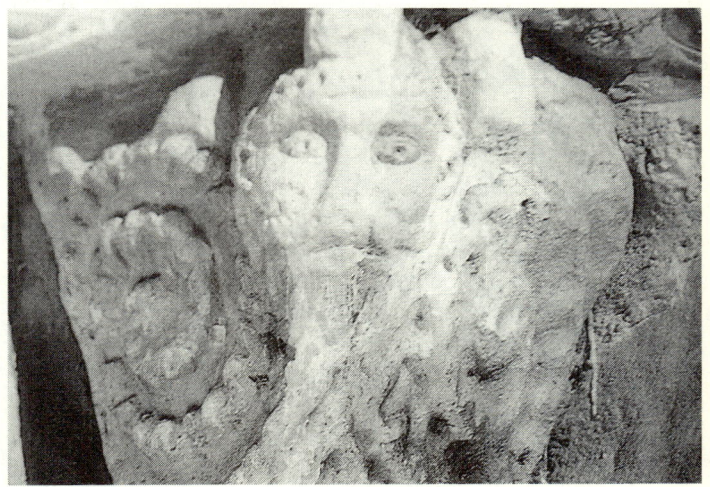

Der Baphomet von Eunate in Nordspanien.

Man kann wirklich nicht sagen, es habe keine originellen Erklärungen für den Baphomet gegeben. So nahm man unter anderem an, daß man Baphomet vom französischen *bafouer* (verspotten, verhöhnen) ableiten könnte. Auf diese Weise ließe sich dann Baphomet als Geheimwort für die Kreuzesverachtung erklären. Und kein Ende der Deutungen nehmend: Weckt Baphomet nicht Anklänge an *Bufo*, die Kröte, die eines der wichtigsten Wappentiere der Merowinger gewesen war, fragen sich einige Exegeten. Und ist die Kröte denn nicht auch ein Hexengetier?

Erscheint nicht Luzifer sogar mitunter als Kröte? Eine der originellsten Deutungen ist sicherlich diejenige des Okkultisten Victor-Emile Michelet, der das Wort von rechts nach links las und in *Temohpab* den Wahlspruch der Tempelherren *Templum Omnium Hominum Pacis Abbas* (Der Tempel aller Menschen ist der Vater des Friedens) kabbalistisch zu entdecken glaubte.

Seltsamerweise haben nur wenige Templer von der Existenz dieses geheimnisvollen Kopfes gewußt; offensichtlich nur der Großmeister und die älteren Mitglieder. Dies wird aus den Inquisitionsprotokollen deutlich. Die unteren Chargen des Ordens konnten nichts über die Identität des Baphomet aussagen. Merkwürdig ist, daß die sonst so um gnadenlose Aufklärung bemühten Inquisitoren in der Frage der Idolverehrung nicht weitergeforscht haben. Merkwürdig auch, daß im Zuge der Untersuchungen der reale Baphomet nie ans Licht gekommen ist. Offensichtlich wurde er bis heute nicht gefunden.

Diese Tatsache nahm der berühmte Keltenforscher Jean Markale zum Anlaß zu behaupten, daß es einen realen Kopf des Baphomet niemals gegeben habe. Als ich Mitte der neunziger Jahre mit Markale in einem Hotel im bretonischen Paimpont zusammentraf, wollte er mir beweisen, warum alle Forscher sich in die Irre hatten leiten lassen.[15]

»Ich kann dir sagen, warum jede Suche nach einem wirklichen Baphomet von vornherein falsch ist«, sagte Jean Markale und nahm einen Schluck von seinem Rotwein. »Es gibt zwei äußerst wichtige Aussagen von Templern dazu, die bislang kaum beachtet wurden. Die eine stammt von einem Templer aus Montpézat in Südfrankreich. Der junge Templer wurde im Prozeß zum Baphomet befragt, und er antwortete, daß man im Orden ein baphometisches Bild (›adoré une image baffometique‹) verehrt habe. Er verwendete den Begriff also als Adjektiv. Und

---

[15] Paimpont liegt mitten im geheimnisumwitterten Brocéliande-Wald, den die Bretonen seit Jahrhunderten mit der Artus-Sage in Verbindung bringen. Sowohl für Markale als auch für mich ist Brocéliande und sein stellenweise uralter Baumbestand ein großes Faszinosum, das uns immer wieder wie magisch anzieht.

so, wie er sich ausdrückte, meinte er etwas ganz Bestimmtes, denn in seiner Muttersprache – er stammte schließlich aus dem Languedoc – bezeichnete baffometique umgangssprachlich etwas Mohammedanisches. Baphomet bedeutet also Mohammed. Als weiterer Beweis dafür, daß mit Baphomet nur etwas Islamisches gemeint sein kann, zitiere ich aus dem Gedicht eines Templers namens d'Olivier von 1265, in dem es heißt, daß Baphomet seine Macht beweist, und dieser Baphomet ist eindeutig Mohammed. Das ist das ganze Geheimnis um diesen rätselhaften Kopf, der gar kein Kopf ist«, schloß Markale und lächelte mir zu.

Nicht schlecht argumentiert! Aber wie kann der Templer von einem mohammedanischen Bild reden, wenn es in dieser Religion gar nicht erlaubt ist, Menschen oder gar den Propheten selbst abzubilden? Vielleicht deuten die zwei Aussagen ja die Richtung an und damit etwas höchst Ketzerisches, denn die Templer wurden direkt mit dem Islam oder mit etwas aus dem Islam Stammenden in Verbindung gebracht. Daß sie Anhänger Mohammeds gewesen waren, ist eher unwahrscheinlich. Aber ich ahnte plötzlich, daß Baphomet etwas höchst Unchristliches bezeichnete. Nur was es war, das mußte ich noch näher einkreisen. Von jenem Tag an wurden die Templer für mich zum Orden des Baphomet, auch wenn dieser Orden nicht jedes einzelne seiner Mitglieder darin eingeweiht hatte.

Die durch die Inquisition erpreßten Aussagen über Baphomet bleiben durch und durch rätselhaft. Einige Templer behaupteten, es handelte sich dabei um den Kopf einer Jungfrau, andere nannten ihn einen mit Edelsteinen besetzten Totenschädel. Wieder andere Ordensbrüder verglichen ihn vom Aussehen her mit einer Katze. Auch an der wunderschönen Templerkirche San Bartolomé im spanischen Caracena wurde Baphomet als Ungeheuer mit drei Gesichtern dargestellt. – Verunglimpfung der Heiligen Dreifaltigkeit, Sinnbild für die Dreiteilung der Zeit oder doch ein keltischer Gott?

Es wurde ausgesagt, der Kopf hätte eine bläuliche Farbe und Flecken, einen geteilten Bart, vermutlich aus Knochen gefertigt. Hugo von Pairaud gab am 7. November 1307 bei seiner Befragung durch die Schergen des Königs bekannt, daß er den Kopf angebetet habe, daß dieser bei verschiedenen Gelegenheiten im Rahmen einer Zeremonie den Brüdern gezeigt worden sei und daß der besagte Kopf vier Füße, zwei auf der Seite des Gesichts und zwei hinten, gehabt habe. – Es bleibt angesichts der widersprüchlichen Aussagen ein Verwirrspiel, und es hat den Anschein, als hätten die befragten Templer selbst nicht genau gewußt, was oder wen sie eigentlich anbeteten.

Vermutungen, worum es sich dabei gehandelt haben könnte, gibt es zahlreiche. Einige kommen meiner Meinung nach der Sache nahe. So meinte der Autor Gerhard Zacharias, daß der Templerorden in gewisser Hinsicht in die Tradition der sogenannten Männerbünde mit ihren Initiationsriten gehörte, und somit auch außerchristliches und esoterisches Gedankengut in sich vereinigt hat.[16] So weiß man beispielsweise, daß all diejenigen Templer, die dem innersten Kreis angehörten, die indischen Veden und das ägyptische Totenbuch lesen mußten. Zacharias behauptete nun weiter, daß »der bärtige Männerkopf eine Verkörperung der dunklen, chthonischen Seite des *Großen Männlichen*, die ebenso wie die entsprechende Seite des *Großen Weiblichen* im Christentum weitgehend abgelehnt worden ist, verkörperte«[17].

Diese Ansicht würde sich mit der all jener Forscher decken, die das Wort Baphomet als geheimen Ausdruck werten, dessen Entschlüsselung nur mit dem Atbash-Code möglich ist. Dieser Code benutzt das hebräische Alphabet und ermöglicht eine systematische Umwandlung von Wörtern, die eine Botschaft völlig verschleiern. Während man also dem uneingeweihten Leser eine einfache, scheinbar harmlose Geschichte erzählt, ermöglicht dieser Code dem Eingeweihten, den wahren Sinn des Textes zu entschleiern und ihm ein völlig anderes Ereignis mitzuteilen. Damit wird einer Gruppe der Zugriff auf geheimes Wissen ermöglicht, ohne daß das Manuskript dies auf den ersten Blick für Außenstehende ausweist. Somit löst sich das Rätsel Baphomet mit

---

[16] Vgl. Hans Biedermann: Das verlorene Meisterwort – Bausteine zu einer Kultur- und Geistesgeschichte des Freimaurertums. München 1988, S. 126
[17] Zit. ebd.

Hilfe des Atbash-Codes auf in Sophia, die Weisheit – Mittlerin zwischen Licht und Dunkelheit, die vor dem Schöpfergott des Universums existierte und die für die Entwicklung des Individuums und seine Auferstehung im Geiste zentrale Gestalt bleibt.

Wir wissen auch, daß die Einweihung in die Mysterien des Ordens in unterirdischen Räumen unter dem schützenden Dunkel der Nacht stattfand. Dies entspräche dem Ritus nach den antiken Mysterienkulten, bei denen besonders der Aspekt des Unterirdischen betont wurde. Das alles ist eine Theorie, und sie muß nicht einmal die schlechteste sein. Und es gibt hierfür einen ausgezeichneten Beweis, wie wir noch sehen werden.

Denn allgemein bekannt ist, daß im Prozeß gegen die Templer ein aus Silber geformter Frauenkopf präsentiert wurde, der einen weiblichen Schädelknochen enthielt und die Aufschrift *Caput LVIII m* trug. Das *m* ist das astrologische Zeichen für Jungfrau. Worum es sich bei diesem Kopf gehandelt haben mag, bleibt unbekannt. Vielleicht stellte er eine Reliquie dar, die Reliquie Nr. 58? Wir wissen es nicht. Auffallend ist jedenfalls, daß der Kopf durch das *m* gekennzeichnet worden war und nicht durch das normale Symbol für männlich oder weiblich. Wenn man daran denkt, wie groß der Marienkult gerade bei den Templern war – kurz vor seiner Verbrennung gedachte de Molay noch einmal laut der Jungfrau, die am Anfang des Ordens gestanden hatte und nun auch an seinem Ende stehen sollte –, dann ist dieser Silberkopf schon recht merkwürdig und weckt seltsame Assoziationen. Aber viel wichtiger ist, was wir in seinem Zusammenhang als Aussage eines Templers besitzen. Ein italienischer Notar namens Antonio Sicci da Vercelli, der vierzig Jahre lang im Dienst der Templer Syriens gestanden hatte, gab bei seiner Aussage am 1. März 1311 zu Protokoll: »Ich habe mehrfach erzählen hören, was in der Stadt Sidon geschah. Ein gewisser Edelmann dieser Stadt hatte eine armenische Ehefrau geliebt; er erkannte sie zu ihren Lebzeiten niemals, doch als sie tot war, vergewaltigte er sie in ihrem Grab. Nach der Tat hörte er eine Stimme, die zu ihm sagte: ›Komm wieder, wenn die Stunde der Geburt gekommen ist, dann wirst du ein Haupt vorfinden, die Frucht deiner Werke.‹

Als die Zeit der Schwangerschaft vorbei war, kam der Ritter zum Grab zurück und fand ein Haupt zwischen den Beinen der bestatteten Frau. Erneut ertönte die Stimme und sagte zu ihm: ›Hüte dieses Haupt wohl, denn es wird dir alles dienstbar machen.‹ Zur Zeit, als ich dieses hörte, war der Präzeptor von Sidon Bruder Matthäus, genannt Le Sarmage, gebürtig aus der Picardie. Er war der Bruder des damals regierenden Sultans in Kairo geworden, weil der eine das Blut des anderen getrunken hatte, weshalb man sie als Brüder ansah.«[18]

Die Geschichte um den Edelmann, der ein totes Mädchen vergewaltigt, um neun Monate später von ihr einen magischen Kopf zu erhalten, der Wunder bewirken kann, ist zu gut, um ausgedacht zu sein. Einige Historiker versuchten nachzuweisen, daß es sich um eine simple Gruselgeschichte handelt, die bereits seit Mitte des 12. Jahrhunderts im Umlauf war. Das Haupt wurde darin mit dem der Medusa in Zusammenhang gebracht, das nur denjenigen tötet, der es ansieht. Zum anderen wurde der Edelmann als Perverser dargestellt, der Tote schändet und offenbar von morbiden Wahnvorstellungen heimgesucht wird.

Man kann es sich so einfach machen und die Geschichte auf diese Weise deuten. Aber dann wäre auch die ägyptische Isis unter die pathologischen Fälle einzureihen, denn immerhin ließ sie sich auf den Körper des toten Osiris nieder, um aus seinem Penis Samen herauszuholen, mit dem sie sich anschließend selbst befruchtete. Das Ergebnis war Horus. Könnte es denn nicht sein, daß solche Geschichten weniger psychotherapeutisch als symbolisch gedeutet werden wollen? Denn der Abstieg in das Grab, die Vereinigung mit der Toten ist Teil der Mysterienweisheiten. Die Einweihung von Eleusis verlief kaum anders. Den Tod zu Lebzeiten erfahren, um den Schrecken vor ihm zu verlieren, und als Wiedergeborener zurückzukehren, war das Ziel aller Mysterieneinweihung. Ähnliche Elemente gibt es auch in der Freimaurerei. Zudem weist gerade die Frucht der angeblichen

---

[18] Zit. aus: Alain Demurger, Die Templer – Aufstieg und Untergang. München 1997, S. 250

schändlichen Tat – die Vergewaltigung – auf ein Mysterium hin. Der Schoß der Toten ist fruchtbar. Mehr noch: Der Schoß des Todes ist fruchtbar und schenkt dem Mann ein Haupt, d.h. ein neues Verständnis für sich und sein Leben.

Unabhängig von dem berühmten Stein in Chinon, den Yvon Roy entdeckte und in dem eine Definition des Baphomet graviert ist (siehe Kapitel »Die Tempel der Sonne und des Mondes und die Graffiti von Chinon und Domme«), hat Baphomet für mich als Kopf im eigentlichen Sinne niemals existiert. Auch in Chinon wird Baphomet als etwas Unkörperliches verstanden. Baphomet verstehe ich als Codewort für die geheimen, unerhörten Lehren innerhalb des Ordens, in die man durch eine Feuertaufe eingeweiht wurde. Insofern zählten sich nur die eingeweihten Templer zum »Orden des Baphomet«.

Der Kopf des Erlösers

Das Autorenpaar Elmar Gruber und Holger Kersten vertritt in seinem Buch »Das Jesus-Komplott« eine andere Theorie. Ihrer Meinung nach haben die Templer, wenn auch auf mysteriöse Weise, in dem Idol das Haupt Jesu angebetet, »eines Jesus allerdings, der auf auffällige Weise von dem für das Christentum so bedeutsamen Kreuzestod weggerückt wurde«[19].

Das würde die den Templern vorgeworfene Verachtung des Kreuzes erklären, die katharischen Ursprungs sein könnte. Das Autorenteam glaubt Belege dafür beibringen zu können, daß die Templer nicht einen Kopf aus Holz angebetet haben, sondern das Antlitz Jesu auf dem Turiner Grabtuch. Sie vermuten, daß die Gestalt und das Antlitz Jesu auf dem Tuch für die Brüder nur in solcher Weise sichtbar gewesen sind, daß sie den Eindruck von zwei Füßen vorne und hinten und eines doppelten Gesichts gehabt hätten, wie es Pairaud bei seiner Befragung erklärte. In der

---

[19] Zit. aus: Holger Kersten, Elmar Gruber: Das Jesus Komplott – Die Wahrheit über das Turiner Grabtuch. München 1993, S. 253

Tat zeigt das Grabtuch ja die Vorder- und Rückseite eines Mannes, und je nachdem, wie man es zur Schau stellt, kann der Eindruck des Doppelten entstehen.

Für Gruber und Kersten und auch für andere Autoren ist das Turiner Grabtuch der sichtbare Beweis, daß Jesus die Kreuzigung überlebt hat und daß dieses esoterische Geheimnis von den Katharern auf die Templer übergegangen ist. Diese hätten sich von falschen Symbolen wie dem Kreuz losgesagt und vielmehr Jesu Blut verehrt, wie es sich auf dem Turiner Grabtuch finden läßt. Ich möchte hinzufügen, daß wir im Fortgang dieser These wieder beim Gralsgedanken – bei Saint Gral, dem *heiligen Blut* – angelangt sind und bei der These, daß Jesu Blut auf seine leibhaftigen Kinder übergegangen ist, mit denen schließlich das wahre Königtum auf Erden in Gestalt der Merowinger fortgesetzt wurde.

Bewiesen werden kann in dieser Frage wenig. Es gibt allerdings bruchstückhafte Aussagen von Templern, die uns nachdenklich stimmen können. Ich verweise hier auf die bereits erwähnte Aussage des Templers Bosco de Masualier vom 13. Mai 1310, dem seitens seiner Ordensbrüder erklärt worden war, daß es sich bei Jesus bloß um einen Propheten gehandelt habe.

Die Katharer und vor ihnen die Bogumilen hielten den irdischen Jesus für einen Propheten und nicht für Gottes Sohn. Johannes von Cassanhas, Templer-Präzeptor von Noggarda, berichtete, daß ein geheimes Aufnahmeritual unter anderem verkündigte: »Glaubt an Gott, der nicht gestorben ist und niemals sterben wird«, wodurch eindeutig klar wird, daß Jesu Kreuzestod im kirchlichen Sinne von zumindest einigen Templern geleugnet wurde. Es ist jedoch anzunehmen, daß diese Häresie nur von einem kleinen Teil – der Führungsgruppe – praktiziert wurde, wohl deshalb, weil es im Fall der Bekanntmachung zu einer viel früheren Vernichtung des Ordens geführt hätte. Nach außen hin verhielten sich die meisten Templer wie brave Katholiken. Mehr noch: Im Volke hielten sie das christliche Ideal der Nächstenliebe und der Suche nach Gott hoch. Sie waren für die breite Masse Vorbilder! Der Vorwurf, sie würden das Kreuz bespucken und einen Götzen anbeten, steht dazu in krassem Widerspruch. Kersten und Gruber wollten ihn damit überbrücken, daß die eingeweihten Templer den »Jesus des Grabtuchs« anbeteten, den gnostischen Jesus, ein Glaube, der erst dann frevelhaft wird, wenn dieser nicht den Auferstandenen im Fleische, sondern den Überlebenden am Kreuz beinhaltet. Für den Eingeweihten allerdings hat der Kreuzesglaube keinerlei Bedeutung.

Der Kult um die Jungfrau

Die Madonna war in allen Besitzungen des Templerordens gegenwärtig, und mehr als die Hälfte seiner täglichen Gebete richtete ein Templer an die Mutter Gottes. Bernhard von Clairvaux hat den Kult um die Madonna sehr gefördert und Maria in einem Gebet als »Stern des Meeres« *(Stella Maris)* bezeichnet. Er war es auch gewesen, der veranlaßte, daß sich der Hauptsitz des Ordens in Jerusalem unter den Schutz Mariens stellte. Von der Heiligen Jungfrau, die seit über 2000 Jahren den Gläubigen in aller Welt erscheint und sich jedesmal mit einem anderen Namen vorstellt, hören wir, daß sie, als sie sich in Clairvaux in Bernhards Sterbejahr 1153 erneut zeigte, den Vorschlag des Abtes aufgriff und sich dann selbst *Stern des Meeres* nannte. Als solchen hat sie sich im nachhinein bis heute niemals mehr in der Geschichte des Christentums bezeichnet. Als Stella Maris ist Maria von der Sonne umgeben und hat den Mond zu ihren Füßen. Ihr Haupt schmückt eine Krone von zwölf Sternen.

Dieser Kult um eine mächtige Himmelskönigin, wie es sie auch in der Troubadourromantik und der Verehrung einer unerreichbaren *Notre Dame* gibt – ein Begriff, den im übrigen der heilige Bernhard einführte –, deutet auf ein tiefes Verständnis der Templer von Maria als Muttergottheit hin. Ihr wollten sie allezeit treu sein, und in einem Templergebet, das uns überliefert wurde, ist es vorrangig die Jungfrau Maria, bei der die Ritter Trost und Schutz suchten.

Maria bot allen Verfolgten Zuflucht und Schutz vor Übeltätern und Feinden. Allerdings fanden auch Mörder ihr Gehör, wenn sie aufrichtig bereuen. Unabhängig davon, was jemand angestellt hatte, ob alle Welt die Hand gegen ihn erhob, die Jungfrau Maria blieb seine Fürsprecherin vor Gott, dem Herrn und Richter der Menschheit. In der Heiligen Jungfrau wurde die Frau überhöht, und mit ihr kehrte – zumindest in den Gralslegenden – die Liebes- und Fruchtbarkeitsgöttin aus ältesten Zeiten zurück. In der strahlenden Schönheit der jungfräulichen Gralsträgerin Repanse de Schoye, wie ich sie in einer alten Kapelle in einem Hochtal der auch im Sommer verschneiten Pyrenäengipfel betrachten konnte, erstand die vollendete Weiblichkeit im eigenen göttlichen Glanz neu. Damit befinden wir uns auf dem Gebiet des esoterischen Christentums. Zwischen der Gralsträgerin und der Madonna liegt kein weiter Weg, wie es die Darstellung in der Kirche von St. Climent in Taüll, Spanien, zeigt. Die Madonna wird hier in vielerlei Assoziationen zum lebendigen Gral, der das Blut und die geistige Essenz Christi enthält, vorgestellt. Noch deutlicher bringen diesen Aspekt mittelalterliche Marienlitaneien zum Ausdruck. In ihnen erscheint Maria als *Geistiges Gefäß, Haus Gottes, Sitz der Weisheit, Vielblättrige Rose,* oder als *Rosa Alchimica.* In dieser doch eher esoterischen Form der Marienverehrung erscheint das Prinzip des Weiblichen als Trägerin göttlicher Schönheit, Weisheit und Freude, und das Antlitz der Gralskönigin leuchtet, wie es heißt, so hell, als »sei ein neuer Tag angebrochen«.

Maria – Göttin der Weisheit

Befassen wir uns an dieser Stelle noch etwas eingehender mit Marias Wesen. Denn das geheime Wissen um sie wurzelt in uralten Vorstellungen der Menschheit. Zunächst einmal begegnet uns in Maria die *Weisheit – Sapientia* im Lateinischen oder *Sophia* im Altgriechischen. Die Weisheit ist immer weiblich und im Gegensatz zu ihrem Partner, dem *Logos* oder ordnenden Verstand, verschleiert, geheimnisvoll und eher schweigsam. Diese mächtigste aller Göttinnen tritt uns unter verschiedenen Namen entgegen, trägt verschiedene Titel, wird als Weltseele, Natur, Heilige Jungfrau, Matrix, Magna Mater, Himmelskönigin u.a. bezeichnet. Oft ist sie als Gestalt erschreckend, nimmt das Äußere einer runzeligen Alten, einer Hexe, einer Unterweltsgöttin wie Hekate, einer kastrierenden Kybele, einer indischen Kali, einer keltische Kundrie an, die alles verschlingt, was sie zuvor geboren hat.

Ihre andere, »gute« Seite ist die der sternenbekränzten Himmelskönigin: eine Isis mit Kuhhornkrone und buntem Gewand, eben eine strahlende Jungfrau Maria, die die Gesetze und die Weisheit hütet. Die Göttin Sophia ist spirituell, sie vermittelt alterslos und herrlich schön zwischen uns und dem Universum. Sophia ist Anfang und Ende allen verborgenen Wissens, das allerdings kein meßbares Wissen darstellt, kein Know-how, um das Universum zu zerlegen, damit man es analysieren kann. Aber mit der Weisheit ist eine moralische Pflicht verbunden: »Man kann nicht mich lieben und das Geschaffene im Stich lassen«, läßt Martin Buber die Sophia in einer seiner Schriften ausrufen.[20] Die Göttin ist die Bewahrerin der Schöpfung, und wer sich ihr verschreibt, will nicht unterwerfen und vergewaltigen, sondern seinen Platz demütig innerhalb des Geschaffenen einnehmen. Mystikerinnen und Schamaninnen, Seherinnen und Heilerinnen haben die Göttin zu allen Zeiten als die Brücke zwischen dem alltäglichen Leben und der Welt des Ewigen wahrgenommen. Trotzdem ist die Weisheit nicht »Teil eines deistischen Schemas«; sie ist vielmehr »Zentrum des weiblichen Verständnisses von Spiritualität«, schreibt die Sophia-Forscherin Caitlin Matthews.

Zugleich aber erregt die Göttin Furcht, weil sie das anfängliche Chaos, den fruchtbaren dunklen Schoß, die orphische Finsternis repräsentiert. Weil sie als schwarze Herrin oder machtvolle Jungfrau die Grundlage für das göttliche Weibliche und zugleich für den Kosmos ist: »Weißt du, was Materie ist? Hast du versucht, das Wort zu seinen Wurzeln zurückzuverfolgen? Es geht auf das Sanskrit zurück. Treibe die Spaltung des Stoffes bis zum Ende,

---

[20] Vgl. Caitlin Matthews: Sophia – Göttin der Weisheit. Düsseldorf 1993, S. 27

und wohin gelangst du? Ich versichere dir: Nicht in das Reich der Leptonen und Quarks, sondern in das Schwarze Loch der Magna Mater. Ja, der Großen Mutter selbst, und es ist furchtbar, in den Schoß der lebendigen Göttin zu fallen«, schrieb der amerikanische Autor L. Clarke in einem seiner Bücher.[21]

Die Göttin der Weisheit ist als Schwarze Göttin das Gewebe dieser Welt. Sie ist die Schlange, vor der sich die Vernunft fürchtet, der große Drache, der in den Dingen haust. Sie ist die babylonische Tiamat, die von Marduk in Stücke zerrissen wird. Sie ist das chaotisch Ungestaltete, die keltische Sheila na Gig, deren Bild eine Frau in Geburtshaltung darstellt, die Beine gespreizt, die Vulva offenstehend: So erinnert sie uns schmerzlich daran, daß wir aus der Erde geboren sind, dieser fruchtbare Schoß aber zugleich unser Grab sein wird. Sie ist Hexe und Sternenkönigin zugleich. Für die Templer, die wie Jacques de Molay ihren Namen noch auf dem Scheiterhaufen ausgerufen haben und nicht den Namen Gottes, verkörperte sie das geistige Prinzip.

Exkurs: Maria-Isis – Die eine und wahre Himmelskönigin

Maria trägt in sich aber auch noch die Züge der älteren Göttin. Wie keine andere antike Göttin war gerade die facettenreiche Isis dazu ausersehen, Elemente der Schwarzen Göttin, römisch-hellenistisches Denken, Orient und Abendland, Heidnisches und Christliches in sich zu vereinen. Ihr ägyptischer Name *Auset* – Isis ist die griechische Version – bedeutet *Thron.* Sie allein herrscht als Inhaberin des Ankh *(Henkelkreuz)* im Hause des Lebens, aber auch die Sarkophage der Verstorbenen wurden von Isis mit ausgespannten Flügeln gehütet. So wird sie zur Beschützerin der Seelen, deren Kräfte groß genug sind, um Osiris aus dem Tod zu erwecken.

Und sie wird mächtiger als Osiris selbst, wie es ihre zahllosen Attribute und ihre Namen belegen: Die Große, Die Gottesmutter, Gattin des Wennofre, Königin der Menschen, Fürstin beider Län-

[21] Vgl.: Caitlin Matthews: Sophia – Göttin der Weisheit. Düsseldorf 1993, S. 27

der, Groß im Himmel, Mächtig auf der Erde, Zaubergroße, Herrin von Philae, Auge des Re, Herrin des Himmels ...

Ihr Kult breitete sich von Ägypten über Griechenland und Rom im ganzen Mittelmeerraum aus. Mal ist sie Mutter, mal erscheint sie als Jungfrau. Mal ist sie kriegerisch, mal friedlich gesinnt. In Pompeji, das im Jahre 79 n. Chr. unterging, besaß sie den größten und schönsten Tempel der Stadt. Isis wurde im Laufe der Jahrhunderte zum Urbild der Großen Mutter, zur Göttin der Weisheit schlechthin. Auf sie trifft der Spruch zu, den Athene zu Sais trug, die die Ägypter für Isis hielten: »Ich bin alles, was war, ist und sein wird, und kein Sterblicher hat jemals meinen Schleier gelüftet.«
Schon Isis nahm die Natur anderer Göttinnen in sich auf: Isis-Athene, Isis-Tyche, Isis-Artemis, Isis-Hekate, Isis-Astarte, Isis-Neith, Isis-Bastet. Die Natur der Isis ist ihr Schleier. Er verbirgt die Mysterien in ihrer Ganzheit, so daß es uns unmöglich ist, sie auf einmal zu schauen. Das Wesen der Isis ist wahrlich unsterblich, denn als ihr Kult im 4. nachchristlichen Jahrhundert in Rom ausgelöscht wurde, floß die rituelle Verehrung der alten Göttin in den Kult der Jungfrau Maria ein. Isis kehrte wieder als Maria, im Arm Jesus haltend und nicht mehr den Horusknaben. Das geschah so unerwartet, daß man es fast für ein Wunder halten kann.
Es entbrannte ein langer Dogmenstreit um Marias Stellung innerhalb der Kirche und zur Trinität: Vater-Sohn-Heiliger Geist. 431 wird ihr auf dem Konzil in Ephesus der Isistitel *Gottesmutter* zugesprochen. Seit dem Jahre 41 (Saragossa/Spanien) bis zum heutigen Tage gibt es mehr als 920 dokumentierte Marienerscheinungen. Ihre markantesten Selbstbezeichnungen sind *Königin des Himmels* und *Mutter der Erde*. – Kaum bekannt ist, daß Isis den Gläubigen auch früher erschienen ist.
Es war jedoch das Volk, daß die Marienverehrung forderte und vorantrieb. Erst im 6. Jahrhundert n. Chr. gab es in Jerusalem eine Marienkirche. Maria ist für die Christen der Meeresstern *(Stella Maris)*, jedoch bedeutet *Marah*, das die Wurzel von Maria ist, auch *bitter* und legt die spirituelle Erfahrung von Trauer nahe. Es ist die trauernde Jungfrau, die am Kreuz um ihren Sohn weint, und dieselbe Himmelsgöttin, die bei ihren Erscheinungen um die sündige Menschheit trauert.
So merkwürdig es gerade für protestantische Christen klingen mag, aber durch den Marienglauben dringt so etwas wie ein Abglanz der Schöpfungswonne in die christliche Glaubenswelt ein.

Die Eigenschaften der ägyptischen Göttin, Barmherzigkeit und Liebe, Fruchtbarkeit und Allmacht erscheinen in der Mutter des Herrn wieder und werden von den Gläubigen verehrt. Angebetet wurde bis um das Jahr 1200 nicht in erster Linie die göttliche Jungfrau, sondern die Gottesmutter, die Gottesgebärerin. Somit steht durch Maria der Vorgang der Gottesgeburt und damit das Prinzip des Gebärens, des weiblichen Wesens schlechthin im Vordergrund. Und man darf sagen, daß es von den Gläubigen als göttlich angesehen wird. Das Mysterium des Ursprungs kommt wieder zu Ehren – Maria-Isis steigt zur Göttin der Fruchtbarkeit, der Liebe und Schönheit auf. Maria ist die Schutzgöttin der nährenden Erde, wie einst die kretische Rhea, die griechische Demeter, die keltische Dana, die germanische Jörd und die ewige Isis. Sie ist die mit der Sonne bekleidete Frau, wie wir sie im zwölften Kapitel der Johannesoffenbarung finden. Wie einst Isis Seth und seine Werke bekämpfte, so bekämpft jetzt Maria die Schlange, die für den Widersacher Gottes steht. So wird Maria wahrlich zur Göttin des Himmels und seiner Mächte, aber auch zugleich zur Mittlerin zwischen Mensch und Schöpfer. Gerade in der russisch-orthodoxen Kirche hat Maria eine mächtige Stellung inne. Dostojewskij drückt die Fühlweise des östlichen Christentums wohl am besten aus, wenn er sagt: »Die Mutter Gottes ist die mutterfeuchte Erde.«[22]

Über Isis – im weiteren Sinne Marias ureigenes Wesen – erfahren wir viel durch Lucius Apuleius, der sich in die Isis-Mysterien einweihen ließ. Er lebte im 2. nachchristlichen Jahrhundert und erzählt uns in seinem allegorischen Roman »Der goldene Esel« von seiner Einweihung. – *Gold* steht hierbei im übrigen für Unsterblichkeit – eine symbolische Vorstellung, die sich auf das pharaonische Ägypten zurückführen läßt. – Apuleius, selbst in einen goldenen Esel verwandelt, Qual und Erniedrigungen erleidend, flehte zuletzt in höchster Not Isis an, ihm zu helfen. Und als sie ihm schließlich erschien, war ihr schwarzer Mantel mit Sternen und dem Mond bestickt. Ihr Gewand war bunt und mit Blumen und Früchten versehen. Was sie dem Unglücklichen aber über sich selbst verriet, zeigt ihre Allmacht als Himmelskönigin: »Ich bin die Natur, die universelle Mutter, die Herrin der Elemente, das ursprüngliche Kind der Zeit, die Herrscherin über die spirituellen Dinge, die Königin der Toten, die Königin auch der

---

[22] Zit. aus: Walter Schubart: Religion und Eros. München 1966, S. 127

Unsterblichen, die einzige Manifestation aller Götter und Göttinnen, die es gibt.«[23] Die Pflicht von Lucius Apuleius bestand darin, Isis ein Leben lang zu dienen. Er stimmte zu, wurde eingeweiht, ein Anhänger des Kultes von Isis und in einen Menschen zurückverwandelt. Isis erlöste ihn von seinen Begierden und Lüsten, seinen egoistischen Verstrickungen in die Welt der Dinge, wie es uns das Bild des Esels vermitteln soll. Wie einst Osiris, der zerstückelt war, setzte sie den Mann Apuleius wieder zusammen, half ihm, sich zu suchen und zu finden. Eine Aufgabe, die jeder von den Lebenden zu leisten hat, denn die Weisheit der Göttin ist durch unsere Torheit in alle Winde zerstreut worden. Alle diejenigen, die in ihre heiligen Riten eingeweiht worden sind, haben sie wiedergefunden und damit auch ihr wahres Selbst. So jedenfalls lehrt es uns das *Isis-Buch* des Eingeweihten Lucius Apuleius.

Ich habe bei diesem Thema bewußt weit ausgeholt, weil ich der Meinung bin, daß die Verehrung der Jungfrau Maria als Himmelskönigin ein wesentlicher Bestandteil der Geheimlehre des Templerordens gewesen ist. *IE FUS ICI ACIS L'AN ISZ* steht auf der Säule der Templerkirche Saint-Clair in Nordfrankreich. Eine direkte Anspielung auf Isis (ISZ)?

Neben Maria, der Mutter des Herrn, gibt es noch zwei weitere weibliche Heilige, die den Soldatenmönchen von großer Wichtigkeit gewesen waren: Maria Magdalena und die heilige Katharina, die im 3. Jahrhundert gelebt haben soll. Die Sünderin Maria Magdalena und Jesus sind in den gnostischen Quellen ein Paar, allerdings nicht verheiratet. Bei dieser Betrachtungsweise ist dem Gnostiker die Vorstellung wichtig, daß Jesus, um vollkommen zu werden, die Ergänzung durch die weibliche Hälfte braucht. Die Vereinigung der Gegensätze im Sinne der Gnosis ist dem eingeweihten Templer sicherlich bekannt gewesen, weil die Lehre davon Bestandteil jener geheimen Texte gewesen ist, die Hugo de Payens wahrscheinlich von seinem ersten Aufenthalt im Heiligen Land nach Cîteaux mitgebracht hat. Vermutlich haben ihn sogar die Assassinen selbst darin eingeweiht, die sich im Besitz solchen Wissens befanden; darunter waren Texte, die kirchlicherseits nicht als kanonische Schriften anerkannt waren. In den gnostischen Texten von Nag Hammadi liest man einen Satz, der

[23] Zit. aus: Caitlin Matthews: Sophia – Göttin der Weisheit. Düsseldorf 1993, S. 81f.

sowohl auf die Sophia als auch auf eine überhöhte Vorstellung von Maria Magdalena paßt: »Ich bin der Anfang und das Ende, ich bin die Verehrte und die Verachtete, ich bin die Hure und die Heilige, ich bin die Frau und Jungfrau.«[24]

Insofern rücken Maria Magdalena und die Madonna ganz nah zusammen, bilden zwei Aspekte ein und derselben Gottheit. Ich bin mir ganz sicher, daß solch ketzerisches Wissen zum Glaubensinhalt eingeweihter Templer gehörte.

Die Herrin der Gefolterten

Katharina, die allzeit Reine, ist eine Heilige, die Anfang des 4. nachchristlichen Jahrhunderts in Alexandria gelebt haben soll. So ganz sicher ist man sich hinsichtlich ihrer Existenz nämlich nicht. Katharina ist neben Maria Magdalena (Namenstag 22. Juli) die zweite weibliche Heilige (Namenstag 25. November), die in bezug auf die Templer beachtet werden muß. Wer ist diese Frau gewesen, von der es heißt, daß ihr niemand intellektuell das Wasser reichen konnte? Die Legende bezeichnet Katharina als die Tochter des Königs von Zypern. Ihre große Beredsamkeit und ihre überragende Intelligenz setzte ihre Mitmenschen in Erstaunen. Somit ist es nicht verwunderlich, daß sie zur Patronin der Philosophie und zur Verteidigerin des wahren Glaubens wurde. Das Universitätssiegel der berühmten Pariser Sorbonne zeigt sie mit Palme und Buch in den Händen. Mitunter wird Katharina auch, wie auf einem Fresko des 8. Jahrhunderts in Rom zu sehen, als Heilige neben dem Thron der Gottesmutter dargestellt. In der Kapelle St. Helena von Deutschnofen südlich von Bozen steht sie neben Maria und hält das *tosende Rad*, das den Lauf der Zeit voraussagt, in der rechten Hand fest – ähnlich wie der Templer an der Kirche von Méaux.

Aber Katharina ist auch die Königin der Gefolterten und zugleich Standhaften. In der Wahl dieser Frau zeigten die Templer

---

[24] Zit. aus: Nag Hammadi-Fragment, Das Buch der verborgenen Evangelien. Augsburg 1994

wahre Hellsichtigkeit. Katharina starb als Märtyrerin par excellence, nachdem sie in ihrer Gefangenschaft die schrecklichsten Folterungen demütig ertragen hatte. Sie blieb Christus treu, selbst als man ihr die Brüste vom Leibe reißen ließ. Zuletzt wurde Katharina enthauptet. Diese in ihrem Glauben fest verankerte Frau werden die Templer in ihren letzten Kerkerstunden angerufen haben. Vielleicht haben sich einige von ihnen auch an die geheime Kapelle der Sainte-Cathérine tief im Schoß der Erde unter Gisors erinnert, die nur den Eingeweihten im Orden zugänglich gewesen war. Es mutet angesichts des gewaltsamen Endes schon ein wenig seltsam an, daß sich der Orden von Anfang an ausgerechnet Katharina als Patronin ausgesucht hat, die für Weisheit und Schmerz gleichermaßen steht.

Die Burg von Gisors, in deren zugeschütteten Kellern irgendwo verborgen die Kapelle der heiligen Katharina liegt.

Rätselhafte Rotunden –
Orte der Einweihung

Jede geheime Gesellschaft benutzt für sich ganz bestimmte Zeichen und Symbole, die ihr verborgenes Wissen in einem Punkt kristallisieren, der aber für Außenstehende nur einen rätselhaften, mitunter bizarren Code darstellt. Für mich stellte sich im Laufe meiner Forschungen immer deutlicher heraus, daß die Templer auch ein Orden mit einer geheimen Initiation gewesen sind. Seine geheime Sprache zu entschlüsseln, seine spezifischen Symbolelemente lesbar zu machen, sollte doch hilfreich sein, um das Geheimnis der Templer lüften zu können. Meine erste Aufmerksamkeit richtete ich daher auf die verschiedenen Bauten der Templer: Kirchen, Kapellen, Häuser und Burgen.

Was sogleich ins Auge springt, ist die Tatsache, daß die Templer eine Vorliebe für die gotische Kunst gehabt hatten. Von einigen Forschern wird gern behauptet, daß sie die Gotik erfunden haben. Das sehe ich nicht so. Die Gotik stellt einen großen Bruch zur Romanik dar. Ein romanisches Gebäude ist ein Ort der Meditation, des Gebetes und der Andacht. Es erlaubt die individuelle Ausweitung, den Kontakt des Einzelnen mit dem Göttlichen in einer kleinen, fast lichtlosen Umgebung. Die romanische Kirche ist ein inneres Heiligtum, während die gotische Kathedrale, bei der das Licht in ihrem Innern dominiert, ein großer, zum Himmel stürzender Raum und ein kollektiver Tempel ist. Hier befindet sich jeder einzelne an seinem Platz in bezug auf seinen Nächsten, und

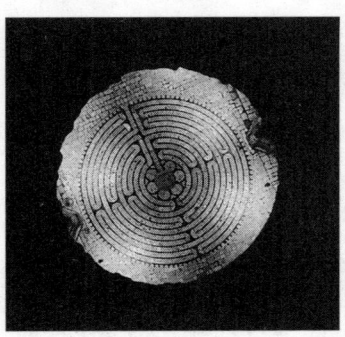

Das Geheimnis des Labyrinths auf dem Fußboden der Kathedrale von Chartres „erfuhren" die Gläubigen des Mittelalters im rituellen Tanz.

alle Symbole und esoterischen Motive werden von innen nach außen verlagert, bis auf wenige wie das Labyrinth und die Heiligenbilder. In der Gotik liegen Meditation und Gebet nicht mehr in der Obhut des einzelnen, sondern in der Gemeinschaft der Gläubigen. So glauben es vor allem die Zisterzienser, deren folgsame Schüler die Templer waren. Trotzdem haben sie die Gotik nicht erfunden; dafür gab es die Baumeister – die *Kinder des Maître Jacques* und die *Kinder Salomons.* Die Templer haben aber sicherlich die Gotik gefördert, weil sie der Herrlichkeit Gottes diente.

Einweihung, davon bin ich überzeugt, vollzogen die Templer nicht in gotischen Kathedralen. Dafür bauten sie kleinere, nach einem ganz bestimmten Plan angelegte Kapellen und Häuser. Sie alle haben eine typische Form, die den Templern eigen ist. Kennengelernt haben sie die achteckige Bauweise im Heiligen Land. Der untere Teil der El-Agsa auf dem Berg Moria besitzt diese Form. Darüber wölbte sich einst eine mächtige Kuppel. Achteckige Kirchen sind Templerkirchen, wie die von Eunate in Nordspanien oder die im nordfranzösischen Laon. Vom Achteck ist es nur ein kleiner Schritt zur Rotunde, dem Rundbau mit einer Kuppel, die von Säulen getragen wird. Sie bildet eine Ausnahme unter den Templersakralbauten und muß nicht unbedingt eine Spezifität des Ordens gewesen sein. Wichtig ist nur, was durch die Form ermöglicht werden sollte.

Die erste Kirche der Templer in Paris war eine Rotunde mit sechs Säulen. In London steht eine weitere. Die ursprüngliche Kirche des Templerordens in Schottland – Rosslyn-Chapel – ist ebenfalls eine Rotunde gewesen und wurde vermutlich 1309 abgerissen. Weitere Kirchen in England stehen in Garway, Duvres, Temple Bruer, Bristol und Asklaby. Die schönsten Exemplare einer Rundkirche finden sich in der Burg Tomár (mit acht Säulen) in Portugal und in Segovia. Das bemerkenswerteste Bauwerk der Templer ist jedoch weitgehend unbekannt geblieben. Vor allem, weil man heftig abgestritten hat, daß es von ihnen errichtet worden sein könnte. Es steht in der Bretagne an der Nordküste und ist ein beeindruckendes Beispiel dafür, daß sich Templer für ihre geheimen Riten in solch ein Gebäude zurückgezogen haben müssen. Denn der Tempel von Lanleff ist kein christliches Haus – wer in ihn hineingeht, der spürt, daß er ein mächtiges Geheimnis birgt.

Exkurs: Die Tempel von Lanleff und Eunate

Der Einweihungs-Tempel von Lanleff.

Zum ersten Mal stieß ich Ende der 80er Jahre auf diesen Tempel. Er liegt knapp sechs Kilometer östlich von Kermaria-an-Iskuit im mittleren nördlichen Teil der bretonischen Halbinsel. Er weist ein sehr schönes *Totentanzfresko* auf, dessen Philosophie dem Betrachter vermittelt, daß alles stirbt, selbst Kaiser und Päpste vergehen, nur die Liebenden nicht. In solch inspirierender Nachbarschaft errichteten die Templer ihren Initiationstempel. Er besteht aus zwölf Rundbogenarkaden, die ein kreisförmiges Nebenschiff abgrenzt. Der Grundriß erinnert an jene Hofkapelle Karls des Großen in Aachen, die Vorbild für viele Rundbauten gewesen war.
Lanleff wurde 1148 errichtet und der Jungfrau Maria geweiht. Der ursprüngliche Tempel ist leider nicht mehr vollständig erhalten.

Einst stand er inmitten dreier runder Kapellen, von denen heutzutage nur noch eine übriggeblieben ist. Auf den Kapitellen erkennt man geometrische Motive wie auch menschliche Gesichter, eher Fratzen (Baphomet?) und seltsame Tierdarstellungen. Der Tempel ist ein Ort der Kraft und Beweis dafür, daß sich der Templerorden seine speziellen Heiligtümer erschuf, um seine Riten zu feiern. Eine Rotunde ist ein Abbild des Kosmos, ein Ort, an dem sich in seinem Innern die Kräfte konzentrieren, um Materie in Geist zu verwandeln. Rund ist auch von alters her die katholische Taufkapelle, ebenso war der griechische Initiationstempel, wie man ihn in Delphi heute noch sehen kann, rund. Eine Rotunde eignet sich ebenso wie der megalithische Cromlech für Rundtänze.[25] Der gnostische Jesus der Johannesapokryphen betont, daß er seine Energie aus dem Tanzen gezogen habe. In Thrakien gibt es einen uralten Rundtanz, der Kirkos heißt. Kirkos ist der Wandlungstanz der Göttin Circe, deren Kinder am Vollmondfest als Schweine erscheinen. In einem Kessel erhalten die keltischen Krieger neues, gewandeltes Leben. Es ist zu vermuten, daß der Rundtanz zur Initiation der Templer gehörte, denn die meisten Rotunden besitzen einen Chorumgang, um im

Eunate im Nordwesten Spaniens war ein bedeutendes Einweihungszentrum des Ordens.

[25] Ein Cromlech ist eine kreisförmige Anordnung von Menhiren.

Kreise herumzugehen oder um rituell zu tanzen. Wer das für abwegig hält, der soll daran erinnert werden, daß im Mittelalter der Bischof von Chartres in seiner Kathedrale Rundtänze aufgeführt hat und damit seine Art körperlicher Askese praktizierte.

Frei im Feld am Pilgerweg nach Santiago de Compostela steht isoliert eine der ungewöhnlichsten und zugleich schönsten Kapellen, die ich jemals gesehen habe: Eunate. Sie ist der Jungfrau Maria geweiht und soll zwischen 1180 und 1220 erbaut worden sein. Ein wenig erinnert sie mich von ihrer geheimnisvollen Aura her an den Tempel von Lanleff, und das wirklich Interessante ist, daß sie sich fast auf demselben Längengrad wie Lanleff befindet, nur etwa 600 Kilometer südlich davon. Eunate ist der Form nach oktogonal und von einem äußeren, mit Arkaden versehenen Wandelgang umgeben, der wiederum den Felsendom in Jerusalem zum Vorbild gehabt haben mag. Die Kapelle wurde von Templern unter König Sancho VI. el Sabio errichtet, und ihr baskischer Name bedeutet *hundert Pforten*. Bei Ausgrabungen stieß man auf Muscheln und Skelette von Pilgern, die hier auf dem Weg nach Compostela ihre letzte Ruhestätte fanden. Die Archäologen halten Eunate für eine Totenkirche, was ich allerdings bezweifle. Ich behaupte sogar, daß diese Kapelle nicht unbedingt für katholische Zeremonien benutzt worden war. Sie liegt fernab von jeder Besiedlung – heute wie ehemals – und ist ein offenes Mysterium. Baphomet und das Tau sind ihre äußeren Zeichen, und ihre ganze Architektur, vor allem aber der das Gebäude umgebende Wandelgang, weisen auf Initiationsriten hin, die hier einstmals abgehalten wurden.

Der Skulpturenschmuck an den Säulen und Bögen der Kapelle ist wirklich ungewöhnlich. Köpfe, die an Baphomet erinnern, wie ihn manche Templer beschrieben, floraler Schmuck, teuflische Fratzen, Wesen, deren Körper halb Vogel, halb Schlange sind, und immer wieder das Kreuz und die Rose. Der auferstandene Christus scheint unter den Aposteln zu tanzen. Zudem haben die Baumeister von Eunate, die *Kinder des Maître Jacques,* ihr Signet in vielfältiger Form an der Außenfassade hinterlassen. Bei einer Figur stutze ich und starre sie verwirrt an, denn ich halte sie für eine kleine Sensation.

Offiziell wird sie allen Ernstes als Eva bezeichnet, aber wenn das eine Frau sein soll ... Mich erinnert die Skulptur von ihrem ganzen

Fabelwesen und geheimnisvolle Köpfe zieren die Säulenkapitelle in Eunate.

Aussehen her an den Mann, den das Turiner Grabtuch zeigt. Sogar die Hände ruhen hier wie dort übereinandergelegt im Schoß. Das Gesicht ist männlich und muß meines Erachtens nach das des Grabtuchs zum Vorbild gehabt haben. Wenn diese kleine Figur am Eingangsportal von Eunate wirklich Jesus darstellt, wie wir ihn vom Turiner Grabtuch her kennen, dann ist die Sensation perfekt. Die Templer, die diese Kapelle durch die *Kinder des Maître Jacques* errichten ließen, befanden sich schon damals im Besitz der kostbarsten Reliquie der Christenheit. Der Beweis dafür ist an diesem kleinen Gotteshaus oder Initiationstempel südlich von Pamplona zu bestaunen.

Der Jesus des Turiner Grabtuchs an der Templerkirche von Eunate?

Beim Château von Gisors, das ebenfalls eine Rotunde ist, haben wir gehört, daß es exakt nach dem Zodiak ausgerichtet wurde. So jedenfalls will es Gérard de Sède in seinem Buch »Les Templiers sont parmi nous« (Die Templer sind unter uns) bewiesen haben – was jene wiederum als Kenner der Astrologie ausweist. Die Rotunde von Lanleff steht in Ost-West-Richtung, was keltisch anmutet. Während der Osten bei den Kelten für die Geburt stand, bedeutete der Westen, wo die Insel Avalon liegt, den Tod. Der Tod selbst war für die Kelten ohnehin nur *die Mitte eines langen Lebens.*
Die Frage stellt sich, wer den Templern ihre Gebäude errichtet hat. Handwerker, sicherlich! Aber es waren nicht irgendwelche Männer, sondern Mitglieder eines ebenso mysteriösen Geheimbunds wie die Templer selbst: die *Kinder Salomons.*

Die Baumeister

Bevor ich auf die *Kinder Salomons* zu sprechen komme, müssen wir zunächst einen gewaltigen Schritt in der Zeit zurücktun ...

Eines der vielen ungelösten Rätsel in der Welt betrifft die Bautätigkeit von Menschen, welche quasi aus dem Nichts heraus die monumentalsten Bauwerke errichteten, ohne daß sich im Vorfeld eine Entwicklung hin zu diesem technologischen Schritt abgezeichnet hätte. Dies gilt sowohl für die Monumente der Megalithkultur, für die ägyptischen Pyramiden, als auch für die konzentrierte und vermehrte Bautätigkeit im 11. und 12. Jahrhundert in Westeuropa, die zu solch faszinierenden Kathedralen wie Chartres oder Notre-Dame geführt hat.

Mitte des 5. vorchristlichen Jahrhunderts kam es in der Jungsteinzeit zu einer Revolution: Der Mensch, der sein bisheriges Leben als Sammler und Jäger geführt hatte und sich mit Mineralien und Gesteinen für die Herstellung seiner Waffen und Gerätschaften auskannte, begann plötzlich, aus gewaltigen Steinen tonnenschwere, riesige Bauwerke zu errichten. Die europäischen Großsteingräber – Dolmen, Tumuli und Menhire – entstanden lange vor den Pyramiden, und diese sogenannten Megalithen – *Große Steine* – lassen sich nicht nur in der Bretagne, Irland oder in Südengland finden, sondern sie reichen über den Nahen Osten und Jordanien bis hin nach Indien und Korea. Man kann sogar mit Berechtigung annehmen, daß sich das *Megalithentum* vom Westen nach dem Osten ausgebreitet hat. Bemerkenswert ist an dieser plötzlichen Bautätigkeit vor allem die Tatsache, daß nicht etwa Städte, Aquädukte, Repräsentationsbauten aller Art errichtet wurden, sondern in erster Linie Grabanlagen – gewissermaßen künstliche Höhlen in künstlichen Bergen. In zweiter Linie wurden astronomische Bauwerke errichtet, wie es die beeindruckende Anlage von Stonehenge zeigt. Die unbekannten Erbauer selbst wohnten eher bescheiden in Holzhütten, wie uns Grabungsfunde verraten.

Megalithen findet man vermehrt in Küstennähe, obgleich auch einige auf Bergeshöhen entdeckt wurden. Die Verbreitung in Küstennähe spricht dafür, daß die Steinzeitarchitekten ihre Technik auf dem Seeweg verbreitet haben. Auch in Mittel- und Südamerika, etwa im kolumbianischen San Augustin oder im mexikanischen La Venta, konnten Megalithe nachgewiesen werden. Weil es sich vermutlich in den meisten Fällen um Begräbnisstätten gehandelt hat, liegt die Vermutung nahe, daß mit dieser Großsteinkultur vor allem religiöse Ideen verbreitet werden sollten – vielleicht durch seefahrende Missionare, denen meistens auch Siedlergruppen gefolgt waren.

Diese Dolmen und Ganggräber, wie sie die Archäologen bezeichnen, scheinen für die Megalithiker eine große Bedeutung gehabt zu haben. Viele von ihnen, besonders in Frankreich, weisen Steinritzungen wie Kreise, Spiralen oder Ringwellen auf. Die schönsten ihrer Art befinden sich in einem Tumulus auf der Insel Gavrinis – in der Nähe eines wichtigen Templerhafens auf der *Insel der Mönche* – im Süden der Bretagne und werden allgemein als Symbole für Wiedergeburt und Erneuerung angesehen. Kann es sein, daß die Menschen dieser Epoche das Diesseits nur als ein Vorspiel für ein Leben nach dem Tod ansahen, obwohl in vielen Dolmen niemals Menschen bestattet worden waren? In anderen wiederum fanden sich Knochenhaufen wie hineingeschüttet.

Ein wichtiger Aspekt ist die Erkenntnis, daß die Megalithiker beim Auflegen des Decksteins denselben so labil auf den Trägersteinen positionierten, daß er mit einer Hand in Schwingung versetzt werden konnte. Er balancierte also im Gleichgewicht, was man als Sinnbild der menschlichen Freiheit auslegen kann – eine Freiheit, die als Gleichgewicht der Gegensätze verstanden wird, bei der die geringste Neigung in die eine oder andere Richtung eine unwiderrufliche Entscheidung bedeutet.

In den letzten Jahrzehnten wurden eingehende Untersuchungen an megalithischen Bauwerken, aber auch an Einzelmenhiren oder Steinsetzungen wie den berühmten Steinen von Carnac durchgeführt. Die Ergebnisse irritieren die Prähistoriker alter Schule, weil sie die Steinzeitleute in einem gänzlich anderem Licht zeigen. »Ist es vorstellbar, daß es unter den neolithischen und bronzezeitlichen Dorfbewohnern Westeuropas Weise gab, die mit pythagoräischen Dreiecken umgehen konnten und sich mit synodischen Monaten und den Aufgängen und Bahnen der Fixsterne Arcturus, Wega, Capella und Procyon beschäftigten? Dann freilich hatte es schon damals eine Elite von Baumeistern gegeben, derer sich ihre Nachkommen in der Zeit der Gotik nicht zu schämen brauchten.«[26] Aber genau das ist das Problem. Woher hatten diese megalithischen Steinmetze ihr Wissen?

Dieselbe Frage geht auch an die Erbauer der Pyramiden. Diese gelten als die ersten großen Architekten und Meister in der Wissenschaft des Bauens. Die Monumente, die sie uns hinterlassen haben, lassen uns noch heute staunen und stellen selbst für moderne Techniker unüberwindliche Probleme dar. Wie haben die Menschen der Pharaonenzeit Monolithe wie die in Karnak mit derart fehlerloser Genauigkeit aufstellen können, wenn sie nicht einmal über die einfachsten Kurbeln und Hebevorrichtungen verfügt haben sollen? Und dies vor dem Hintergrund, daß die ägyptische Zivilisation schlagartig und sofort voll ausgebildet dagewesen ist. Denn allen verfügbaren Berichten zufolge war die Periode des Übergangs von einer primitiven zu einer hochentwickelten Gesellschaft so kurz, daß man bislang keine Erklärung dafür finden konnte. Technologisches Wissen, dessen Entwicklung sich normalerweise über Hunderte von Jahren hinzieht, schien buchstäblich über Nacht verfügbar gewesen zu sein. Woher kam es?

Ebenso verhielt es sich mit den Kenntnissen der mittelalterlichen Baumeister. Louis Charpentier schreibt in seinem Buch »Die Geheimnisse der Kathedrale von Chartres«: »Ihr Wissen aber muß beträchtlich gewesen sein. Notre-Dame von Chartres ist siebenhundert Jahre alt ... Wir aber wissen von den hervorra-

[26] Zit. aus: Hans Biedermann, Das verlorene Meisterwort – Bausteine zu einer Kultur- und Geistesgeschichte des Freimaurertums. Müchen 1988, S. 177

Die Kathedrale von Chartres, an deren Osteingang die Bundeslade zu sehen ist, die jener von Saint-Denis gleicht.

genden Architekten, die den Bau erdachten, von den Baumeistern, die ihn ausführten, so gut wie nichts.«[27]

Diese unbekannten Baumeister schufen das breiteste Gewölbe, das wir kennen, das zugleich eines der höchsten ist. Woher nur kam ihr Wissen? Denn nur 100 Jahre vor ihnen, um das Jahr 1000, hätte niemand in Europa solche Kathedralen errichten können. Woher kam das Geld? Als Chartres entstand, befanden sich allein in Nordfrankreich 20 Kathedralen im Bau. Woher kamen die gelernten Zimmerleute, Maurer, Steinmetze und Bildhauer, die ganzen Facharbeiter, deren Kenntnis und Anzahl ausreichte, um solche steinernen Kirchenschiffe, in denen und an denen sich lesen läßt wie in einem Buch, von solch imposanter Größe zu bauen?

Charpentier: »Dieses Aufsprossen von Kathedralen war gewollt. Es war gewollt von einer Organisation, die das nötige Wissen besaß, die fachkundige Baumeister zur Verfügung hatte und außerdem die Mittel, jene zu bezahlen.«[28]

Technologisches Wissen aus einer versunkenen Welt? Je länger man sich mit dem Phänomen der mittelalterlichen Baumeister beschäftigt, aber auch mit den großartigen Architekten, die die ägyptischen Pyramiden entwarfen, um so mehr findet man zu der Vorstellung, daß es geheimes Wissen gegeben hat, welches Menschen in die Lage versetzte, solche Bauten ohne die lange Erfahrung und ausreichende Entwicklung des dazu benötigten technologischen Wissens zu errichten. Die alten Ägypter behaupteten, daß der Menschheit die Grundlagen allen Geheimwissens vom Mondgott Thot gegeben worden sei. Jener Thot, der Einteiler und Berechner der Zeit, der die Welt durch den Ton seiner Stimme, durch ein einziges Zauberwort, erschaffen hatte. Weiterhin hieß es, daß er sein Geheimwissen auf 36.535 Schriftrollen geschrieben und diese dann auf der ganzen Welt

[27] Zit. aus: Louis Charpentier: Die Geheimnisse der Kathedrale von Chartres. Köln 1973, S. 12
[28] Zit. ebd.

versteckt habe, damit sie künftige Generationen suchen, aber nur die *Würdigen* auch finden mögen.

Ob man die Existenz eines solchen Gottes annehmen will oder nicht, Fakt ist, daß selbst so derart verfeinerte literarische Werke wie das »Ägyptische Totenbuch« gleich zu Beginn der dynastischen Periode existierten. Walter Emery, ehemaliger Inhaber des Lehrstuhls für Ägyptologie in London meint dazu: »Sehr rasch ließ das Land das Stadium fortgeschrittener Steinzeitkultur ... hinter sich. Künste und Handwerk entwickelten sich in erstaunlichem Ausmaß. Die grundlegende Entwicklung der Schrift und Architektur scheint kaum irgendeinen geschichtlichen Hintergrund zu haben.« [29]

So ist es durchaus vorstellbar, daß dieses geheime Wissen vor langer Zeit von Fremden nach Ägypten gebracht wurde, die eine Sintflut überlebt hatten. Was immer auch Atlantis gewesen ist, daß es irgendwo auf der Welt eine höher entwickelte menschliche Zivilisation gegeben haben mag, die an ihrer eigenen Hybris zugrunde ging, belegen viele Mythen der Menschheit. Vorstellbar ist dies durchaus, und warum sollten nicht Überlebende einer solchen Katastrophe ihr technologisches Wissen andernorts weitergegeben haben?

Denn was verbirgt sich beispielsweise hinter dem geheimnisvollen Shamir, von dem uns die Bibel erzählt? Wir erfahren, daß Salomon beim Bau seines Tempels befahl, keine Hämmer, Äxte oder Meißel, also Werkzeuge aus Eisen, zu benutzen, um die massiven Steinblöcke zu bearbeiten. Statt dessen stellte er den Handwerkern ein altes Gerät zur Verfügung, das in die Zeit Moses' zurückdatiert werden kann: den Shamir. Dieser konnte angeblich selbst die härtesten Materialien schneiden, ohne Reibung oder Hitze zu entwickeln. Er war auch bekannt als *der Stein, der Felsen zerschnitt.* Dieses seltsame Gerät durfte in keinem Eisen- oder Metallbehälter aufbewahrt werden, weil es ein solches Behältnis hätte zerbersten lassen. Der Shamir wurde viel-

---

[29] Zit. aus: Graham Hancock: Die Wächter des Heiligen Siegels – Auf der Suche nach der verlorenen Bundeslade. Bergisch Gladbach 1994, S. 304

mehr in ein wollenes Tuch gewickelt, und dieses wiederum in einen mit Gerstenkleie gefüllten bleiernen Korb gelegt. Der geheimnisvolle Shamir verschwand bei der Zerstörung des Salomon-Tempels durch den babylonischen König Nebukadnezar im Jahre 597 vor Christus.

Ein solches Gerät klingt eher nach einem technologischen Produkt als nach einem magischen. Von wem mögen es die Israeliten erhalten haben? Es stellt eine Verbindung zum Gott Thot her, der geheimes und hochstehendes Wissen an jene weitergegeben haben soll, die verantwortlich damit umzugehen versprachen.

Auch die Freimaurer hielten Thot – vielleicht verbirgt sich ja hinter ihm eine reale Gestalt, vielleicht ein Überlebender der erwähnten Sintflut – in besonderen Ehren. Ihrer Lehre nach hat Thot eine Hauptrolle in der Bewahrung des freimaurerischen Handwerks und seiner Weitergabe an die Menschheit nach der Flut gespielt.

Im Mittelalter bekannte sich auch Kopernikus dazu, daß er zu seinen revolutionären Einsichten nur durch das Studium der geheimen Schriften der Ägypter und der Werke des Thot gekommen sei. Und selbst Isaac Newton war davon überzeugt, daß die Ägypter Geheimnisse, die jenseits des Fassungsvermögens der gemeinen Masse lagen, hinter dem Schleier religiöser Rituale und hieroglyphischer Symbole verbargen. Es mag also etwas dran sein an der Vorstellung, daß einst Wissen einer untergegangenen Zivilisation an Menschen auf einer niedrigeren Stufe weitergegeben worden ist. Vielleicht hat Graham Hancock ja recht, daß auch die Bundeslade der Israeliten *die Wurzeln allen Wissens enthielt.* Und sicherlich gehörten zu diesem Wissen auch Kenntnisse und Fähigkeiten, die die Architektur betreffen. Hancock liegt gewiß nicht falsch, wenn er davon ausgeht, daß die Templer, die mehrere Jahre lang auf dem Berg Moria in Jerusalem graben und suchen durften, unter Umständen auch auf Dokumente gestoßen sind, mit denen sich wenige Jahrzehnte später solche Kathedralen wie eben Chartres und andere errichten ließen. Das bietet zumindest eine Erklärung für das plötzlich vorhandene Wissen der Bauleute.

Es mag auch sein, daß sich diese Geheimlehren von Geometrie, Proportion, Ausgewogenheit und Harmonie, wieder ans Tageslicht gebracht, auf die Erbauer der Pyramiden zurückführen lassen. Von ihnen heißt es auch, daß sie ein als Maat bezeichnetes Verfahren kannten, daß man mit *Gleichgewicht* oder *Balance* übersetzen kann. Der Ägyptologe John Anthony West nimmt daher an, daß die Ägypter Techniken des mechanischen Gleichgewichts kannten und benutzten, die uns unbekannt sind. Mit solchen Techniken hätten sie leicht und geschickt gewaltige Steinmassen bewegt, was wie Zauberei anmutete.

Diesen *geschickten* Umgang mit Steinmassen hatten bereits die Megalithiker praktiziert, was wiederum für die These spricht, daß sie in dieser ausgereiften Technik von anderen angeleitet wurden.

Vor dem Jahr 1000 gab es im christlich geprägten Abendland kaum talentierte Baumeister. Außer einigen byzantinischen Bauwerken ist alles, was heute noch erhalten ist, eher grob und einfallslos gestaltet. Nach dem Jahr 1000 entfaltet sich zunächst das Romanische. Zu dieser Zeit gab es knapp über 1100 romanische Abteigebäude, die allesamt ab dem Jahre 950 errichtet worden waren. 326 Abteigebäude wurden im 11. Jahrhundert ausgeführt, aber 702 im 12. Jahrhundert.

»Plötzlich, wie aus dem Nichts, sind die Baumeister da, die in der Lage sind, eine größere Kirche materiell, intellektuell und spirituell zu erdenken«, schreibt Charpentier. Zugleich entstanden die Gesellenbruderschaften – Bauleute, die ihr Wissen nicht zum Allgemeingut werden ließen. Sie stellten ihre Baukunst und sich selbst unter eine geistige These. Was sie taten, war Kultarbeit, und deren Segen war ein Mysterium und Anlaß geistiger Verbrüderung. Die künstlerische Betätigung, so empfanden diese Menschen, diente einzig dem Gott in uns und somit indirekt der »Vergottung« der Welt. Die Gesellenbruderschaften bildeten eine verschworene Geheimgesellschaft inmitten des breiten Publikums, das staunend ihrer Tätigkeit beiwohnen konnte. Ihr wahrer Reichtum war das Wissen um die richtige Proportion. Dadurch erschufen sie Gebäude, die die mystische Vision der Bauleute wahrhaft *Stein* werden ließen. Diese Gesellenbruderschaften besaßen bestimmte Rituale, die den Freimaurern nahestanden: Übergabe der Handschuhe, ein Zimmer für die Meistererhebung usw. Die Bauleute waren zugleich frei von jeder Leibeigenschaft und feudaler Abhängigkeit. Interessanterweise wurden sie durch päpstliche Bullen geschützt und genossen verbriefte kaiserliche Privilegien. Die Werkstätte der Kirchenbauleute, die sogenannte *Hütte*, war möglichst in quadratischer Form und meist aus Steinen in der Nähe des Baues errichtet worden. Sie diente auch als Versammlungsraum und wurde *lodge*, in deutscher Übersetzung *Loge* genannt. Innerhalb der Hütte gab es zwei Grade: Lehrlinge und Gesellen. Letztere hatten alles auswendig gelernt. Ziel jedes Rituals war es, sich in einen emotionalen Zustand zu versetzen, in dem die idealistischen Gefühle in uns angesprochen werden, die uns befähigen, über uns hinauszuwachsen. Die vollkommene Beherrschung des Handwerks sollte durch das Ritual erlangt werden. Einer der hermetischen Grundsätze lautete: »Du sollst das Feine vom Groben sondern mit großem Geschick.«

Festzuhalten bleibt auch, daß die Gesellenbruderschaften eine den Freimaurern ähnliche Symbolik entwickelten.

Als älteste Hütte gilt die von Straßburg. Sie stand unter der Leitung eines genialen Münsterbaumeisters: Erwin von Steinbach. 1273 wurde diese Hütte von Kaiser Rudolf I. von Habsburg mit diversen Privilegien ausgestattet. Erwin von Steinbach durfte sogar Recht sprechen, und dieses wurde gehandhabt »nach Handwerksbrauch und Steinwerksrecht, wie es die Ahnen von jeher geübt hatten«.

Wurde jemand in die Hütte aufgenommen, so mußte er auf das Evangelium bei ihrem Schutzpatron, dem heiligen Johannes dem Täufer, schwören. Dieser letzte Aspekt ist deshalb so bemerkenswert, weil einige Forscher des Okkulten vermuten, daß der Akt der Taufe – wie ihn auch Jesus durch Johannes erfährt – die Initiation in das erleuchtete Wissen eines Geheimkultes gewesen war, dessen Begründer Tausende von Jahren zuvor buchstäblich *aus dem Wasser gerettet* worden waren.

Die Kinder Salomons und die Kinder des Maître Jacques

Diese beiden Baubruderschaften entstanden Anfang des 12. Jahrhunderts fast gleichzeitig mit dem Templerorden. Manche sind sogar der Ansicht, daß es sich bei ihnen um ein und dieselbe Baubruderschaft handelte. Man begründet das damit, daß sich die *Kinder Salomons* in Nordspanien als solche von *Maître Jacques*, womit der Apostel *Jakobus* gemeint ist, bezeichnet hätten. Jedenfalls tauchen beide geheimen Baubruderschaften als Baumeister des Templerordens auf. Mir geht es im folgenden vorrangig um die esoterische Lehre dieser genialen Handwerker des Mittelalters.

Die Tempelritter traten von Anfang an als Beschützer der *Kinder Salomons* auf, die sich mit ihrer ketzerischen Hermetik auf die jüdische Kabbala und die esoterischen Lehren des Islam gleichermaßen bezogen. Sie bildeten eindeutig einen inneren hermetischen Kreis im Templerorden selbst, wobei sie ihre Selbständigkeit wahrten. Innerhalb der Bauhüttenbruderschaft wurde höchstes okkultes Wissen an die Mitglieder weitergegeben. Bezüglich der *Kinder Salomons* haben wir einen gesicherten Anhaltspunkt dafür, daß es enge Beziehungen zwischen den Templern und einer Bruderschaft, die ausschließlich auf den Erwerb von esoterischem Wissen abzielte, über einen langen Zeitraum gegeben haben muß. Nach außen hin zeigten sich die *Kinder Salomons* weltoffen, unpolitisch und unreligiös und standen jedem offen, der zu ihnen kommen wollte, ob Muslim, Christ, Grieche oder Jude. Die Freiheit des Individuums war die Basis, auf der ihre Geheimlehre fußte. Sie kannten vier Grade: Lehrling, Geselle, Meister und Eingeweihter. Erst der letzte Grad führte zum Geheimwissen. Wie es der Name *Kinder Salomons* andeutet, galt dieser Bruderschaft die Vollendung des Salomonischen Tempels als Gipfel allen Strebens nach Perfektion. Und auch die Legende des Baumeisters Hiram Abiff war bei ihnen, wie bei den Freimaurern, äußerst lebendig. Denn am Anfang der freimaurerischen Symbolwelt steht die Legende vom ermordeten Hiram Abiff, jenem Mann aus Tyrus und Sohn einer Witwe aus dem Stamme Naphtali, den König Salomon deshalb zu sich holen ließ, weil er ein Meister im Erz, voll Weisheit, Verstand und Kunst war und es verstand, allerlei Erzwerk zu arbeiten. So fertigte Hiram für den König Israels ein riesiges Bronzebecken für den Tempelhof, zwei große eherne Säulen – Jachin und Boas – und allerlei Töpfe und Gefäße.

Hiram, der Meister des Metallhandwerks, ist und war für die Freimaurer eine Gestalt von ungeheurer Bedeutung. Ihrer Tradition nach wurde Hiram von drei seiner Assistenten begleitet, die ihn kurz nach Vollendung seiner Arbeiten am Tempel ermordeten. Dieses Ereignis wird während der Initiationsriten für den Grad des Meisters jedesmal wieder in Erinnerung gerufen. Jeder neue Meister muß dabei die Rolle des Mordopfers spielen und dessen Tod symbolisch durchleiden: »Der zu Initiierende liegt mit verbundenen Augen auf dem Boden und hört, wie die drei Mörder beschließen, ihn bis Mitternacht in einem Schutthaufen zu begraben und den Leichnam sodann vom Tempel fortzuschaffen. Der Kandidat wird in eine Decke gewickelt und an die Seite des Raumes gebracht, womit das Begräbnis des Hiram Abiff symbolisiert wird.«[30]

Es scheint, als könnten wir wahres Wissen, das für uns selbst und unsere Beziehung zu anderen Menschen und zur Erde wichtig ist, nicht anders erlangen als im Verlauf einer geistigen Wiedergeburt, die sich in der Einweihung durch Tod und Auferstehung ereignet. Dies ist das große Geheimnis aller antiken Mysterienkulte gewesen und fester Bestandteil des freimaurerischen Rituals.

Auch das Todeserlebnis wird in Kauf genommen, um den *alten*, noch uneingeweihten Adam absterben zu lassen, damit der Mensch in ein neues Dasein treten kann. Es ist das bekannte

---

[30] Zit. aus: Graham Hancock: Die Wächter des Heiligen Siegels – Auf der Suche nach der verlorenen Bundeslade. Bergisch Gladbach 1994, S. 342

Stirb-und-Werde aller wahren Initiationskulte – eine Zeremonie, die Leben und Tod als zwei Seiten einer Münze betrachtet –, eine hermetische Sicht der Dinge, die bereits die alten Ägypter in ihren Pyramiden und Tempeln praktiziert hatten. Durch dieses Ritual wird der Tod relativiert und seine Macht ein für allemal gebrochen. Diese rein geistige Wiedergeburt eröffnet zugleich den Zugang zu einer Seinsweise, die der zerstörerischen Wirkung des Todes und der Zeit entzogen ist.

Um die Legende und das sich daraus entwickelnde Ritual bei der Initiation des Meisters voll und ganz zu verstehen: Hiram Abiff ersteht nicht neu, sondern sein Fortleben wird in jedem neuen Meister gesichert. Diese *Auferstehung* erfolgt nach der rituellen Auffindung des toten Meisters auf diese Weise: »Der Meister vom Stuhl (Vorsteher einer Loge) ergreift die rechte Hand des Toten, den die Aufseher an den Schultern fassen und aufrichten. Aufrecht stehend begegnet er den fünf Punkten der Vollkommenheit: Gesicht an Gesicht, rechten Fuß gegen rechten Fuß gesetzt, Knie gegen Knie, Brust gegen Brust, die rechten Hände verschlungen, den linken Arm über die Schulter gelegt; in dieser Stellung flüstert er ihm das geheimnisvolle Meisterwort zu und spricht ihn an: Moabon (Sohn der Verwesung). Hiram ist wiedererstanden. Er lebt neu in dem Eingeweihten.«[31] Danach erhält der neue Meister – es ist dies der dritte Grad von insgesamt 33 zu erlangenden Graden – die Insignien seines Grades: Richtschnur, Zeichenstift und Zirkel. Sein zweiköpfiger Meisterhammer erinnert an die altkretische Doppelaxt und an den griechischen Buchstaben *Tau*.

Hiram Abiff selbst ruht der Legende nach unter einer abgestumpften Pyramide, die zur Hälfte aus weißem und zur Hälfte aus schwarzem Marmor besteht. Als Inschrift stehen die hebräischen Buchstaben: J.B.M. (Jachin, Boas, Meister, wobei Jachin und Boas die zwei wichtigsten Säulen des Salomonischen Tempels bezeichnen). Drei unbehauene, quaderförmige Steine um-

---

[31] Zit. aus: Hans Biedermann: Das verlorene Meisterwort – Bausteine zu einer Kultur- und Geistesgeschichte des Freimaurertums. München 1988, S. 123

geben sein Grab – Symbol für sein unvollendetes Werk. Hiram ist ein Stein am Bau des gewaltigen Tempels der Menschlichkeit, den zu errichten sich die Freimaurer als Ziel setzen.

Ich habe Legende und freimaurerischen Ritus deshalb etwas ausführlicher wiedergegeben, weil sie zum einen der Bruderschaft der *Kinder Salomons*, sicherlich aber den eingeweihten Tempelrittern nicht unbekannt gewesen ist. Angeblich sollen die Freimaurer ja erst 1717 in London durch den Zusammenschluß von vier Logen entstanden sein. Wie aber kann man sich dann jenen Fund erklären, den israelische Archäologen 1991 auf dem ehemaligen Templerfriedhof der Festung Athlit machten? Athlit wurde 1218 erbaut und mußte 1291 aufgegeben werden. Auf dem Friedhof entdeckten die Archäologen ein Grab, das neben der üblichen Darstellung eines Schwertes, wie es für ein Templergrab typisch ist, die Darstellung von Winkelmaß und Lot aufwies. Ein weiteres Grab zeigte ein Kreuz, Winkelmaß und Hammer. Diese beiden Gräber sind der früheste Beweis für Freimaurersymbole auf Templergrabsteinen. Ähnliche Grabsteine tauchten in Reims auf, wo sie auf das Jahr 1263 datiert werden konnten. Ein weiterer Grabstein wurde im früheren Templerordenshaus *Bure-les-Templiers* 70 Kilometer nördlich von Dijon entdeckt, wo man ihn noch heute in der Kirche des Ortes bewundern kann. Diese Grabsteine machen deutlich, daß es eine sehr frühe geistige Verbindung zwischen den Templern und der Freimaurerei gegeben hat, wenngleich man hier auch an die intensiven Beziehungen zwischen den *Kindern Salomons* und dem Orden denken kann. Dann aber wäre diese Baubruderschaft so etwas wie der Vorläufer der Freimaurer gewesen, was nicht ganz auszuschließen ist, denkt man an die andere Bezeichnung, die sich die *Kinder Salomons* ebenfalls gaben, nämlich: *Gesellen der Freiheit.* Ich bin auf Verbindungen zwischen Templern und Freimaurern in der Zeit nach Auflösung des Ordens 1312 in Schottland gestoßen, und auch dort hauptsächlich auf alten Friedhöfen aus jener Epoche. Das Thema wird uns später noch einmal interessieren, wenn es um die Nachfolger der Tempelritter geht.

Und haben die Erde vermessen ...

Je tiefer ich mich mit den Geheimnissen der Templer befaßte und mich an ihre Fersen in Frankreich und Spanien heftete, auf desto unglaublichere Dinge stieß ich. Ich wußte, daß bereits die antiken Völker ihre Tempel und heiligen Plätze nicht einfach irgendwo in die Landschaft hineinsetzten, wie wir das heute tun, sondern für heilige Gebäude auch immer einen einzigartigen Platz suchten. Die Alten wußten, daß Gaia, die Erde und Urwahrsagerin, von Kraftlinien (gleich Nervensträngen) durchzogen ist, und nichts von Menschenhand Errichtetes darin isoliert stehen kann. Alles und jedes bildet immer zusammen mit Schreinen, Säulen, Wegen, Bäumen, Flüssen und Bergen eine heilige Landschaft, die aus dem ganzen Land einen großen Tempel macht. So erlebten es die Ägypter und die Griechen, und nicht anders sahen es die Templer beziehungsweise ihre hermetischen Baumeister. Es existiert ein unsichtbares Feld des Geistes in Zusammenhang mit der physischen Ebene der Landschaft; die Geomantie behandelt die Erde in gleicher Weise wie die Medizin den Körper. Energien fließen hier wie dort, positive und negative, und der beste Platz für Bauwerke ist jener Ort in einer Landschaft, der Männliches und Weibliches in sich vereinigt, wo somit Gaias Kraft am größten ist.

Dies ist die geistige Seite, um die richtige Wahl für den richtigen Standort eines Gebäudes zu treffen. Daneben gibt es auch noch eine materielle, die aber wiederum auch Hermetik erkennen läßt. Davon, daß im Norden Frankreichs alle Notre-Dame-Kirchen so im Raum errichtet wurden, daß sie auf der Erde das Sternbild Jungfrau abbilden, habe ich schon gesprochen. Daneben fiel mir auf, daß sich bestimmte den Templern heilige Plätze fast genau auf demselben Breiten- oder Längengrad befinden, wie es Eunate und Lanleff oder auch Taüll mit der Gralsträgerin und die Kirche von Montsaunès mit ihren eindrucksvollen Fresken tun, die die geistigen Wurzeln der Freimaurerei im Templerorden zeigen. Ebenso wurden sieben Kirchen, die um Rennes-le-Château liegen, im selben Abstand zueinander errichtet. Ein

Pilgerpfad wie der nach Compostela – einer der Wege, die zugleich Initiationswege sind – führt längs des 42. Breitengrads. Der von Chartres beginnt im Elsaß und führt längs des 48. Breitengrads u.a. an Domremy (Geburtsort von Jeanne d'Arc) und einem Dorf namens Sion (!) vorbei, durch eine Megalithenzone nach Alençon, danach am berühmten Tempel von Lanleff und von dort tiefer nach Armorika (keltischer Name für die Bretagne), um oberhalb der Insel der Seligen, *Sein*, von wo aus sich die Druiden nach Avalon verabschiedeten, zu enden. Der Pilgerpfad von Canterbury führt über Stonehenge und Glastonbury nach Barnstaple längs des 51. Breitengrades, auf dem auch die belgische Stadt Gent liegt, in der sich die Antwort auf die Frage nach dem Heiligen Gral befinden soll.

Robert K.G. Temple wies in seinem Buch »Das Sirius-Rätsel« darauf hin, daß sich die wichtigsten antiken Orakelzentren wie Dodona, Delphi u.a. jeweils auf von ihm so bezeichneten *Orakeloktaven* finden lassen, die allesamt nur einen halben Breitengrad auseinander liegen. Diese Oktave beginnt bei 31.30 Grad in Ägypten und endet bei 39.30 Grad. Auf diesem letztgenannten Breitengrad liegen sowohl der Berg Ararat als auch das Zeus-Orakel Dodona in Nordgriechenland. Bezogen auf das, was ich oben angemerkt habe, könnte man den 39. Breitengrad als von uns aus gesehen südlichsten Initiationspfad betrachten. Drei Breitengrade weiter käme der 42. Zwischen dem 48. und 51. Breitengrad sind ebenfalls drei Breitengrade Abstand. Es fehlt also der 45. Breitengrad, um die Reihe perfekt zu machen. Und es ist interessant, daß längs dieses Breitengrads, den die Geschichte nicht als Pilgerpfad kennt, Turin, Lascaux, Domme und Le Puy liegen.

Auch die Vorfahren der heutigen Menschen haben diese *Sternenpfade* von Ost nach West, also dorthin, wo die Sonne untergeht und das Land der *ewigen Jugend* liegt, als Initiationswege gekannt. Alle vier Pfade sind mit Megalithen gleichsam übersät und zeugen somit von der Vorstellung der Alten, daß es sich seit Urzeiten um *heilige Pfade* handelt. Daß ich sie *Sternenpfade* nenne, liegt daran, daß der Weg nach Santiago de Compostela der Überlieferung nach die Milchstraße ist, die unseren Himmel im Abendland bis zum *Sternbild des Großen Hundes* überzieht. Zudem weisen viele Ortsnamen wie Les Eteilles, Estillon, Lizarra (baskischer Name für Stern) oder Puig des tres Esteilles auf die Sterne hin.

Längs dieser *Sternenpfade* haben sich auch die Templer gerne niedergelassen und ihre Kirchen, Kapellen und Kommandaturen errichtet. Mir fiel auf, daß dabei Lage und Ort niemals dem Zufall überlassen waren. Auf die merkwürdige Nähe zu Ortsnamen mit *épine* (Dorn) und Teichen habe ich bereits hingewiesen. Mitunter scheint es aber auch, als hätten die Templer das Land zuvor vermessen, um sich exakt an ganz bestimmten Punkten darauf niederzulassen.

Es ist verblüffend, aber anscheinend haben sie die Erde vermessen können – wie und mit welchen Mitteln weiß niemand. Längen- und Breitengrade waren den Menschen des Mittelalters unbekannt. Selbst unsere arabischen Zahlen wurden erst ab dem 14. Jahrhundert im Abendland benutzt.

Die Kapelle St. Bartolomé in Nordspanien liegt genau in der Mitte zwischen zwei Meeren.

Der Kompaß kam im Abendland erst Ende des 12. Jahrhunderts in Gebrauch. Aber reicht solch ein Gerät aus, um das bewerkstelligen zu können, was die Templer gemacht hatten? Wie also stellten sie es an, daß sie eine kleine Kirche, wie die von San Bartolomé südöstlich von Burgos in Spanien, exakt so plazieren konnten, daß sie haargenau 527,127 Kilometer vom Kap Creús im Osten der iberischen Halbinsel und noch einmal genau dieselbe Entfernung vom

Kap Finisterre im Westen entfernt liegt? Denn wenn man beide Kaps mit einer geraden Linie verbindet und diese Linie in der Mitte teilt, dann führt die senkrechte Achse punktgenau durch den Standort San Bartolomé. Verbindet man die Kapelle im Canyon des Rio Lobos mit den beiden Kaps, dann ergibt sich der genaue Abstand von jeweils 527,127 Kilometer. Sensationell!

Solches setzt hervorragende Kenntnisse der Geographie voraus, obwohl wir uns erst in der Mitte des 12. Jahrhunderts befinden, denn die erste Kirche wurde hier in San Bartolomé 1170 errichtet und 1230 durch den Orden in die heutige Konstruktion umgebaut. Warum ausgerechnet an dieser Stelle, frage ich mich, denn es führte weder eine Handels- noch eine Pilgerstraße vorbei? Weithin sichtbar ist das Tatzenkreuz am Giebel des Gotteshauses, und am Portal blicken den Besucher zwei männliche Köpfe mit merkwürdig abgeflachtem Haupt an, die konzentrische Kreise aufweisen. Sinnbild für höchste hermetische Erkenntnis? Islamische Ornamente neben denen des Templerordens belegen ein einträchtiges Miteinander – zumindest für den religiös-kulturellen Bereich. Fast wäre ich enttäuscht gewesen, wenn ich das Siegel Salomons an dieser Initiationskirche des Ordens, denn für eine solche halte ich sie, nicht vorgefunden hätte. Das auffällige Symbol wurde in San Bartolomé jedoch außen so geschickt angebracht, daß man es erst als solches erkennt, wenn man sich bereits im Tempelinnern aufhält. Am südlichen Querhaus befindet sich eine Fensterrosette aus fünf herzförmigen Rosenblättern. So sieht man es von außen! In der Kirche verwandelt sich diese Rosenrosette in das Siegel Salomons, was bei einem ganz bestimmten Lichteinfall noch wirkungsvoller erscheint.

Die Wahl des Standorts der Kapelle zeigt, daß die Stelle von jeher für die Menschen dieser Gegend bedeutend gewesen war. Denn keine 200 Meter von San Bartolomé entfernt steht ein großer Megalith. Untersuchungen haben ergeben, daß zwischen diesem Megalithen und der Ostecke des Querschiffs eine direkte ununterbrochene Linie in Richtung magnetischer Nordpol verläuft, die innerhalb der Kirche auf einen Stein mit einer Windrose trifft, nach dem die Templer die Koordinaten für den

Grundriß des Gebäudes bestimmt haben sollen. Festzustellen bleibt, daß die Baumeister des Ordens die Kapelle San Bartolomé exakt nach dem Megalithen ausgerichtet haben. Wenn man alles zum Standort bereits Gesagte berücksichtigt, und dann noch erfährt, daß sowohl Megalith wie San Bartolomé selbst mit nur einem vollen Längengrad Abweichung zu Stonehenge stehen, dann muß man einfach zugeben, daß die Erde nicht erst zu Zeiten der Mönchsritter vermessen worden war, sondern erheblich früher: im Megalithikum – wie auch immer man das damals angestellt haben mag. Aber auch die Frage, woher die *Kinder des Maître Jacques*, die Baumeister des Ordens, diese Kenntnisse hatten, kann eindeutig geklärt werden. Sowohl sie als auch die *Kinder Salomons* haben sich immer auf die Traditionen und das geheime Wissen Ägyptens und auf den Mondgott Thot berufen, der sein überragendes Wissen nur den Würdigsten unter den Menschen hinterlassen haben soll. Zugleich ist bekannt, daß Ägypten in pharaonischer Zeit *To-Mera* geheißen hat, was soviel bedeutet wie *Land, das vermessen wurde*. Diesen nicht unerheblichen Hinweis verdanke ich dem Aufsatz »Notes on the relation

Das Siegel Salomons an der Kathedrale von Alet-les-Bains im Roussillon.

of Ancient Measures to the Great Pyramid« von Professor Livio Catullo Stecchini.

Auch San Bartolomé ist Anziehungspunkt für Schatzsucher gewesen, die hier den sagenhaften Templerschatz noch bis in unser Jahrhundert hinein vermutet hatten. Zahlreiche Höhlen am Rio Lobos hatten endlose Spekulationen darüber ausgelöst. Ohne Erfolg! Was man dagegen in San Bartolomé finden kann, ist ein anderer, weitaus wichtigerer Schatz: ein spirituelles Zentrum für die Eingeweihten des Ordens (ähnlich wie Eunate, Montsaunès, Lanleff u.a.), errichtet nach den Grundsätzen *magischer Geographie.*

Assassinen – Feinde und Freunde der Templer?

Der esoterische Islam steht in der Tradition der Gnostiker, der babylonischen Astrologie, der zoroastrischen Magie und vor allem der altägyptischen Geheimlehren. Der politisch-religiöse Orden der Assassinen gehörte geistig zu den Ismaeliten, die wiederum eine Unterströmung der Schiiten bildeten. Man fragt sich, welch seltsamen Zusammenhang es zwischen Templern und Assassinen gegeben hat, außer daß letztere *naturgemäß* ihre Feinde gewesen sein müßten. Überraschenderweise war der Templerorden fast identisch strukturiert wie der Orden der Assassinen und verwendete sogar dieselben Farben: Rot und Weiß. Zudem scheinen beide eine gemeinsame gnostische Grundlage besessen zu haben – Grund genug, um sich die Assassinen einmal etwas genauer anzusehen.

Sie waren Mitte des 11. Jahrhunderts gegründet worden und damit etwas älter als der Templerorden. Ihr Hauptsitz war die Festung Alamut im Iran, südlich des Kaspischen Meeres, die unter dem Scheich Hassan Sabah erbaut worden war. Der wesentliche Reichtum von Alamut bestand nicht nur aus einer äußerst leistungsfähigen Sternwarte, sondern vor allem aus seiner unvergleichlichen Sammlung von wissenschaftlichen, religiösen, philosophischen und esoterischen Werken. Diese Bibliothek des geheimen Wissens wurde leider im 13. Jahrhundert von den Mongolen verbrannt.

Die syrischen Assassinen hielten sich auf der Festung Masyaf auf, wo sie von ihrem Anführer Scheich El Djebel, auch der *Alte vom Berg* genannt, zu ihren mörderischen Aufträgen in alle Himmelsrichtungen losgeschickt wurden. Aus diesem Grunde wurde ihr Name in den romanischen Sprachen zum Synonym für *Meuchelmörder*. Daß sie Tötungsaufträge durchführten, ist vielfach belegt. So fiel ihnen der designierte Thronfolger Conrad de Montferat 1192 zum Opfer. Mitunter arbeiteten sie sogar für den Hospitaliterorden und erfüllten dessen Mordaufträge an Menschen, die dem christlichen Orden im Heiligen Land nicht genehm waren.

Über den Ursprung ihres Namens kursieren zwei Theorien. Eine gängige Erklärung leitet den Begriff Assassinen von *Haschisch* ab, durch das sich die Mitglieder des Ordens eine Bewußtseinserweiterung erhofften. Nicht wenige Autoren, die über diese spezielle muslimische Sekte gearbeitet haben, sind der Ansicht, daß sich die Assassinen durch den Genuß von Haschisch sinnliche Eindrücke vorgaukeln wollten und sich durch Drogen in ein *künstliches Wunderland der Sinne* zurückzogen. Der *Alte vom Berg* vermittelte ihnen durch die Droge die Vorstellung, bei ihm im Paradies zu sein, und entzog sie ihnen jedesmal, wenn sie mit einem seiner tödlichen Aufträge unterwegs waren. Durch die Konfrontation mit der harten Wirklichkeit seien sie dann in einen wahren Mordrausch gekommen, um nach einem erfolgreich durchgeführten Auftrag in ihr *Haschischparadies* zurückkehren zu dürfen.

Vermutlich haben sich christliche Autoren diese Mär ausgedacht, um die ihrer Meinung nach völlig amoralischen Assassinen für sich einordnen zu können. Heutzutage ist die Wirkung des verhältnismäßig schwachen Rauschmittels längst erforscht, so daß wir für die obige Annahme keinen Grund sehen. Eher ist zu vermuten, daß die Assassinen pflanzliche Drogen kannten

(*Mandragora* und *Alraunmännchen*) – wie die weisen Frauen zu allen Zeiten –, mit denen sie die Beschränktheiten ihres Körpers zeitweise aufheben konnten. Für christliche Ordensritter sicherlich anfangs eine völlig abseitige Vorstellung!

Exkurs: Templer und Drogen?

Wir wissen, daß die Templer nicht nur feindliche Begegnungen mit den Assassinen hatten. Warum sollten sie nicht auch die Erfahrung von Drogen bei ihnen gesucht und gefunden haben? Niemand kann das letztlich beweisen, aber eine Sache, die bislang kaum aufgefallen ist, stimmt nachdenklich. Hugo de Payens schenkte nach seiner Rückkehr aus dem Heiligen Land im Jahre 1114, also sechs Jahre vor der Gründung des Templerordens, dem Orden von Cîteaux im Wald von Bar-sur-Aube ein Gebiet, das unter dem Namen *Tal des Absinth* bekannt war. Auf diesem Grund wurde die Abtei von Clairvaux errichtet, deren erster Abt bekanntlich Bernhard gewesen ist. Stutzig gemacht hat mich der Name des Tals von jeher. Warum gerade Absinth? Ein Männername? Oder steckt mehr dahinter? Warum wurde die Abtei von Clairvaux ausgerechnet im *Tal des Absinth* errichtet? Seit der Antike ist Absinth bekannt als eine magische Pflanze, welche die Eingeweihten bei den Mysterien des Osiris und der Isis in der Hand trugen.
Ob es sich dabei um Wermut handelte, ist nicht sicher. Interessant ist auch, daß Absinth bzw. Wermut in der Offenbarung des Johannes erwähnt wird: »Und der Name des Sternes heißt Wermut. Und der dritte Teil der Wasser war Wermut, und viele Menschen starben von den Wassern, denn sie waren bitter geworden.« (Joh. 8,11)

Es ist anzunehmen, daß Wermut eher ein Bild für einen beunruhigenden Zustand oder eine gewaltige Katastrophe war. Wenn er mit Absinth gleichgesetzt wird, läßt uns das Überlegungen in verschiedene Richtungen anstellen. Bezogen auf die Apokalypse wäre Absinth das von Gott eingesetzte *Ende aller Zeiten*, zu dem zumindest Bernhard von Clairvaux eine besondere Beziehung hatte. Immerhin schrieb er eine ergreifende Biographie über den irischen Mönch Malachias (1094 - 1148), dessen hellsichtige Vi-

sionen der Menschheit eine Liste über die Nachfolger Petri vom
Pontifikat Anastasius' IV. bis zum heutigen Tage anvertrauten. Zum
anderen kann *Absinth* bedeuten, daß der Genuß von bewußtseinser-
weiternden Drogen – zum Beispiel in Plättchenform gepreßtes Harz
des indischen Hanfes *(Cannabis sativa)* – ausschließlich für einen
auserwählten Kreis von Templern zur Geheimlehre dazugehörte.

Aber zurück zu den Assassinen. Sinn und Ursprung ihres Namens
sind nach wie vor nicht eindeutig geklärt. Von *Haschschachin* wollen
ihn einige ableiten, was soviel wie *verrückt* bedeutet. Autoren wie
Gérard de Sède und Patrick Rivière meinen glaubhaft belegen zu
können, daß Assassine von *Assacine* stamme, dem Plural von *Assas*
– was soviel wie *Hüter* oder *Wächter* bedeutet. Das wirft jedoch die
Frage auf, ob damit nun Wächter eines Landes oder einer Weisheit
oder gar beides gemeint sein kann. Andere Autoren, die darüber
gearbeitet haben, weisen zu Recht darauf hin, daß sich die Assassinen selbst als *Fedaijin*, die *Opfernden*, bezeichneten, was ihrem Wesen ganz nahe kommt. Aber die Überlegung, daß sich die Assassinen als Wächter wovon auch immer gefühlt haben, rückt sie einmal mehr in die Nähe der Templer. Vordergründig waren die
Templer ja die Wächter der Heiligen Stadt Jerusalem und der Pilgerwege in Palästina, auch wenn sie diese Aufgabe eher mangel-
haft versehen haben. Bei Wolfram von Eschenbach (1170 – 1220)
werden sie eindeutig zu den Wächtern des Heiligen Grals gezählt.
In seiner berühmten Parzivallegende sind die Templer die wahren
und einzigen Hüter einer geheimen Tradition. Wußte Wolfram
von Eschenbach vielleicht mehr über den Orden mit dem roten
Tatzenkreuz und vor allem über seinen besonderen Umgang mit
den Assassinen, die offensichtlich auch Hüter von geheimem Wissen gewesen sind? Daß die Assassinen ein initiatorischer Orden
waren, ist allgemein bekannt. Zahlenmystik, Gnosis und Kabbala
bildeten den Kern ihrer Lehren. »Nichts ist wahr, und alles ist erlaubt«, soll ihr Wahlspruch geheißen haben. Eine solch radikale
und dennoch weise Einstellung erinnert an die Illuminaten des 18.
Jahrhunderts oder an den Großmagier Aleister Crowley. Um 1250
wollte der regierende Scheich der Assassinen bestimmte Kultprak-
tiken abschaffen. Diese geheimen Praktiken hatten mit der Initiation bei der Aufnahme in die Bruderschaft zu tun. Vermutlich ging
es dem Scheich darum, den Orden zu *modernisieren*, wie wir es
heute nennen. Aber damit löste er eine starke Gegenwehr in den
eigenen Reihen aus. Am Ende wurde er von seinem eigenen
Schwager erdolcht.

Was die Tempelritter an den Assassinen gleichermaßen bewundert und fasziniert haben muß, war deren unverbrüchliche Treue zu ihrem Großmeister, dem *Alten vom Berg*. Es gibt Überlieferungen, die belegt scheinen, daß sich die Assassinen auf ein Wort des *Alten* hin vor den Augen christlicher Gäste das Leben genommen hatten. Diese Treue bis in den Tod hinein fand sogar Eingang in die Minneliteratur. So heißt es bei Bernart de Bondeils: »Wie die Assassinen ihrem Meister standhaft dienen, so habe ich Amor gedient in unverbrüchlicher Treue.«[32] Und ein anderer Minnesänger schreibt: »Die Liebe zu meiner Dame gleicht einem Assassinen, der mich tötet.«[33]

So viel Hingabe hat die Menschen zu allen Zeiten tief bewegt, und es ist anzunehmen, daß die Assassinen in diesem Punkt für die Templer ein großes Vorbild gewesen waren. Wie alle anderen Mönche auch leisteten die Templer das Gehorsamkeitsgelübte. Doch nach wie vor bestand bei ihnen der Unterschied zu einem regulären Mönchsorden darin, daß sie zugleich Soldaten waren, die in den Tod gehen mußten, wenn es von ihnen verlangt wurde. Die Struktur der ismaelitischen Bruderschaft, die wie sie im Geistig-Religiösen wurzelte, wird für sie Modellcharakter gehabt haben. Daß die Templer erst durch die Assassinen in Kontakt mit gnostisch-hermetischem Wissen gekommen sind, darf dagegen nach allem, was wir bisher gesehen haben, zu Recht bezweifelt werden. Vielleicht hat man sich über bestimmte Fragen sogar ausgetauscht? Vielleicht ist man Hinweisen auf ein gemeinsames Erbe in bezug auf die ägyptischen Mysterien nachgegangen? Vielleicht sah man eine geistige Verwandtschaft bezüglich eines Wächteramts bzw. als Hüter einer geheimen Tradition? Das ist sicherlich alles denkbar. Aber auf keinem Fall hat der Templerorden erst durch die Assassinen zu seinem initiatorischen Wissen gefunden!

Nachzutragen ist noch, daß die Assassinen dem Templerorden vorausgegangen sind, 1256 wurde zuerst der persische Teil der Assassinen durch die Mongolen zerschlagen und 1277 der syrische. 1307 wurden die Templer inhaftiert, 1312 ihr Orden aufgelöst. Der dunkle Bruder – bezogen auf die Aggressivität – verließ zuerst die Weltbühne.

---

[32] Zit. aus: Allan Oslo: Die Geheimlehre der Templer. Düsseldorf 1998, S. 140
[33] Zit. ebd.

Der Yogin-Templer von Meaux und andere Besonderheiten der Templer-Ikonographie

Meaux, 20 Kilometer östlich von Paris, ist alles andere als eine schöne Stadt. Die Kelten haben die Gegend um Meaux vermutlich wegen ihrer Megalithgräber und Menhire bevorzugt und verschiedene Zeugnisse ihrer Gegenwart vor 2000 Jahren hier zurückgelassen. Heute erinnern daran einige Straßennamen wie die *Rue du Grand Cerf* (Straße des Großen Hirsches), ein den Kelten äußerst heiliges Tier, das zugleich auf ihren gehörnten Gott *Cernunnos* verweist. Hinzu kommt, daß Meaux aus der Luft betrachtet tatsächlich ein keltisches Kreuz darstellt. In der Mitte der Stadt erhebt sich eine der ältesten gotischen Kathedralen der Welt – Saint-Etienne –, die im 12. Jahrhundert von den Baumeistern, den *Kindern des Maître Jacques* und den *Kindern Salomons,* errichtet worden war. Eine Regel dieser liberal denkenden Bauleute, für deren Schutz die Templer sorgten, lautete: »Auf drei Tischen wird der Heilige Gral getragen. Der erste ist rund, der zweite quadratisch und der dritte rechteckig, weil er aus zwei Quadraten geformt wird.«[34]

Das Geheimnis ihrer Maßzahl ist damit gelöst. Das Maß, mit dem sie alles berechneten, war 2 + 1 oder besser zwei zu eins; nach ihm sind alle Kathedralen, aber auch die Pyramiden Ägyptens errichtet worden. Von diesem Maß 2:1 gelangt man sehr schnell zur berühmten goldenen Zahl 1,618, indem man eine Seite des Rechtecks um dieselbe Länge verlängert und sie durch 2,1 dividiert. Zudem fällt mir auf, daß die Proportion 2:1 an das Templersiegel erinnert: zwei Ritter auf einem Pferd.

Wer heute die geschichtsträchtige Kathedrale von Meaux besucht, wird sicherlich über ihren schlechten baulichen Zustand erschüttert sein. Zwar wird seit einiger Zeit versucht, Maßnahmen

---

[34] Zit. aus: Robert Graffin: L'art Templier des Cathedrales. Paris 1993, S. 107

gegen den offensichtlichen Verfall des großen Gotteshauses zu treffen, aber es hat fast den Anschein, als käme man Jahrzehnte zu spät. Dabei ist gerade diese Kathedrale ein initiatorisches Zentrum, erkennbar an dem Templer am *Porte aux Lions*, der in der einen Hand das berühmte *Glockenrad* oder *tosende Rad* hält, das ich sowohl in einigen Kirchen der Bretagne als auch in der Kirche von Inca auf Mallorca gefunden habe. Das *Rad der Initiation* geht bis auf die Ägypter zurück, die aus seinem Lauf die Zukunft vorhersagen wollten.

Nach Frankreich und zu den Kelten, die es ebenfalls kannten, soll dieses Rad durch den Gnostiker Simon Magus gelangt sein. Die Templer hatten das mächtige Symbol des sich drehenden Weltenrades offensichtlich in ihre eigene Geheimlehre aufgenommen, und es wird deutlich, daß sowohl keltische wie auch gnostische Elemente in sie eingeflossen sind.

Der in sich ruhende Templer mit dem Welten-Rad in Meaux.

Die andere Hand des Templers an der Außenfassade von Saint-Etienne liegt auf seinem Herzen. Damit zeigt er an, daß er in sich selbst ruht und seine Mitte gefunden hat. Das ist der spirituelle Schatz des Ordens der Mönchssoldaten! Nach ihm zu suchen ist wesentlich interessanter als nach materiellem Reichtum, der irgendwo versteckt in der Erde oder in den Gewölben einer ehemaligen Templerfestung liegen soll. Über dem Templer mit dem Rad hockt auf einer Bank ein anderer, der in seiner linken Hand ein Schild festhält, auf dem das Rosenkreuz zu sehen ist, und zwar genauso gestaltet, wie ich es 1000 Kilometer weiter südlich in den Pyrenäen im Kloster San Juan de la Peña vorgefunden habe. In diesem Kloster wurde die heilige Gralsschale verwahrt, und nur hier liegen im *Pantheon der Edlen* jene Gralsritter beerdigt, die für ihren Schutz zwischen 1009 und 1325 zuständig gewesen waren.

Die Kathedrale von Meaux gleicht auf den ersten Blick eher einem Trümmerhaufen und ist keineswegs mit den überaus gut besuchten Kathedralen von Paris oder Chartres zu vergleichen. Ich kann mir durchaus vorstellen, daß sich kaum ein Tourist zum Gotteshaus nach Meaux auf den Weg macht. Dabei gleicht Saint-Etienne in Meaux einem Kleinod, das nur zu gern übersehen wird. Ich selbst komme aus dem Staunen über die Offenbarungen, die uns dieses Bauwerk schenkt, nicht heraus. Und auch hier stoße ich auf die heilige Bundeslade. Im Gegensatz zu Chartres oder Saint-Denis ist die Lade nicht aus Stein gemeißelt, sondern hat Eingang in ein herrlich gearbeitetes Kirchenfenster gefunden, in dem ich sogar den alchemistischen *Athanor* entdeckte, jenen *Brennofen*, in dem alles *Unreine* in Gold verwandelt wurde. Hier macht sich wohl die Nähe zu Paris bemerkbar, das im 10. Jahrhundert bereits *Hauptstadt der Alchemie* genannt wurde. Die Alchemisten bevorzugten Paris, »weil der Name der Stadt von der Göttin Isis herrührt«, erklärte der Mönch Abbon um 980. Die Templer förderten die Gotik sowohl mit finanziellen Mitteln als auch, indem sie Baumeistern wie den *Kindern Salomons* ermöglichten, esoterische Vorstellungen durch bildhafte Darstellungen an den Gebäuden anzubringen. Und so stößt man auch hier auf das Siegel Salomons, den sechszackigen Stern, der sich auch im Chorgestühl des Kölner Doms wiederfindet. Denn es gehörte zur liberalen Religiosität der *Kinder Salomons* und der *Kinder des Maitre Jacques* (deren Signatur im übrigen Eichenblätter sind), jede Kathedrale als Stätte für viele Götter, Geister und Heilige zu erbauen und nicht bloß zur Ehre des christlichen Gottes. Und so wimmelt es auch am Kölner Dom teils augenfällig, teils verborgen von Götzen und Dämonen, von esoterischen Symbolen und alchemistischen Zeichen, die uns die genialen mittelalterlichen Baumeister hinterlassen haben. Doch zurück zu Saint-Etienne in Meaux.

Die Kirche bietet aus meiner Sicht noch mehr Überraschungen als jede andere Kathedrale, die ich kenne. Bei ihr haben die

Templer aus ihrer Geheimlehre keinen Hehl gemacht. Sie ließen darstellen, sichtbar machen, wovon sie bewegt waren, darunter auch Rätselhaftes wie ein Widder oder ein Lamm, das auf einem Buch liegt und dabei einen Schlüssel zwischen seinen Gliedern bewahrt. Das Buch selbst ist recht umfangreich und wird durch fünf Siegel, die alle das Tatzenkreuz tragen, verschlossen. Enthält es folglich die geheimen Schriften des Ordens, darunter auch jene drei Artikel, die nur Gott, der Teufel und die Großmeister kannten? Sprachen hier die Templer offen aus, daß es solch ein Buch, in dem das esoterische Glaubensbekenntnis der auserwählten Mönchssoldaten geschrieben stand, wirklich gegeben hat? Und was bedeutet das große *M*, das ich über einen kleinen Seiteneingang entdeckte, das aus zwei Schlangenleibern gebildet wird? Ist dieses *M* das Initial von Meaux, Matrona, Mater, Maria, Materia, Maria Magdalena? Oder deuten die Schlangen sowohl auf gnostische als auch auf keltische Wurzeln hin, die man nicht unerwähnt lassen wollte? Am bemerkenswertesten finde ich jedoch zwei Figuren: die eine preßt mit aller Macht einen Stein, nein, es ist ein Schatz in Form einer Kugel, an sich. An dieser Skulptur wird deutlich, daß es den Templern ausschließlich um inneren Reichtum gegangen ist. Aber wie ist dieser zu erlangen? Antwort erhalten wir von einer zweiten Figur. Dort drückt ein Mann mit kurzem gelocktem Haar die rechte Hand gegen seine Kehle. Ist er ein Templer, ein Mönch? Wir wissen es nicht. Aber er will mit den Rittern, die sich ebenfalls in seiner Nähe befinden, in Zusammenhang gebracht werden. Daß er sich nicht selbst erwürgen will, wie manche vielleicht denken mögen, ergibt sich schon aus der Tatsache, daß ihm das mit nur einer Hand wohl kaum gelingen wird. Was also will er uns, den Betrachtern, damit anzeigen? Er ist sicherlich die erstaunlichste Erscheinung an der Kathedrale von Meaux. Es ist durchaus bekannt, daß die eingeweihten Templer bestimmte Yogatechniken kannten und auch beherrschten. Vielleicht kann man sich so auch die Gelassenheit und auch die angebliche Schmerzlosigkeit des Jacques de Molay erklären, der stumm auf dem Scheiterhaufen den Flammen widerstand. Bereits jener Templer, der mit einer Hand das *tosende Rad* festhält und die andere dabei auf sei-

nem Herzen ruhen läßt, zeigt an, daß er Meditations- und Yogatechniken beherrscht. Hier nun stoßen wir auf jemanden, der
uns zu verstehen gibt, daß er das Kehlkopfchakra (Visuddha)
kennt. Chakren sind *Energiezentren*, die Energie jeglicher Art
empfangen, transformieren und im Körper verteilen. Man betrachtete sie zu allen Zeiten als *Räder*, wodurch sich ein weiterer
interessanter Interpretationsbezug zu dem Templer mit dem Rad
ergibt.

Templerköpfe am Eingang der Kirche von Montsaunès.

Neben der Kathedrale von Meaux gibt es noch weitere Orte in
Europa, an denen die Templer deutliche Spuren ihrer Geheimlehre hinterlassen haben: Eunate und San Juan de la Peña in
Nordspanien, Lanleff in der Bretagne, und vor allem Montsaunès am Fuße der Pyrenäen. Aber auch in Italien, in der Kirche San Bevignatus von Perugia, stieß ich auf Fresken, die eindeutig von Templern inspiriert worden sind. Bestimmte Motive
waren bei den Mönchsrittern immer wieder beliebt, wie etwa
Mariens Verkündigung. Vögel tauchen in den Bildern häufiger auf
als andere Tiere – sie waren auch bei den Katharern ein gern ge-

sehenes Motiv! –, die in den Templerkirchen fast immer gemeinsam aus einer Schale trinken. Einer hockt dabei links, der andere rechts. Das Motiv erinnert an die beiden Ritter, die gemeinsam auf dem Rücken eines Pferdes reiten. Die Schale, aus der die beiden Vögel trinken, wird manchmal auch als Gral gedeutet, was ich als Interpretation für durchaus zulässig halte. Wenn Tiere abgebildet werden, sind es immer mindestens zwei. Das gilt auch für Schlangen. Sonne und Mond sind als Motiv ebenso beliebt wie Lilien und Heckenrosen. Die Knotenschnur ist ab und zu bildnerisches Motiv, so auch in Meaux. Drachen, Löwen und Löwinnen, ineinander verschlungene Seile und Knoten, Dreiecke mit hebräischen Schriftzeichen und Symbole für die vier Reiche – mineralisch, vegetativ, tierisch und menschlich – sind ebenso häufig verwendete Motive an den Kirchen und Kapellen der Templer.

Das berühmte *fil à plomb* (Senkblei) von Montsaunès, das auf geheime Beziehungen zwischen Templern und Freimaurern verweist.

Initiatorische Templersymbole an der Kirchendecke von Montsaunès.

Die eindrucksvollsten Fresken besitzt die alte Templerkirche von Montsaunès im Tal der Garonne, südlich von Toulouse gelegen. 1156 gegründet, war Montsaunès die *Hauptkommandostelle* der Templer in der Haute-Garonne und dem Pyrenäengebiet. 1180 wurde die Kapelle im romanischen Stil erbaut, die heute im Zentrum des kleinen verschlafenen Dorfes liegt und wie Meaux auf den ersten Blick wenig Eindruck macht. Aber ihre Symbolik bestätigt mehr als alles andere die Beziehungen zwischen Templern und Freimaurern: achtstrahlige Sterne und ein großes rotes Templerkreuz, das von zwei *fils à plomb (Senkblei)* eingerahmt wird.

Neben zahlreichen geometrischen Motiven wie Kreisen, Dreiecken, Quadraten, Rechtecken – allesamt Formen (drei Tische) des Grals für die *Kinder Salomons* – läßt sich auch hier aus der Anordnung der geometrischen Figuren die Goldene Zahl 1,618 ermitteln. Zudem bestimmen astronomische Zeichen wie das Sternbild des Sirius *(Der große Hund)*, das Sternbild des Schützen und die sieben Schüler des heiligen Jakobus verbunden mit sieben

Planeten das besondere Bild dieser Kirche. Montsaunès lag als wichtige Etappe auf dem Pilgerpfad nach Compostela. Ein von einem Kreis umgebenes Kreuz gibt exakt die vier Himmelsrichtungen an, lange vor der Erfindung des Kompasses. Früher soll es in der Kirche eine Schwarze Madonna gegeben haben. Es gibt von ihr eine wunderschöne Darstellung am Eingangsportal. Nicht als Schmerzensreiche hat sie der unbekannte Künstler aus Stein gehauen, sondern als Maria-Sophia, als göttliche Weisheit, und auf ihrem Schoß das göttliche Kind.

Die majestätische Maria-Sophia von Montsaunès.

Ein sehr schönes Chrismon am Eingang von Montsaunès.

Als Sophia wirkt ihre Darstellung an der Kirche auf den Betrachter überwältigend. Maria-Sophia ist die eigentliche Herrscherin über das All, und ich meine gar Isis zu hören, die zu uns spricht: »Ich bin alles, was ist, war und sein wird.«

In der Nähe des Reliefs entdecke ich den Gekreuzigten, wobei das Kreuz auf den Kopf gestellt wurde. Symbol wofür? Für das so andere Christentum der Templer und Bauleute?

Christus am Kreuz, das auf den Kopf gestellt wurde. (Montsaunès)

Die Tempel der Sonne und des Mondes und die Graffiti von Chinon und Domme

Im Sommer 1983 hielt ich mich wieder einmal in der Provence auf. Ich erinnere mich noch genau, daß ich am Morgen des 24. Juli beim Einkaufen über eine Schlagzeile im *Journal de Var* stolperte, die mich elektrisierte: »Le Trésor des Templiers dans le Verdon« (Der Schatz der Templer im Verdon). Ich kaufte das

Blatt und las, daß ein Monsieur Alfred Weysen aus Lavandou in den Schluchten des Verdon auf einen geheimen Templerplatz gestoßen sei, der das Geheimnis ihrer wahren Lehre endlich lüften würde. Nach Weysens Ansicht, so schloß der Artikel, sei die »Suche nach dem Heiligen Gral die Suche nach einem verborgenen astronomischen Wissen.« Darüber hinaus erfuhr der Leser, daß Alfred Weysen eine Zeitlang angenommen hatte, daß sich der Schatz der Templer unter dem Schloß von Valcroz befände, südlich von Castellane. Ausschlaggebend für seine Annahme war ein Buch von Robert Charroux gewesen, in dem dieser von einem gewissen Marcolla berichtet, der in einem alten Gebetbuch seines polnischen Vaters ein Dokument unbestimmten Alters gefunden hatte. Dieses Dokument stamme, so Charroux, aus der Zeit der Templer und enthalte einen unzweideutigen Text: »Unter dem alten Schloß Val de Croix befindet sich der Schatz der Templer. Geh hin und suche den Heiligen und die Wahrheit, die dir den Weg zeigen.«

Also machte sich Alfred Weysen auf die Suche und stieß auf das Schloß Valcroz südlich von Castellane und wenig später in der Kapelle Sankt Thyrse auf das Bild des heiligen Coelestin, mit dem Begriff *Wahrheit* zu seinen Füßen. Einen versteckten Eingang, wie erhofft, zu den Schätzen der *Unterwelt* entdeckte der Forscher trotz umfangreicher Suche nicht. Also ließ er Hellseher, Wünschelrutengänger, Ingenieure kommen, um ihm bei der Auffindung des verborgenen Schatzes zu helfen. Vergebens! Zuletzt setzte Weysen auf Bulldozer und Dynamit. Ebenfalls vergebens! Aber er gab nicht auf. Die Lösung des Rätsels würde sich ganz bestimmt finden lassen! Dann kam ihm der Einfall, daß das Bild des heiligen Coelestin etwas damit zu tun haben könnte. Er fand heraus, daß die ehemaligen Besitzer der Burg im 18. Jahrhundert ein Familienmitglied besaßen, das Großmeister des Illuminatenordens von Avignon gewesen war. Und was war mit dem Bild? Weysen ließ es in Brüssel von Experten untersuchen. Infrarot brachte einen Teil seines Geheimnisses ans Licht. So wurde die Signatur sichtbar: René Hache, ein nicht unbedeutender Freimaurer, ein Eingeweihter, hatte es gemalt. Alfred Weysen glaubte sich der Lösung ganz nahe. Zusätzlich zur Signatur war etwas zutage getreten, was an den *Gorge du Verdon* erinnerte: Linien, Schattierungen, ein möglicher Flußlauf. Weysen wußte, daß für die Templer der Gorge ein heiliger Ort gewesen war. Und welch ein Zufall: Um die Burg von Valcroz gab es in der näheren Umgebung verteilt neun Kapellen – neun an der Zahl, genau wie die Gründer des Templerordens. Und es wurde noch unglaublicher: Alle Initialen der neun Kapellen, die jeweils einem Heiligen geweiht worden waren, ergaben das Wort *templarii.* Alfred Weysen jubilierte. *Templarii* war ein direkter Hinweis auf *die Templer.* Von nun an würde er sich noch intensiver auf die Suche machen. Selbst wenn es Jahre dauern würde. – Und dann war es endlich soweit! Am 23. Juli 1983 teilte er der Presse mit, endlich fündig geworden zu sein, und zwar im Gorge du Verdon! Damals las ich den Artikel mehrere Male, weil er so unglaublich klang. Wo genau der agile Forscher den Schatz der Templer entdeckt haben wollte, verriet er allerdings nicht. Ich war enttäuscht. Aber sieben Tage später, am 31. Juli 1983, erschien ein weiterer Artikel über Weysens Fund. Diesmal hieß es, daß er zwei Tempel entdeckt habe. Der eine sei der Sonne geweiht, der andere dem Mond. Beide seien sie folglich – so Weysen – für den antiken Gott Nereus errichtet worden, den man in der Antike auch unter dem Namen »der Alte des Meeres, der immer die Wahrheit sagt«, kannte.[35]

Leider dürfe niemand die Tempel besichtigen, erklärte der Entdecker in dem Artikel, weil sie leider auf Privatbesitz lägen und der Besitzer jede Untersuchung der Bauwerke strikt abgelehnt habe. Aber Alfred Weysen ließ sich nicht entmutigen. Er machte Archäologen, Historiker und Philosophen auf seine Entdeckung aufmerksam und präsentierte ihnen noch dazu einen sensationellen Fund, den er in der Kapelle Saint Trophine in Robion gemacht haben will und der sich direkt auf den Templerschatz beziehen soll. Auf einer alten Tierhaut von 1313 sind seltsame

---

[35] Nereus ist ein interessanter Gott. Er ist so alt wie die Erde, die zudem seine Mutter ist, und er ist der Zukunft kundig. Trotzdem will er niemandem die Wahrheit darüber mitteilen und ändert deshalb ständig seine Gestalt. Ein der Templer und aller Geheimbünde würdiger Gott!

Symbole und Zeichnungen zu sehen, darunter ein Templerkreuz und der Grundriß einer Kirche. Aber auch den Wahlspruch des Ordens »Non Nobis Domine Non Nobis Sed Nomini Tuo Da Gloriam« (Nicht für uns Herr, nicht für uns, sondern um deinem Namen Ehre zu geben), liest man auf der geheimnisvollen *Karte*. Und ganz erstaunlich finde ich es, daß sich auch jener Spruch, den der Abbé Saunière über den Eingang seiner Kirche in Rennes-le-Château meißeln ließ, auf dem Templerdokument wiederfindet: »Terribilis Est Locus Iste« (Schrecklich ist dieser Ort). Wenn es sich hierbei nicht um eine geniale Fälschung handelt, dann stellt Weysens Fund eine wirkliche Sensation dar.

Meiner Meinung nach handelt es sich dabei um eine Schatzkarte, die Hinweise auf einen ganz bestimmten Ort gibt. Nur, wie ist sie zu lesen?

Damals kam mir zum erstenmal die Idee, daß sich andernorts in ähnlicher Weise Hinweise auf die Templer und ihre besonderen spirituellen sowie esoterischen Vorstellungen finden lassen müßten. Sie schienen mir eine Vorliebe für Rät-

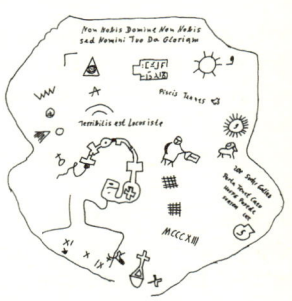

Die Schatzkarte, die Alfred Weysen entdeckt haben will. (Nachzeichnung: F. Terhart)

sel, uralte Symbole und sonderbare Zeichen gehabt zu haben. Ich beschloß, in Zukunft bevorzugt jene alten Templerstätten aufzusuchen, bei denen sich derlei Symbolhaftes aufspüren ließ.

Nachzutragen ist noch, daß sich Alfred Weysen bei seiner Suche im Gorge du Verdon eventuell von einem Buch hat leiten lassen. Es ist auch in Frankreich kaum bekannt, aber ich habe es vor Jahren selbst einmal für kurze Zeit in Händen gehalten. Geschrieben und veröffentlicht hat es Ralph Corbedanne im Jahre 1941 unter dem Titel »Le Dernier Templier« (Der letzte Templer). In ihm geht es um die Wiederauferstehung des Ordens im Gorge du Verdon(!), wo sich nach Meinung des Autors das einstige spirituelle Zentrum der Templer befunden hatte. Auch

Morgane und Merlin tauchen als Personen im Roman auf, ebenso ein unterirdischer Tempel des Heiligen Grals. Interessant ist die Behauptung des Autors, daß Albrecht Dürer und Johann Wolfgang von Goethe Eingeweihte gewesen waren, die von dem Tempel im Gorge du Verdon gewußt hätten. »Der Gral«, so Corbedanne, ist »die wahre Liebe und die Initiation in ein höheres Wissen.« Nicht uninteressant ist, aus welchem Grund der Autor annimmt, daß Dürer ein Eingeweihter in die Ziele des Templerordens gewesen sein muß. Er bezieht sich dabei vor allem auf Dürers Bild »Die Melancholie«, bei dem in der oberen rechten Bildecke ein geheimnisvolles magisches Zahlenquadrat zu sehen ist. Einige Zeichen erinnern in der Tat an jene, die uns die Templer hinterlassen haben – so auch auf dem von Weysen entdeckten Dokument. Äußerst rätselhaft! Ob Alfred Weysen wirklich zwei Tempel im Gorge gefunden hat, bleibt bis heute ungewiß. Nur eines ist Fakt: ein jahrelanger Rechtsstreit zwischen dem Eigentümer und dem Schatzsucher Weysen.

Die offiziellen Symbole und Siegel des Ordens sind bekannt. Vom letzten Großmeister, Jacques de Molay, weiß man, daß er kurz vor seiner Verhaftung am 13. Oktober 1307 zahlreiche Dokumente verbrennen ließ und Anweisungen gab, wie sich ein Templer im Falle seiner Verhaftung zu verhalten habe. Aber er sorgte auch dafür, daß eventuell belastendes Material oder solches, das keinem Außenstehenden jemals in die Hände fallen sollte, in Sicherheit gebracht wurde. So fuhren mehrere Karren beladen mit Gegenständen, die weder die Häscher des Königs noch die des Papstes jemals zu Gesicht bekommen sollten, wenige Tage vor dem 13. Oktober 1307 vom Tempel in Paris mit unbekanntem Ziel fort. Ein Templer gab später an, daß er einen solchen Geheimtransport zwei Tage vor seiner Verhaftung begleitet habe. Auf dem Karren versteckt sei der Schatz Hugo de Pairauds zum Meer gebracht worden, um dort verschifft zu werden. Wohin, wußte er nicht zu sagen. Der Hafen wird vermutlich der von La Rochelle gewesen sein. Von hier aus werden die Schiffe der Templer sehr wahrscheinlich gen Schottland gesegelt sein. Andere vermuten, daß sie sich nach Nord- oder Mittelamerika abgesetzt haben. Wie auch immer, jedenfalls konnten von den Prozeßbetreibern keinerlei geheime Schriften oder irgendwelche Dinge, die das Doppelleben des Ordens einwandfrei bewiesen hätten, beigebracht werden. Sowohl der materielle wie der geistige Schatz der Templer blieben wie vom Erdboden verschwunden. Es scheint von ihnen keinerlei Aufzeichnungen vor allem bezüglich ihrer Geheimlehre zu geben. Das ist besonders ärgerlich, weil es scheinbar nichts gibt, was das Dunkel um diesen Orden erhellen könnte – das glaubte man jedenfalls bisher. Doch dem ist keineswegs so! Denn die Tempelritter haben Spuren ihres esoterischen Vermächtnisses deutlich sichtbar hinterlassen: nicht als Schrift, sondern in Form von Zeichen, die man nur entschlüsseln muß ...

Jean Markale gab mir vor Jahren den Hinweis, daß es in Chinon seltsame Graffiti aus der Zeit der Templer gäbe. Im Schloß von Chinon, aber ganz besonders in seinem Turm von Coudray, dem ältesten Teil des Bauwerks, waren Templer jahrelang eingekerkert gewesen, darunter auch Jacques de Molay für ein ganzes Jahr.

Das Schloß von Chinon liegt im Department Indre et Loire südwestlich von Tours. Hier trat Jeanne d'Arc am 9. März 1429 vor den Dauphin (Thronfolger), um ihn aufzufordern, sich gemeinsam mit ihr gegen die Engländer zu erheben, damit er endlich König von Frankreich werden könne. 1634 wurde Kardinal Richelieu Eigentümer dieses geschichtsträchtigen Ortes, dessen auffälligster Teil der Turm von Coudray ist. Die besten Militäringenieure ihrer Zeit haben ihn im 13. Jahrhundert entworfen. Damals trug er noch den Namen *Tour Pavée* (Gepflasterter Turm).

Als gleichmäßiger Zylinder erhebt er sich noch heute 25 Meter hoch auf einer abgeschrägten Basis, die sich nach unten hin, zum Grunde des Grabens, verbreitert. Seine 12 Meter Durchmesser machen aus ihm die bedeutendste Anlage der Festung von Chinon, denn durch seine fast vier Meter dicken Mauern war er uneinnehmbar. Verstümmelt und seines oberen Teils beraubt, der einst mit Zinnen auf Pechnasen befestigt war, ist heute sein einstiger Glanz nicht mehr sichtbar. Ursprünglich war er nur über einen Wehrgang zugänglich, der auf dem südlichen Querwall bis zum Turm von Boissy führte, in den man über eine steinerne Treppe gelangte, die sich in dem Bau zwischen dem Wall und dem Burgfried befand. Der Turm selbst wurde von einer befestigten Tür mit einem Gußloch und einem Fallgitter geschützt.

Im Turm von Coudray liegen noch drei Geschosse übereinander, zwei davon sind gewölbt. Der untere Saal mit achteckigem (!) Grundriss weist ein Kreuzrippengewölbe mit acht Rippen auf, die alle auf Kragsteinen mit Simsprofilierung enden. Das sieht beeindruckend aus! Drei schmale Schießscharten sorgten für die Verteidigung dieses Stockwerks. Eine Steintreppe, die zum Hof hin in das Mauerwerk eingebaut ist, führt ins Erdgeschoß, vorbei an dem Latrinensaal, den eine einzige Schießscharte erleuchtet und der eine Länge von 4 Metern und eine Breite von 2,5 Metern hat.

Der Saal im Erdgeschoß verfügt über eine runde Grundfläche. Seine Höhe beträgt 5,5 Meter. Im 13. Jahrhundert gab es hier einen Kamin, von dem aber nicht mehr viel übriggeblieben ist. Durch drei Schießscharten konnte man die Gräben überwachen, und an der Nordseite sieht man noch heute jene berühmten Graffiti, die die Gefangenen des Templerordens eingeritzt haben. 250 Templer hatte man hier 1308 eingepfercht, darunter Jacques de Molay, Hugues de Pairaud und Geoffrey de Gonneville – allesamt Würdenträger des Ordens. – Nebenbei bemerkt wohnte in der oberen Etage des Turms für einige Zeit Jeanne d'Arc. Ob sie wohl geahnt hat, welche Dramen sich etwas mehr als 100 Jahre zuvor hier abgespielt haben?

Wer sich die Graffiti aufmerksam ansieht, wird sogar den Namen Jacques de Molay entdecken, über dem ein von einem Hund verfolgter Hirsch ins Mauerwerk geritzt wurde. Desweiteren erkennt man den Grundriß einer Kirche, ein strahlendes Herz, Mönchsfiguren, ein Madonnenprofil, Kreuze und einige erschütternde, zum Teil verstümmelte Inschriften: »je reguier a Dieu pdon« (Ich bitte Gott um Verzeihung). Daneben finden sich auch

Zeichen und Symbole mit eindeutig initiatorischem Charakter: dreifache Gürtel, Rechtecke, das Siegel Salomons, das spiralförmige *S* des *Sol invictus* – dem mächtigen Gott des Mithras-Kultes –, Sterne mit acht Strahlen in Quadraten ... und Symbole, von denen Louis Charpentier und Paul Lecour annehmen, daß sie eine Art *Kosmische Uhr* darstellen und einen gnostischen Hintergrund haben.

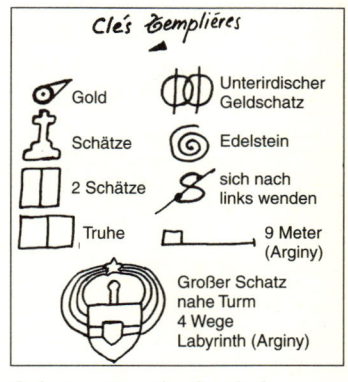

Hier stieß ich also auf einen Teil des Testaments des Ordens, geschrieben von den geschundenen, arretierten Rittern. Yvon Roy, der sich um die Entzifferung der *Templer-Graffiti* verdient gemacht hat,

Geheime Templer-Symbole.

bestätigte mir, daß er bei seinen Untersuchungen im Turm auf einen Stein gestoßen sei, auf dem etwas geschrieben stand. Ob er wirklich echt ist, also aus der Zeit von 1308 stammt, kann allerdings nicht eindeutig bewiesen werden. Yvon Roy hält ihn für echt und seinerzeit von einem eingeweihten Templer bearbeitet. Denn auf diesem Stein ist das Gesicht eines Wesens zu sehen, das vier verschiedene Alter aufweist, umgeben von einem Strahlenkranz. Das Sensationelle ist aber die Inschrift: »Bafomet est le principe des ESTRES CREES DE DIEU TRINITE« (Baphomet ist das Prinzip der Schöpfungskräfte der Dreieinigen Gottheit). Ich gebe zu, daß die Übersetzung von *ESTRES CREES* mit *Schöpfungskräfte* eine von mir gewählte Möglichkeit ist, denn bislang hat niemand eine Ahnung, was mit den zwei Begriffen gemeint sein könnte. Aber es erscheint sinnvoll, sie auf diese Weise zu übersetzen, sie erklären nämlich die Aussage jenes Templers, der in der inquisitorischen Befragung von 1307 erklärte, daß durch die Kraft Baphomets alles »erblühen und wachsen« würde. Damit wäre der Baphomet das universelle Schöpfungsprinzip. Seine Symbole sind unter anderem das Pentagramm, wie man es häufig genug an Templerkirchen wie zum Beispiel in Alet-les-Bains nahe Rennes-le-Château entdecken kann. Nun läßt sich auch eine Verwandtschaft mit den Gnostikern, genauer den Ophiten herstellen, für die das Pentagramm zum einen das Zeichen für Einweihung, zum anderen für die Schöpfung als solche war. Baphomet wäre demnach das Symbol für die Werke des Schöpfers.

Eingang zum Templergefängnis von Domme.

Aber zu den Graffiti von Chinon gibt es noch eine Steigerung! In das kleine Dorf Domme in der Dordogne, etwa 70 Kilometer südlich von Lascaux, verirrt sich kaum ein Tourist. Es liegt einfach zu weit abseits von jenen Stellen, die Frankreichbesucher üblicherweise interessieren. Und doch bietet gerade das unscheinbare Domme für alle, die sich auf die Spuren der Templer gesetzt haben, so manche Überraschung. Die mächtige Burg von Domme wurde 1280 von Philippe le Hardi erbaut und diente von 1307 bis 1318 als Gefängnis für die Templer des Périgord. Insgesamt waren 70 Ritter über einen Zeitraum von elf Jahren in dem engen Westturm der Burg, dem *Porte des Tours* eingesperrt.

Die Kerkerwände in der Burg von Domme sind übersät mit initiatorischen Graffiti gefangener Templer von 1308.

Die sensationellen Graffiti im ehemaligen Templer-Kerker von Domme.

Und ausgerechnet hier in der Provinz stieß ich auf die bedeutendsten Graffiti und werde dabei an Weysens *Kuhhaut* erinnert. Kreuze, mit und ohne Corpus, sind von Sonne und Mond umgeben. Daneben diverse Szenen von Schlachten; aber auch der Heilige Gral inmitten von Kreuzen mit merkwürdigen drei *Füßen* wurde in den Stein geritzt.

Später erkannte ich im Laufe meiner Untersuchungen, daß es sich bei derlei Kreuzen nicht um *totes Holz* handelt, sondern um lebende Bäume. Die drei *Füße* sind in Wirklichkeit die Wurzeln des Baumes. Auf ein solches Kreuz *(bois vivant)* stieß ich auch in der Kirche von Rennes-le-Château, wo Maria Magdalena zu Füßen des Gekreuzigten kauert. Sein Kreuz wurzelt in der Erde neben einem Totenkopf, der vermutlich der Schädel Adams ist.

Dieses ungewöhnliche Kreuz stellt den Schlüssel zu einem weitreichenden Geheimnis dar. Es gibt von dem *Kreuz mit den Wurzeln* eine weitere Darstellung, die erst 1896 entdeckt wurde, weil sie unter einer Gipsschicht verborgen lag. Der Fundort ist ein Kartäuserkloster, nämlich das von Sainte-Croix-en-Jarez, das im 13. Jahrhundert von Béatrice, der Witwe des Grafen Guillaume de Roussillon, gegründet worden war. Sie hatte sich nach dem Tod ihres Mannes dorthin zurückgezogen. Was mich allerdings am meisten interessiert, ist die Behauptung der Gräfin Béatrice, daß sie im Besitz der Gebeine von Maria Magdalena sei. Maria Magdalena sei nicht in der Camargue bei Les-Saintes-Maries an Land gegangen, sondern habe an der Küste des Roussillon angelegt, wo es noch heute einen Ort gibt, der *Mas de la Madeleine* heißt. Im übrigen habe Maria Magdalena ihre letzten Lebensjahre nicht in der Provence verbracht, sondern in der Gegend von Rennes-le-Château.[36]

---

[36] Mir fiel auf, daß Mas de la Madeleine auf demselben Längengrad liegt (3 Grad 20 Minuten) wie die belgische Stadt Gent, wo eine bestimmte Tafel des weltberühmten Genter Altarbildes angeblich das wahre Geheimnis des Heiligen Gral offenbaren soll. Zufall?

1896 wurde im Kloster von Sainte-Croix ein Fresko freigelegt, das Jesus auf einen *bois vivant*, einen lebenden Baum gekreuzigt zeigt. Wenig später ließ Abbé Saunière eine ähnliche Darstellung in seiner Kirche in Rennes anfertigen. Sein Aufenthalt in dieser Gegend, die auch den Maler Nicolas Poussin so sehr angezogen hatte, sollte mich zu einem späteren Zeitpunkt noch intensiv beschäftigen.

Zunächst einmal rätselte ich noch über die in Stein geritzte Botschaft der Templer in Domme. Die Graffiti von Domme sind einmalig. Quader von Steinen sind übersät mit ihnen. Geometrische Motive, Schlangen, ein Ouroboros[37], immer wieder Gruppen von drei Punkten, dann Maria (oder ist es Maria Magdalena?) und Christus mit gekrönten Häuptern. Das alles macht auf mich den Eindruck, daß hier Eingeweihte des Ordens ihr persönliches Bekenntnis für die Nachwelt abgelegt haben. Zudem fiel mir auf, daß es sich bei einer großen Anzahl von Graffiti um solche handelt, wie ich sie in Chinon und auch in Gisors gesehen habe. Gab es vielleicht eine Geheimschrift im Stile der Kabbala, die die eingeweihten Templer anwendeten? Heute fordern sie uns auf: Lest und erkennt, wie wir wirklich dachten! Wir schenken euch zukünftigen Menschen ein Buch, in Stein gemeißelt, so wie die Heiligen Gesetzestafeln einst von Gott am Sinai in Stein gemeißelt wurden. Wir schenken sie euch, damit das, was wir wirklich waren, nicht in Vergessenheit gerät. Ja, in der Tat, wir sind Ketzer gewesen, aber ist das ein Grund, uns zu vernichten? Wer einmal in Domme gewesen ist, der wird niemals mehr davon reden, daß es keine ausdrücklichen Beweise für eine esoterische Ausrichtung innerhalb des Mönchsordens gegeben habe. Zu überwältigend sind dafür die Fakten!

---

[37] Ein Ouroboros ist die sich in den eigenen Schwanz beißende Schlange, das Symbol der Alchemisten für die Materia prima. Der Ouroboros oder auch Drache muß getötet werden, wenn das große Werk gelingen soll.

Heiliger Gral, Tau-Kreuz und das Pantheon der Edlen von San Juan de la Peña

Vor der herben Kulisse des Pyrenäen-Südkammes liegt am Monte Pano das ehemalige Kloster San Juan de la Peña. Wer es heutzutage besucht, ahnt nicht, daß dieser abgelegene Ort hoch im Gebirge im Mittelalter ein herausragendes geistiges Zentrum war – ein Kloster, in dem das Mysterium der Verwandlung des Menschen in ein höheres Wesen gepflegt wurde. Vom Dorf Santa Cruz de la Serós führt eine geteerte, jedoch kurvenreiche Straße in den mit Pinien, Buchen und Eichen bewachsenen Gebirgszug hinein. Es war totenstill, und die hohen Föhren um mich her ragten dunkel wie mahnende Finger zum Himmel empor. Es fiel mir trotz der unübersehbaren Anzeichen moderner Zivilisation nicht schwer, mich in die Situation des jungen Voto hineinzuversetzen, der vor fast 1300 Jahren in dieser Gegend jagte. Eines Tages verfolgte er einen Hirsch und geriet dabei in den dunklen Wald der Sierra auf dem Monte Pano. Er wußte, daß er hier keine Menschenseele antreffen würde. Bartgeier und Steinadler nisteten im unzugänglichen Fels, und manch anderes wildes Getier war hier anzutreffen. Plötzlich scheute sein Pferd vor einem tiefen Abgrund, drohte abzurutschen, und wenn Voto nicht in höchster Not den heiligen Johannes den Täufer um Hilfe angefleht hätte, dann wäre er sicherlich über die tiefe Felswand in den Tod gestürzt. Doch wie von Geisterhand berührt verharrte sein Pferd bewegungslos am Rande des Abgrunds. Schweißgebadet stieg der Jäger vom Rücken seines Pferdes, um die Felswand näher zu erkunden, und bemerkte zwischen dem dichten Buschwerk eine Höhle. Mit Mühe konnte Voto in sie eindringen und entdeckte in ihrem Innern einen Raum, der zu einer Kapelle umgewandelt worden war. Auf dem Altar lag der unversehrte Leichnam eines Mannes, der in den Händen einen weißen Stein in Form eines Dreiecks hielt. Darin stand eingraviert in lateinischer Sprache: »Ich, Johannes von Atarés, der erste Einsiedler an diesem Ort, der ich um der Liebe Gottes willen die Zeit, in der ich lebe, verachtete, so gut ich es vermochte, habe diese Kirche errichtet, zu Ehren des heiligen Johannes des Täufers; und hier ruhe ich, Amen.«[38]

Mit dem Dreieck in seinen Händen knüpft die Legende von Johannes von Atarés direkt an diejenige vom Bau des Salomonischen Tempels an. Hiram, der geniale Baumeister, auf den sich die Freimaurer als ihren Gründungsvater berufen, stammte aus dem Geschlecht des Tubal-Kain, »von dem sind hergekommen alle Erz- und Eisenschmiede«, wie es uns das Buch Genesis wissen läßt. Ebenfalls der Sage nach ist der erste Mensch, der sich in Spanien niederließ, Tubal gewesen. Pyrene, die wiederum der Sage nach den Pyrenäen ihren Namen gegeben hat, ist Tubals Tochter. So weit, so gut!

Kurz vor Vollendung seiner Arbeit in Jerusalem für König Salomon zerstörten Hirams Gehilfen aus Eifersucht das *Eherne Meer*, das der unvergleichliche Hiram für den Tempel geschaffen hatte. Verzweifelt stürzte sich Hiram in das auflodernde Feuer (Taufe und Einweihung) und gelangte auf diese Weise in das unterirdische Reich Tubals. Hier erfuhr Hiram von den weisheitsvollen *Büchern des Tau* und empfing aus Tubal-Kains Händen ein Goldenes Dreieck und einen T-förmigen Hammer. Damit stellte er das *Eherne Meer* nach seiner Rückkehr auf der Erde wieder her. Das Goldene Dreieck jedoch, in das das geheime Meisterwort eingraviert war, warf er kurz vor seiner Ermordung durch die drei Gesellen in einen tiefen Brunnen, womit die Tiefen der eigenen Seele gemeint sind. Das Goldene Dreieck ist das Symbol für die Aufgabe des Menschen, seinem eigenen Selbst, das göttlichen Ursprungs ist, einen Tempel zu errichten. Wer dies unternimmt, wird das Goldene Dreieck am Altar seines Selbst finden. Soweit die Deutung der Legende.

Voto machte die Lage der Kapelle von San Juan bekannt, und schon bald fanden sich Männer, die dem rechtschaffenen Vorbild des Johannes von Atarés folgten. Mit der Zeit wuchs die Einsiedelei und wurde ein weithin bekanntes und beachtetes Kloster.

---

[38] Zit. aus einer Informationsbroschüre des Klosters San Juan de la Peña

Das Höhlenkloster San Juan de la Peña, wo im Mittelalter der Heilige Gral aufbewahrt wurde.

San Juan de la Peña, heute wie einstmals immer noch völlig vom Wald umgeben, liegt unterhalb eines überhängenden Felsens, einem Schwalbennest gleich eng an die Wand aus rötlichem Stein geschmiegt. Dieser magische Ort wurde um 850 n. Chr. dem Schutz der Könige von Pamplona unterstellt und entwickelte sich unter den Einsiedlern Marcellus und Benedictus zu einem wichtigen geistigen Zentrum des Landes. Von hier strahlte im Mittelalter über weite Teile des Abendlandes ein *dinc* aus, das die edlen Ritter als *Gral* bezeichneten – ein herrlich gearbeiteter Kelch, aus smaragdgrünem orientalischem Achat geschnitten, auf dessen Oberfläche das einfallende Licht in allen Farben bis hin zu Purpur spielt. Eingefaßt ist der Kelch in einer goldenen, mit Perlen, Smaragden und Rubinen verzierten Halterung, die auf einem flachen halbkugeligen Fuß aus Onyx ruht. Seine zwei großen goldenen Griffe unterhalb der Schale haben die Form eines Herzens. Dieser beeindruckende Kelch orientalischen Ursprungs hat wesentlich zur Entstehung der Gralssage beigetragen; er befindet sich heute in der Capilla del Santo Cliz der Kathedrale von Valencia – früher wurde er im Kloster von San Juan de la Peña verwahrt. Ende der 50er Jahre ergaben Untersuchungen des Kunsthistorikers Antonio Beltran, daß der obere Teil des Kelches, die aus Achat gearbeitete Schale, der ursprünglichste Teil des Kelches ist und vermutlich zwischen dem 4. Jahrhundert v. Chr. und dem 1. Jahrhundert n. Chr. irgendwo im Nahen Osten – Syrien, Palästina, Ostägypten – hergestellt wurde. Der Fuß, ursprünglich ein eigenes Gefäß ägyptischen Ursprungs, wurde im 10. Jahrhundert mit der Schale verbunden. So, wie sich der Kelch heute zeigt, konnte er erstmals für das Jahr 1399 nachgewiesen werden.

Die Überlieferungen besagen zweierlei: Zum einen habe der Kelch bzw. die Schale das vom Kreuz herabfließende Blut Christi aufgenommen; zum anderen teilt eine am 14. Dezember 1134 im Kloster San Juan de la Peña ausgestellte Urkunde mit, daß es sich bei der Schale um jene handelt, die Jesus und seinen Jüngern beim Abendmahl als Trinkgefäß diente. Aber wie war das kostbare Gefäß aus Jerusalem in das einsam gelegene Kloster am Pyrenäensüdhang gelangt? Nach der Kreuzigung soll die Schale, auf welche Weise auch immer, zunächst nach Rom gekommen sein, wo sie im Besitz des jeweiligen Papstes verweilte. Während der Christenverfolgung unter Kaiser Valerian soll sie Sixtus II., der mit der Gnosis sympathisierte, im Jahre 258 seinem Diakon Laurentius anvertraut haben, der später heiliggesprochen wurde. Laurentius schaffte die Schale in seine iberische Heimat nach Huesca. Die Stadt wurde 716 von den Arabern bedroht, so daß der Bischof von Huesca die kostbare Reliquie erneut in Gefahr sah und sie ins abgelegene Kloster San Adrien de Sasave im Tal von Borau bringen ließ. Hier hüteten sie die Mönche vom 8. bis zum 10. Jahrhundert, bevor sie im Jahre 1063 in die neue aragonische Königsresidenz von Jaca gelangte. In der Kathedrale von Jaca stieß ich auf ein bemerkenswertes Detail in dieser Geschichte: Auf einem Kapitell wurde das Martyrium des Papstes Sixtus II. dargestellt, Papst und heiliger Laurentius sind dort gemeinsam abgebildet. Für mich ein untrüglicher Beweis dafür, daß die Kathedrale und damit der einstige Bischofssitz zu irgendeinem Zeitpunkt etwas mit der Schale zu tun gehabt haben muß. Im Jahre

1076 wurde der Bischofssitz von Jaca und Huesca nach San Juan de la Peña verlegt, und somit gelangte auch die Schale in das *Höhlenkloster*. 1437 brachte man die mittlerweile zum Kelch umgearbeitete Schale endgültig in die Kathedrale von Valencia, wo sie noch heute als Schale des *Heiligen Grals* zu sehen ist.

Viele moderne Autoren halten den außergewöhnlichen Kelch für den tatsächlichen Gral. Ich sehe allerdings nur einen symbolischen Zusammenhang zwischen einer Schale und der Vorstellung, daß das Heilige Blut in ein Gefäß geflossen ist. Denn nach wie vor ist für mich der Gral immateriell! Er verkörpert eine geistige Strömung, die letztlich auf das esoterische Christentum verweist – ein Christentum, das sich die Jahrhunderte hindurch neben dem offiziellen bewahren und erhalten konnte.

Es versteht sich von selbst, daß sich der Templerorden gerne an einem solchen *lebendigen Ort* niederließ. (Er erhielt in Spanien zwischen 1128 und 1136 immerhin 36 bedeutende Schenkungen!) Die Templer übernahmen das rote Tau-Kreuz des Königs

Im »Pantheon der Edlen« von San Juan de la Peña wurden drei Jahrhunderte lang die Gralsritter beerdigt.

Garcia Jimenez, der das Zeichen einstmals am Himmel vor Beginn einer schier aussichtslosen Schlacht gegen die Sarazenen Mitte des 8. Jahrhunderts gesehen haben will. Es findet sich auf Templerbauten in Portugal ebenso wie auf dem Taufbecken der Templerkapelle von Tarragona, als Wappenemblem der oktogonalen Heilig-Grab-Kirche von Torres del Rio in Navarra oder auf den Schmucksteinen in den Gewölbebögen der mächtigsten Templerburg auf dem Pilgerweg nach Westen: Ponferrada in der Provinz Leon. Am beeindruckendsten fand ich es als Westrose der Klosterkirche San Antón in Castojeriz in der Provinz Burgos aus dem 13. Jahrhundert. Hier präsentieren sich 12 Tau-Kreuze in Form eines Rades. Diese außergewöhnliche Fensterrosette hat mich sofort an die *Sonnenorakelräder* in der Bretagne und in der Templerkirche von Inca auf Mallorca erinnert.

Auf ihren Grabsteinen in der Bestattungsnische des Templerordens, dem *Pantheon der Edlen,* entdeckt man das hermetische Kreuz als Zeichen, dem fünf rosenähnliche Blüten entsprießen. Man muß nun allerdings wissen, daß das rote Kreuz, das Garcia Jimenez gesehen haben will, sowohl ein Tau-Kreuz als auch ein Rosenkreuz gewesen sein könnte. In der Sprache der Katalanen sind beide Formen, *ros* für Rot und *ròs, rosada* für Tau, sowie *rosa* für Rose vorhanden. Dies gilt auch für die mittelalterliche Schriftsprache der Troubadoure aus dem Languedoc. *Tau* bedeutet aber auch *lebenspendendes Wasser*, dem die kosmische Weisheit innewohnt. Um diese *Weisheit* aufzunehmen und sie gegen alle Feinde der Welt – vor allem aber gegen das Böse in der Welt – zu verteidigen, zogen ab dem 9. Jahrhundert junge Männer nach San Juan, wo sie dem Ritterorden der Johannis-Ritter beitraten. Dabei unterzogen sie sich, so weiß man heute, einer *Feuertaufe* durch den Heiligen Geist, in einem Taufbecken, das durch eine Quelle gespeist wurde, die in der Kirche selbst entsprang. (Man erinnere sich, daß eine Deutung von Baphomet auf eine Taufe bzw. Einweihung durch das Feuer abzielt.)

»Wasser gibt mancher Seele einen Schein, daß selbst die Engel nicht lichter dürften sein«, schreibt Wolfram von Eschenbach in seinem »Parzival«, Vers 817, 25-30. Die *Feuertaufe* ist jener Schritt innerhalb der Initiation, bei der der Mensch mit der Gottheit vereinigt wird. Die Buchstaben INRI (Jesus der Nazarener, König der Juden) wird in »Igne natura renovatur integra« umgedeutet, d.h. »Durch Feuer wird die Natur erneuert«. Dahinter steckt auch das mythische Bild des Vogels Phönix, der immer wieder neu aus der Asche emporsteigt.

Es ist nicht auszuschließen und liegt sogar nahe, daß diese Juan- bzw. Johannis-Ritter den Mythos von den Gralsrittern begründeten – ein geistiger Strom, an den die Templer im 12. Jahrhundert anknüpften und für dessen breitere Veröffentlichung Autoren wie Chrétien de Troyes (»Perceval«), Robert de Boron (»Le Roman de L'Estoire dou Gral«) und Wolfram von Eschenbach mit seinem »Parzival« sorgten, der dabei die Gralsritter mit dem Namen *templeis – Templer* versah.

Man darf das stille Kloster von San Juan de la Peña nicht verlassen, ohne wenigstens einen Blick auf das berühmte Chrismon geworfen zu haben, das sich oberhalb der zweireihigen Bestattungsnische der Templer befindet.

Das Chrismon am »Pantheon der Edlen« im Höhlenkloster San Juan de la Peña.

Das wunderschöne Rosenkreuz von San Juan de la Peña.

Es ist der Schlüssel für die Geheimlehre der Ritter mit dem roten Tatzenkreuz. Hier in San Juan findet sich das Zeichen ohne die griechischen oder römischen Buchstaben, wie man sie in vielen Templerkapellen Nordspaniens, vor allem in der Kirche von Jaca und in anderen religiösen Bauten auf dem Jakobsweg nach Compostela, vorfindet. In Jaca wurde zur Erläuterung des Chrismons eingemeißelt: »In dieser Skulptur, O Leser, versuche zu erkennen: P ist der Vater, A der Gezeugte, Duplex (W = Omega) der Nährende Geist. Diese Drei sind wahrhaft der eine und einzige Herr.« Und auf dem Chrismon von St. Maria, der Kirche des Nonnenklosters am Fuße der Sierra de la Peña, las ich folgendes: »Ich bin das Tor der Seligkeit. Tretet durch Mich ein, ihr Gläubigen. Ich bin der Quell des Lebens; dürstet nach Mir mehr als nach Wein, ihr alle, die ihr in diesen Tempel der Jungfrau eindringt.«

Das Chrismon ist im Grunde ein sechsstrahliger Stern und bei den Alchemisten das Symbol des *spiritus mundi*, des Weltgeistes, mit dem die Transmutation bewirkt wird. Zugleich ist

145

er die allgegenwärtige Kraft, vergleichbar dem *N'wouivre* der Druiden. Ein Chrismon ist ein Christus-Monogramm und wurde meistens auf dem *Tympanon* (Giebelfeld über einem Fenster) an exponierter Stelle einer Kirche angebracht. (Chi)(Rho) heißen die griechischen Buchstaben, die für Christus, den Gesalbten stehen. Die traditionelle Deutung des Chrismons lautet: CR AO liest sich als <u>C</u>hristus est <u>A</u>lpha et <u>O</u>mega – *Christus ist Anfang und Ende.* In horizontaler Richtung gelesen, ergibt das Monogramm *IAXO,* also *Iakho,* was sich als *Jakob* bzw. *Jakobus* entziffern läßt. Kreisförmig gelesen bedeutet das Chrismon *ROSA X* und entschlüsselt sich folglich als Rosa-Crux, das *Rosenkreuz.*

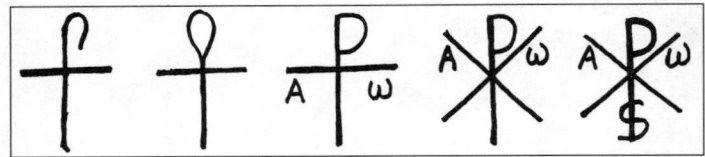

Die Entwicklung des (Chi) (Rho) aus dem ägyptischen Ankh-Kreuz.

Nachzutragen ist noch, daß sich die Entwicklung des Chrismons vom Tau-Ankh-Kreuz ableitet (Ankh ist das altägyptische Henkelkreuz, es bildet das Grundzeichen), und bei vielen Chrismons das S nicht griechisch, sondern in lateinischer Schlangenform dargestellt wird. Das Symbol der Schlange am Kreuz, wie wir es aus der Alchemie kennen, wurde auch in vielen Templerkirchen entdeckt. Es ist, wie beispielsweise in der Kirche von Garway in England, unbekannten Alters. Dort sieht man einen Fisch, eine Schlange und eine, wie Baigent und Leigh es interpretierten, *geflügelte Pyramide,* die meines Erachtens aber auch einen Schlangenkörper am Kreuz darstellen könnte. In der Astrologie stellt das Kreuz die Materie dar. Die gekreuzigte Schlange ist ein uraltes hermetisches Symbol. Die Schlange besitzt keine Glieder, ist also ein Symbol für das *Körperlose.* Am Kreuz wurde, so besagt das Symbol, das gekreuzigte Wesen unbeweglich gemacht und somit von der Welt der Erscheinungen befreit. Das führt uns wiederholt zu der Frage, ob Jesus wirklich am Kreuz starb oder ob er nur im Geiste auferstand. Das Chrismon oberhalb der Nische des Höhlenklosters, in dem ausnahmslos nur die edlen Ritter ihre letzte Ruhestätte fanden – von 1009 bis 1325 –, entscheidet, so denke ich, diese Frage eindeutig: nämlich als Auferstehung zu Lebzeiten durch die Feuertaufe des *Heiligen Grals*!

Die Geheimlehre Jesu: Gnosis und Kreuzestod

Besonders von kirchlicher Seite haben sich Autoren mit Polemik und Verleumdungen über die Gnostiker des 1. und 2. nachchristlichen Jahrhunderts »hergemacht«. Weil die Publikationen über das Wesen der Gnosis bzw. Gnostik so zahlreich sind, will ich mich daher nur auf das Wesentliche beschränken und vor allem den gnostischen Jesus hervorheben. Bei Gnosis und Alchemie finden Denken und Fühlen in einer Weise zusammen, die den aufgeklärten, intellektuellen Abendländer gewaltig stört. Die Ratio wird bewußt ausgehebelt, weil sie für die *transzendenten Räume*, in die Gnosis und Alchemie vorstoßen, wenig hilfreich ist. Das ist nicht nur für jeden Theologen zunächst ein gewaltiges Ärgernis. Gnosis ist eine religiöse Erfahrung auf der Grundlage einer geoffenbarten Weisheit. Sie ist eine ganzheitliche Erkenntnis, und nur derjenige, der bereit ist, sich auf eine Symbol- und Mysteriensprache einzulassen, wird die Früchte beider *Geisteserrungenschaften* in der Geschichte der Menschheit ernten können. Wer alchemistische wie auch gnostische Texte liest und nicht willens ist anzuerkennen, daß etwas deshalb wahr ist, gerade weil es ein Symbol ist, dem werden sich niemals die Türen zum Verständnis für die alchemistische wie gnostische Denk- und Sichtweise öffnen. So stellt das Thomasevangelium mit seinen wunderschönen Logien (apokryphe Worte Jesu) eine wahre Fundgrube an geheimem Wissen dar. Die Gnosis hat zu einer Zeit, als von der Freiheit des Individuums vor allem in der Philosophie noch nicht die geringste Spur zu entdecken war, geradezu revolutionäre Gedanken geäußert, vor allem was die Beziehungen zwischen Mann und Frau, zwischen Gott und Menschen anbetrifft. Ein guter Beleg hierfür ist eine Stelle im Gnostischen Evangelium, wo es heißt: »Ich bin Gott, und außer mir gibt es keinen ...‹ und eine Stimme kam heraus von oben aus dem Reich der absoluten Macht, die sprach: ›Du irrst dich ...!‹ Und er sagte: ›Wenn etwas vor mir existiert hat, dann soll es sich mir offenbaren!‹ Und sofort streckte Sophia ihre Finger aus und brachte Licht in die Materie ... .«[39]

Die Gnosis »wehte« im ersten und zweiten nachchristlichen Jahrhundert zunächst in Kleinasien, danach in Ägypten und zuletzt im ganzen östlichen Mittelmeerraum als freier religiöser Geist, der Neues und Unerhörtes verkündete und auch praktizierte. So pflegten manche gnostische Gruppen u.a. bei ihren Treffen Gruppensex-Nacktrituale, was die Christen naturgemäß abschreckte. Doch diese gnostischen Gemeinschaften versammelten auch Gelehrte und Weise um sich, die die intellektuelle Elite ihrer Zeit darstellten. *Gnosis* bedeutet *Wissen* und *Erkenntnis* und steht dem Glauben diametral gegenüber. Allerdings sollte man sich nicht täuschen lassen: *Wissen* wurde von den Gnostikern nicht so aufgefaßt, wie wir es heute tun. Es ist damit kein Wissen gemeint, das zerlegt und analysiert. Der Gnostiker hat vielmehr Einsicht (Wissen) in die Natur des Menschen: »Ich kenne mich selbst, und weiß, woher ich komme und wohin ich gehe.« Denn die Gnosis »wissen« allein diejenigen, die sie selbst haben. Das muß dem dogmatischen Christen ein Dorn im Auge sein, weil der Gnostiker sich selbst erlöst und nicht seine Sünden durch einen *Mittler* (Jesus) auf sich nehmen läßt.

Intellektuell wendeten sich die Gnostiker gegen das bisherige Denken von Geschichte, wie es weitgehend vom Alten Testament geprägt war. Außerdem lehnte man die eher »kühle« Kosmologie des griechischen Denkens, die die Welt auf rationale Weise erklären wollte, radikal ab. Gleichwohl trug die Gnosis so-

---

[39] Zit. aus: Dagmar Scherf: Der Teufel und das Weib. Frankfurt 1990, S. 138

wohl griechische wie orientalische Wesenszüge. Zahlenmystik und Wortmagie spielten für die Gnostiker eine große Rolle, und sie waren der Ansicht, ohne Wissen um die wahren Zusammenhänge von Licht und Finsternis, von der Seele und ihrem tiefen Fall in die Materie, von den Halbgöttern oder Äonen könne kein Mensch Heil erlangen. Im Menschen, so glaubten die Gnostiker, lebt ein Gott, der sich erst durch das Sterben des Leibes befreie. Und dabei dachten sie tiefenpsychologisch ungeheuer modern, wie folgendes Zitat aus dem Thomasevangelium (Logion 70) zur Selbstfindung zeigt: »Wenn ihr das hervorbringt, was in euch ist, wird das, was ihr hervorbringt, euch retten. Wenn ihr das, was in euch ist, nicht hervorbringt, wird es euch zerstören.«[40]

Die Wurzeln der Gnosis liegen nicht im Christentum, auch wenn es mitunter so scheinen mag. Meiner Meinung nach weisen die meisten ihrer Wurzeln nach Ägypten. Die Gnosis zeigt deutlich eine ägyptische Denkweise, allein wenn man die Lehre vom Pleroma und den aufeinanderfolgenden Äonen betrachtet. Hierbei sind die Parallelen zu den ägyptischen Weltschöpfungsideen unübersehbar. Auch die Person Jesu muß eine starke Anziehung auf die Gnosis gehabt haben. Im Johannesevangelium finden wir die Vorstellung, daß Jesu Geist erst nach seinem Tode am Kreuz frei wurde. Einer solchen Aussage bezüglich des Lebens nach dem Tode stimmten sowohl die ägyptischen Priester als auch die Gnostiker zu. Aber das Johannesevangelium ist seiner geistigen Aussage nach ohnehin eher eine esoterische Offenbarung. Die Frage, ob Jesus eine Geheimlehre an einen engen Kreis vermittelt habe, wird durch einen Brief Klemens' von Alexandrien an seinen Schüler Theodorus aufgeworfen. In diesem Brief heißt es: »Was nun Markus betrifft, so schrieb er damals, als sich Petrus in Rom aufhielt, [einen Bericht über] die Taten des Herrn, ohne jedoch alle auszuführen oder die geheimen zu erwähnen.«[41]

---

[40] Zit. aus: Gerhard Wehr: Auf den Spuren urchristlicher Ketzer. Stuttgart 1983, S. 203
[41] Zit. aus: Paul Schwarzenau: Das Kreuz – Die Geheimlehre Jesu. Stuttgart 1990, S. 167

An späterer Stelle im Brief erfahren wir, daß Markus alle jene Worte des Herrn aus seinem Evangelium ausgeklammert habe, die *weder bekannt gemacht werden durften noch die hierophantische Lehre des Herrn* betrafen.

Dieses esoterische Evangelium vermachte Markus der Kirche in Alexandrien, wo es nur denjenigen vorgelesen werden sollte, die bereits in die großen Geheimnisse eingeweiht waren. Denn wie Markus betonte, muß »nicht alles Wahre allen Menschen mitgeteilt werden«.

Der apokryphe Jesus trat seinen Anhängern als Erlöser entgegen, der ihnen Erkenntnis bringen wollte. Erkenntnis wovon? Davon, daß der menschliche Geist aus Gott selber stammt? Gott will, so der gnostische Jesus, daß das, was aus ihm hervorgegangen ist, auch wieder zu ihm zurückkehrt. Wenn man dies richtig bedenkt, wird allmählich deutlich, worin die wirkliche Schmähung Jesu bestanden hat, als ihm der Hohepriester vorwarf, Blasphemie zu betreiben. Im Evangelium wird an der Stelle, wo Jesus mit dem Hohenpriester spricht, nämlich nur der Tatbestand als solcher erwähnt, nicht jedoch, worin er im Detail bestand. Was ist das Unerhörte, das Jesus gesagt haben soll und wofür er nach jüdischer Auffassung den Tod verdiente? Es ist die Preisgabe des verborgenen Gottesnamens, der nur und ausschließlich dem Hohenpriester im Tempel bekannt war. Dort war der hundertste und geheime Name Gottes in den berühmten Stein *Schetijah* eingemeißelt, der als der Grundstein galt, aus dem die Welt erschaffen wurde.

Nur einmal im Jahr durfte sich der Hohepriester dem Allerheiligsten, dem Stein, nähern. Er kannte, was Jesus preisgab, und seine Reaktion darauf bestand darin, daß er sich die Kleider zerriß. Dieses Zerreißen erfolgte nur, wie mir ein Rabbi einmal erklärte, beim Anhören des Gottesnamens. Jesu Verurteilung erfolgte also, weil er ein Mysteriengeheimnis verriet, es öffentlich preisgegeben hatte. Und wie lautete nun der geheime Name Gottes? Alles spricht dafür, daß er *Ani-We-Hu* geheißen hat,

was soviel bedeutet wie *Ich bin Er.* Jesus sagte also dem Hohenpriester nicht nur den geheimen Namen Gottes ins Gesicht, was
ohnehin schon unerhört genug war, sondern implizierte auch
noch eine Identifikation mit sich und Gott. Das war für einen
Juden eine unerträgliche Blasphemie, so daß er ausrufen konnte: »Was brauchen wir noch Zeugen! Ihr habt die Lästerung
gehört!«

Für wie außerordentlich die Kenntnis des geheimen Namens
angesehen wurde, zeigt eine Stelle im Toledot-Jeschu, auf die
ich bei Günter Schlichting stieß. Diese Fassung des Lebens Jesu
aus jüdischer Sicht (Toledot-Jeschu) galt lange Zeit als verschol-
len. In ihr wird Jesus als »der Gottlose« bezeichnet, wohl gerade wegen seines für Juden ungeheuren Frevels. In der Toledot-
Jeschu-Fassung heißt es über die Kenntnis des allerheiligsten
Namens: »Wer den [Namen] lernte und sein Geheimnis kannte, ihn danach in rechter Reihenfolge auf ein taugliches Perga-
ment zu schreiben verstand und seinen Namen in seinem Herzen hatte, der hatte es in der Hand, die Ordnungen zu zerstören.«[42]

Jesu Lehre war demnach Dynamit für alle, die sie recht verstanden! In erster Linie scheinen es die Frauen gewesen zu sein,
die sie verstanden. Denn es ist auffallend, daß es laut Bibel ausschließlich Frauen waren, die Christus zuerst als den Auferstandenen bekunden, denn das deutet auf einen geheimen Kultus
hin. Diese ursprüngliche Kultusfähigkeit der Frau wurde später –
man denke an den paulinischen Satz »Das Weib schweige in der
Gemeinde« – offensichtlich als Stigma der Ketzerei angesehen.
Jedenfalls bekundete vor allem Maria Magdalena, begleitet von
anderen, namentlich nicht erwähnten Frauen, daß Jesu Grab
leer und der Herr auferstanden sei. Im gnostischen Denken
spielt Maria Magdalena schon aus diesem Grunde eine wichtige
Rolle, denn sowohl ihr als auch Thomas lehrt Jesus in aller Aus-
führlichkeit seine Geheimlehre:

---

[42] Zit. aus: Günter Schlichting: Ein jüdisches Leben Jesu. Die verschollene Tole-
dot-Jeschu-Fassung Tam u-mucad. Tübingen 1982, S. 97

Was Jesus Maria aus Magdala lehrte

Anfangs existierte allein ein vollkommenes Wesen, das in unsichtbaren, unnennbaren Höhen in sich selbst lebte. Man könnte es als *Voranfang* oder als *Vorvater* bezeichnen, wobei jede Benennung sein wahres Wesen nicht trifft. In großer Einsamkeit und Frieden lebte *Vorvater* mit sich und seinem eigenen Gedanken.

Eines Tages beschloß das unendliche Wesen, sich nach außen zu manifestieren und mitzuteilen, weil es seinen unendlichen Reichtum nicht länger für sich allein behalten wollte. Gemeinsam mit seinem eigenen Gedanken zeugte es die erste Emanation, eine göttliche Wesenheit, genannt den *Einziggeborenen*. Zusammen mit dem *Einziggeborenen* emanierte (d.h. im metaphysischen Sinne heraustreten) auch dessen Schwester, die *Wahrheit* oder *Sophia*. Diese vier göttlichen Prinzipien – Vorvater – Gedanke – Einziggeborener – Sophia – bilden die Urquaterniät. Aus diesen vier Wesenheiten ist alles andere entstanden. Festzuhalten bleibt, daß die Gottheit etwas außerhalb ihrer selbst schuf, und zwar ausschließlich in der Sphäre des rein Göttlichen.

Nun aber war der *Einziggeborene* am Zug. Zusammen mit seiner Gefährtin *Sophia* brachte er ein neues Paar göttlicher Wesenheiten (Äonen) hervor. Sie heißen *Logos* und *Leben*, welche ihrerseits ein weiteres Paar erzeugten, nämlich *Mensch* und *Kirche*. Alle zusammen bilden eine *Achtheit* oder *Ogdoade*. *Logos* und *Leben* entließen weitere zehn Äonen aus sich. *Mensch* und *Kirche* gebaren ihrerseits weitere zwölf. Die Summe aller Äonen macht insgesamt dreißig Wesenheiten aus und konstituiert das, was man *Pleroma* nennt. Unter *Pleroma* versteht man die *Fülle* der Gottheit samt ihrer Projektionen nach außen, aber innerhalb des Göttlichen. Von Materie und Welt ist immer noch keine Spur vorhanden, denn das, was bisher geschah, geschieht vor der Zeit.

Für *Vorvater* war hiermit sein Wille erfüllt: Er hat sich nach außen mitgeteilt. Mit Hilfe des Äonenpaares Christus – Heiliger Geist ließ er alle anderen Äonen an der vollen Erkenntnis seiner selbst teilhaben. Allerdings vollzog sich die *Kenntnis des Vorvaters* für die Äonen einmal in bezug auf die Substanz, das Sein, zum anderen in bezug auf die Gnosis oder das Wissen. Und hier brachte sich nun eine göttliche Wesenheit ins Spiel, die Weisheit *(Sophia)*, die schon vor der Zeit in die volle Erkenntnis von *Vorvater* gelangen will. Ihr Wunsch wird zur Leidenschaft! Die Leidenschaft ist und bleibt göttlich, aber sie veranlaßte den *Fall der Sophia* und damit den Beginn der Materie, sprich des gesamten Weltalls. So entstand aus der Leidenschaft eines einzigen Äons Schritt für Schritt das ganze materielle Universum. Diesen *Sündenfall* bereute die Weisheit im nachhinein, und *Vorvater* erschuf durch den *Einziggeborenen* einen neuen Äon, mit Namen *Grenze*. Dieser trennte die reuige *Weisheit* vom Universum ab, die somit nicht an das *Pleroma* herankommen kann. Diese *Grenze*, so erklärte der gnostische Jesus Maria Magdalena, ist symbolisch das Kreuz in Form des griechischen Buchstabens *Tau*. Der Querbalken trennt den unteren Teil – das Universum oder die niedrige Weisheit – vom oberen Teil, der Weisheit an sich, ab. Das hatte zur Folge, daß sich die niedrige Weisheit, die nur potentiell imstande war, den Vater zu verstehen, sich auf die Suche nach dem *Licht der Erkenntnis* machte. Sie konnte aber die *Grenze* nicht übersteigen. Angst und Trauer machten sich deshalb in ihr breit – Leidenschaften –, durch die sie immer tiefer in die Materie verstrickt wurde. Die niedrige Weisheit gebar nun den *Demiurg*, der ein niedriger Gott war, sich aber für den Schöpfer der Welt hielt und dessen Namen die Gnostiker als *Jahwe* wiedergeben. Er hat nichts erschaffen außer den Menschen, wie wir noch sehen werden. Alle Dinge des Weltalls entstanden jedoch aus der Angst und Traurigkeit des Äons; aus den Tränen der Weisheit entwickelte sich alles, was feucht ist; aus ihrem Lachen die leuchtende Weisheit; und aus ihrer Traurigkeit und Sprachlosigkeit alles, was die Welt an körperlichen Elementen zu bieten hat (Tränen der Weisheit! – Maria Magdalenas Tränen benetzten die Füße des Erlösers!).

Der *Demiurg* erschuf wiederum nach dem Bild des höchsten Gottes, des *Vorvaters*, das in ihm lebte, dessen er sich aber nicht bewußt war, als Abbild seiner selbst Adam, den ersten Menschen. Stolz rief er aus, daß er den Menschen nach seinem Bilde erschaffen habe! Aber es gelang weder ihm noch seinen Archontes, den Hilfsengeln, dem ersten Menschen göttliches Leben einzuhauchen. Wie eine Schlange kroch Adam, unfähig, sich aufzurichten, über die Erde. Das Bild von Adam als Schlange will besagen, daß er für immer ein Mensch bleibt, der sich niemals des höchsten Gottes bewußt wird, weil es seine Natur nicht zuläßt.

Doch nun erbarmte sich die höhere Weisheit seiner. Sie wollte dem Ebenbild Gottes Geist einhauchen und bediente sich zu diesem Zweck des *Demiurgen*, ohne daß dieser es bemerkte. Es geschah zweierlei: Der Mensch erhielt den göttlichen Geist, richtete sich zur vollen Größe auf, während der *Demiurg* diesen göttlichen Geist selbst nicht besaß. Das hatte zur Folge, daß Engel und *Demiurg* auf den Menschen neidisch waren und ihm Schaden zufügen wollten. Die Vorstellung von bösen Mächten gehört deshalb in die Sphäre des Demiurgen und seiner Engel. Eva wurde auf dieselbe Weise wie Adam ins Leben gerufen. Die Menschen vermehrten sich, und mit der Zeit nahm die *Strahlkraft des göttlichen Funkens* in ihnen zusehends ab. Der Geist verfiel der Materie. Er wollte nur noch sie erforschen und nicht mehr sein eigenes Inneres.

Der gnostische Jesus unterschied drei Gruppen von Menschen:
1. Die HYLIKER, in denen kein Funke des göttlichen Geistes ist, weil der *Demiurg* ihnen nichts einhauchen konnte. Sie sind die rein Materiellen.
2. Die PSYCHIKER, bei denen eine Semi-Einhauchung des *Demiurgen* erfolgte, wobei sie immer noch keinen göttlichen Geist besitzen, sondern lediglich den beschränkten des *Demiurgen*.
3. Die PNEUMATIKER, sie sind die Erweckten, von denen Jesus sprach und um die es ihm primär als Erlöser ging.

Seine Lehre ist – im Gegensatz zur kirchlichen Auffassung – elitär, denn der Erlöser kann die Hyliker nicht retten. Die Psychiker erhalten eine *mittlere Erlösung*, wenn sie sich an die Vorschriften des Heilands halten. Sie werden später in Gesellschaft des *Demiurgen* und seiner Engel ein Leben in Seligkeit führen, bleiben aber auf ewig der Fülle oder Pleroma des *Vorvaters* fern. Die dritte Gruppe ist die der Pneumatiker oder der Gnostiker. Dank der Offenbarungen Jesu werden sie sich augenblicklich ihrer Gnosis bewußt und sind dadurch gerettet, ganz gleich, was sie im Leben tun werden. Wer die Gnosis hat, lebt im Ausnahmezustand. Er ist nicht heilig oder ein besonders moralischer Mensch. Im Grunde kann er schalten und walten, wie es ihm beliebt, weil er sich bewußt ist, daß seine fleischliche Hülle vergeht und seine Seele ins *Pleroma* – jenseits der *Grenze* – hochsteigen wird. Jesu Aufgabe besteht darin, auf die Erde hinabzusteigen und den spirituellen Menschen daran zu erinnern, sich seines göttlichen Funkens bewußt zu werden. Dann will er nichts sehnlicher, als an den Ort zurückzukehren, woher das Licht stammt. Kreuzestod und Auferstehung, so wie sie die Kirche verstehen, haben für den Gnostiker keinerlei Bedeutung. Was da am Kreuz hängt, ist für den Erweckten der psychische Jesus, ein Geschöpf des *Demiurgen*, dessen wahres Wesen weder Schmerz empfindet noch vom Tode auferstehen muß, wie es die Kirche sieht. Für den gnostischen Jesus gibt es keine Kirche, die das Heil für ihre Gemeinschaft en gros gepachtet hätte. Heil ist immer isoliert zu sehen. Der Einzelne muß den göttlichen Funken in sich erkennen, denn das All wurde letztlich um seinetwillen erschaffen. An Mission oder Evangelisierung hat der Erlöser kein Interesse. Nimmt ein Pneumatiker seine Botschaft an, ist er auferstanden. Ob er nun als Asket lebt oder Fleisch ißt oder sich sexuell auslebt, ist unwichtig. Ebensowenig ist dem Gnostiker an Opfern und äußeren religiösen Akten gelegen. Sein innerer Reichtum zeigt sich äußerlich als Liebe und Vergebung. Er ist frei, weil er Kenntnis von der Wahrheit hat und nicht sündigt.

Das ist der Kern der geheimen Lehre Jesu, bei der sofort deutlich wird, warum sie nur wenigen Auserwählten zugänglich gemacht werden konnte. Auf ihr läßt sich keine kirchliche Organisation errichten. Diese geheime Lehre Jesu werden die Templer gekannt haben. Falls sie wider Erwarten keinen Zugriff auf derlei gnostische Texte gehabt haben sollten, was ich aber bezweifle, werden sie diese Geheimlehre durch die Katharer kennengelernt haben. Einige Punkte der Lehre können direkt anhand der Geschichte des Ordens belegt werden. Vor allem, daß Templern an karitativer Arbeit herzlich wenig gelegen war, weil Leid und Tod ohnehin zusammengehören. Auch das Äon *Grenze*, symbolisiert durch das griechische *Tau*, war ihnen bestens vertraut und äußerst lieb und teuer gewesen. So stieß ich auf das *Tau* beim Besuch der mächtigen Templerfestung Ponferrada im westlichen Nordspanien, wo die Ritter einstmals den Pilgerweg nach Santiago de Compostela bewachten. Nicht das Kreuz ist das Zeichen dieser Festung, sondern das *Tau*, wie man es dort an vielen Stellen vorfindet.

Sowohl die Katharer als auch ihre Vorgänger, die Bogumilen, lehnten die Kreuzverehrung, wie sie die römische Kirche vorschreibt, ab. Für sie stellte das Kreuz das alte Sonnenzeichen dar, wie es schon Jahrtausende vor dem Christentum auch im Nahen Osten verehrt wurde. Wenn die Bogumilen Jesus am Kreuz lediglich mit den Balken bildlich darstellten, so sahen sie darin immer einen lebenden Christus und keinen gestorbenen Gott. Für sie wie für Katharer konnte Jesus nur als Lebender abgebildet werden: mit weit ausgebreiteten Armen oder mit der Sonne, die seinen Kopf symbolisierte. Eines ihrer Zeichen war das gleichschenkelige Kreuz im Kreis. Dieser Vorstellung vom Kreuz – ohne den Corpus des Gekreuzigten – stimmte auch der eingeweihte Kreis der Templer zu. Nur aus diesem Grunde konnten sie, wie vermutlich böswillig dargestellt, auf das Kreuz spucken. Sie verneinten den Kreuzestod Jesu, so wie er von der römisch-katholischen Kirche gelehrt wurde. Für sie wäre vermutlich die heutige Diskussion, ob Jesus seine Kreuzigung überlebt hat, völlig unerheblich gewesen, weil für sie Auferstehung – gnostisch gesehen – immer in der eigenen Verantwortung lag. Nur so sind auch Zitate wie das folgende aus dem Templerprozeß zu verstehen: Der Templer Bosco de Masualier sagte am 13. Mai 1310 aus, als er einen seiner Mitbrüder fragte, warum am Tage der Aufnahme in den Orden der Gekreuzigte zu verleugnen sei, daß ihm von diesem barsch geantwortet worden war: »Geh zu deiner Suppe! Man weiß nicht, wo man anfangen soll ... Es handelt sich um einen Propheten ohne jegliche Macht … Es würde zu weit führen, dir das zu erzählen.«[43]

Ein Prophet ohne jede Macht? Das klingt recht hart. Gemeint ist, daß Jesus nicht als Erlöser kam, wie ihn die Kirche beschreibt: als Gekreuzigter. Die Betonung in der Bemerkung des Templers liegt auf dem göttlichen Geist Jesu. Sein Körper ist dabei unwichtig. Sein Kreuzestod ebenfalls. Jesus kommt vielmehr, um den Einzelnen zu erwecken, wenn der göttliche Funke in ihm vorhanden ist.

Exkurs: Die Sonnenorakelräder in der Bretagne und auf Mallorca

In verschiedenen Kirchen der Bretagne, aber auch in der Kirche von Inca auf der Insel Mallorca bin ich auf ein zutiefst heidnisches Kultinstrument gestoßen: das Glockenrad. In der Antike waren diese acht- oder zehnspeichigen Orakelräder, die unter anderem auch den Tempel des delphischen Apollon zierten, schon bei den Ägyptern und den Magiern Babylons beliebt. Es handelt sich um Glücksräder, die mit einem Seil angetrieben werden und deren Glöckchen leise läuten, wovon man sich noch heute überzeugen kann. Aus dem Klang und dem Verlauf des sich drehenden Rades schlossen die Eingeweihten auf das den Menschen zustehende Schicksal und nannten es seiner Form nach *Sonnenorakelrad.*
Auch im keltischen Irland war ein solches Sonnenorakel- oder Glockenrad bekannt, denn wie wir aus der *Silva Gadelica* erfahren, zog Tlachtga, die berühmteste Zauberin Irlands und Tochter des Großdruiden Mog Ruth, weit nach Osten, um eine bestimmte Form der Magie zu erlernen. Was sie fand, war das *tosende Rad*, das den Lauf der Zeiten verkündete, aber auch große Katastrophen heraufbeschwor.
Mich interessierte vor allem, wie weit nach Osten Tlachtga einst gekommen war, und bei meinen Nachforschungen stieß ich auf einen bestimmten Namen, mit dem ich im keltischen Kulturraum am allerwenigsten gerechnet hätte: Simon Magus. Die Kelten

---

[43] Zit. aus: Bernard Vaillant: Westliche Einweihungslehren. München 1992, S. 76

Das geheimnisvolle Sonnenorakelrad in der Kirche von Laniscat, Bretagne.

kannten ihn erstaunlicherweise unter dem Namen Simon Drui, den Druiden.[44] Simon Magus lebte zur Zeit Jesu und wird im Neuen Testament als böser Magier gebrandmarkt, der mit der

---

[44] Die Silbe *drui* wird oft in Anlehnung an Plinius mit *Eiche* übersetzt. Einleuchtender ist, daß der Superlativ *dru* mit dem lateinischen *videre* (sehen, wissen) über das keltische *wid* verwandt ist. Somit bedeutet Druide soviel wie *der sehr viel Wissende und Sehende.*

Hure Sophia oder Aphrodite zusammenlebt. Er war ein Provokateur, der die rechtgläubigen Christen sicherlich zur Weißglut getrieben hat, weil er vorgab, in seinem letzten Leben kein geringerer als Jesus, der Nazarener, gewesen zu sein. Simon Magus gilt als der *Vater* der christlichen Gnosis. Er soll – so die keltischen Legenden – sowohl Tlachtga als auch ihren Vater, den Großdruiden Mog Ruith, persönlich unterrichtet haben. Das bedeutet, daß das Wissen um das *tosende Rad* vermutlich durch Simon Magus nach Irland gelangt ist. Simon Magus wiederum und seine Anhänger knüpften an Wissen an, das den Isis-Osiris-Mysterien entsprungen ist. Das Mysterium des Geschlechtlichen und des Hieros Gamos spielte hierbei offensichtlich eine zentrale Rolle. Gegensätze wurden im Hieros Gamos, der Heiligen Hochzeit, vereinigt, in der Gott *mannweiblich* gesehen wird, wie wir aus den gnostischen Quellen und der alchemistischen Literatur des Mittelalters erfahren. Das Symbol des sich drehenden Weltenrades gehörte mit zum geheimen Wissen der Templer.

Templer als Gralssucher?

Bei Wolfram von Eschenbach liest der Heide Flegetanis in den Sternen und verkündet ehrfürchtig, daß es wirklich »ein dinc gebe, das der Gral hieße«. Dieser vollkommene Gegenstand, so fügt Flegetanis hinzu, werde von einem christlichen, zum reinen Leben erzogenen Geschlecht gehütet: »Wer zum Gral berufen wird, besitzt höchste menschliche Würde.«

Sind diese Männer, die ihren wahren Namen niemals verrieten und sich im 12. und 13. Jahrhundert auf die Suche gemacht haben, vielleicht Templer gewesen? Wir haben diese Frage bereits in Verbindung mit den Johannis-Rittern von San Juan de la Peña aufgeworfen. Ich will sie hier noch einmal vertiefen.

Was genau ist der Gral? Seine Identität scheint unlösbar. Ist er nun ein Kelch, eine Schale, ein Edelstein, ein Gefäß mit dem Blut Christi, etwas, das den Tod bringt, also vielleicht radioaktiv ist, wie es manche Autoren vermuten? Oder ist mit ihm gar die Bundeslade der Israeliten gemeint, wie es der Soziologe Graham

Hancock herausgefunden haben will und wie wir sie in Stein gehauen an den Kathedralen von Chartres und Saint-Denis sehen? Oder ist der Heilige Gral, wie das Autorenteam Gruber/Kersten behauptet, ein Deckname für das Turiner Grabtuch, das zugleich beweist, daß Jesus die Kreuzigung überlebt hat? Antworten, über Antworten, und keine davon ist wirklich befriedigend! Ich meine, es sind insgesamt etwas zu viele für einen einzigen Gegenstand, dem »dinc«, und die völlig divergierenden Behauptungen über ihn machen den Gral zu etwas sehr Mysteriösem – auch die mittelalterlichen Gralsromane lassen uns eher ratlos zurück. Im ursprünglichen und unvollendeten Parzival-Text von Chrétien de Troyes aus dem Jahr 1182 ist an keiner Stelle ausdrücklich die Rede davon, daß der Gral ein Becher oder eine Schale ist. Er gleicht eher einem Stein, genauer gesagt: einem Meteoriten. Ein Stein ist er auch bei Wolfram von Eschenbach. Seltsamerweise bezeichnet das Wort *Gral*, vom altfranzösischen *Gradale* stammend, aber ein Gefäß, in dem wohlschmeckende Speisen dargereicht wurden. Warum also gerade dieses Wort, wenn es sich um einen Stein handeln soll? In Sir Thomas Malorys Roman »Der Tod Arthurs« aus der Mitte des 15. Jahrhunderts wird der Gral als ein »goldenes Gefäß« beschrieben, in dem »ein Teil des heiligen Blutes unseres Herrn Jesus Christus« aufbewahrt wird. Diese letzte Vorstellung hat sich als die am meisten favorisierte herauskristallisiert, wenn es um die Identität des Heiligen Grals geht: Der Überlieferung nach hat nämlich Joseph von Arimathäa das Blut des gekreuzigten Christus unter dem Kreuz in einem Gefäß aufgefangen. Dieses Gefäß wurde mit 144 Facetten aus einem grünen Smaragd gefertigt, den der Erzengel Michael im Kampf von der Stirne Luzifers abgeschlagen hat.

Die Kraft des Grals ist nahezu überwältigend. Sein hellstrahlendes Licht ist für die Unreinen unerträglich, was ein Hinweis darauf sein könnte, daß er dem Suchenden nur nach einer langen Einweihungszeit erfahrbar wird. Wiederum ein typisch katharisches Motiv, denn der Gral ist ideengeschichtlich eng mit dem Mythos von Gut und Böse verbunden: Das Licht kämpft gegen die Finsternis, die Seele gegen ihre Gefangenschaft in der

Materie. Wer den Gral sucht, wird zugleich geführt durch das Wort im ersten Johannesbrief, dem sich sowohl die Katharer als auch die Templer verpflichtet fühlten: »Liebet nicht die Welt und nicht, was in der Welt ist. Liebet einer die Welt, ist die Liebe des Vaters nicht in ihm.« (1. Joh 2,15)

Das rührt an ein apokryphes Jesuswort: »Diese Welt ist eine Brücke. Geh über sie hinüber, aber laß dich nicht auf ihr nieder!« Gnosis vom Feinsten!

Besonders die Katharer von Montségur waren – wie wir noch hören werden – eng mit dem Gralsmythos verbunden. Ich bin davon überzeugt, daß sich die Templer des Languedoc und des Roussillon zum Hüter des Grals gemacht haben, wobei sie das Vermächtnis der Katharer nach deren Untergang in diesem einen Punkt fortgeführt haben. Aber was genau ist dieser *Punkt* gewesen?

Gehen wir also noch tiefer in den Mythos hinein: Ebenso wie später der Urstoff der Alchemisten wird auch der Gral nur mit den Waffen in der Hand errungen: mit Lanze und Schwert. Wie alt die Legende vom Heiligen Gral wirklich ist, ist kaum zu bestimmen. Der Kelch mit dem Blut Jesu und die blutbeschmierte Lanze des Hauptmanns Longinus jedenfalls, der damit Jesu Rippen durchbohrt hat, sollen auf abenteuerlichen Reisen bis nach England gelangt sein. Dort hat sie ein legendärer Fischerkönig in einem geheimnisvollen Schloß verwahrt. Dieser Fischerkönig ist anscheinend niemand anderes als Johannes der Täufer, der Gründer der Täufersekte, der selbst Mandäer gewesen sein soll. Den Mandäern soll wiederum der Vater Manis, des persischen Weisen und Religionsstifters, angehört haben. Mani selbst glaubte ähnlich wie die Katharer, daß nicht der kosmische Christus am Kreuz gestorben ist, sondern Jesus als dessen Stellvertreter. So fügt sich der Kreis der gnostischen Vorstellungen zusammen.

Im Jahre 717 findet sich in der Chronik des Heliandus ein früher schriftlicher Hinweis auf den Heiligen Gral. Später wird er mit der Artussage verknüpft, in der man ständig Rittern begegnet, die ihren Namen nicht nennen oder ihre Wappen durch andere ersetzen, um die eigene Identität zu verbergen. Sind also die Gralssucher ein Geheimbund von Männern gewesen, die Waffen mit sich führten? Ausgesandt von König Artus? Zumindest in der Literatur! Real waren sie Johannis-Ritter von San Juan de la Peña. Aber das war nur wenigen in der damaligen Zeit bekannt. Die Dichter haben den Mythos zu dem gemacht, wie er uns heute vorliegt. Denn nur einer unter den Menschen, Galahad, nichtehelicher Sohn des Lanzelot vom See, war mutig und rein genug, den Gral zu finden. Er sah ihn schließlich nach vielen Gefahren und Abenteuern und starb.

Die Suche nach dem Gral, von Berufenen und Unberufenen, stellte eine in Symbolen verschlüsselte Folge von Einweihungen dar. Sogar der heilige Bernhard von Clairvaux sprach von einem »Stein, aus dem man Honig schlagen kann«. Woher wußte er um den Heiligen Gral? Gab es eine lange hermetische Tradition, die auf die Katharer, danach auf die Templer übergegangen ist? Wir können das bejahen, denn offensichtlich hat es eine im aufblühenden Christentum geheime Gruppe von Eingeweihten gegeben, die ihr profundes Wissen in Märchen und heilige Mysterien verkleideten. In dieses Wissen flossen sicherlich Teile der druidischen Religion mit ein, aber auch Vorstellungen aus den Mithrasmysterien, die einst mit den römischen Legionären ins Land gekommen waren, und katharische Elemente vom Kampf der Guten gegen die Mächte der Finsternis.

Die Geschichte vom Heiligen Gral wurde in den Romanen der Tafelrunde erzählt und vom 12. bis zum 14. Jahrhundert in fast alle westeuropäischen Sprachen übersetzt. Das Gralsrittertum steht dabei fest in westlichen esoterischen Traditionen. Wir erfahren vom Gral in der Hauptsache durch Wolfram von Eschenbachs Dichtung. Im Gral selbst liegt alle Herrlichkeit des Paradieses. Aber es gibt auch eine Gralsträgerin – die Jungfrau Maria oder, wie ich eher vermute, Maria aus Magdala – durch die die Liebes- und Fruchtbarkeitsgöttin aus ältesten Zeiten wieder aufersteht.

Wissenschaftliche Untersuchungen haben gezeigt, daß Gralsmythos und Marienverehrung eng miteinander verknüpft sind. Allerdings hat sich diese Verbindung erst im Laufe der Zeit ergeben. Anfangs lag der Gral in Händen der Gralskönigin Repanse de Schoye, was soviel wie »der Freude Spenderin« bedeutet, wodurch die Nähe zu Maria als Gottesmutter bereits vorgezeichnet ist. Wolfram von Eschenbach bezieht sich immer wieder auf einen geheimnisvollen Meister Kyot, der das Gralsgeheimnis im spanischen Toledo gefunden und ihm mitgeteilt haben soll.

Die romantische Kapelle von Taüll in Nordspanien.

Und in der Tat gibt es in den katalanischen Pyrenäen auf dem bergumschlossenen Plateau von Taüll seit dem 12. Jahrhundert das frühromanische Kirchlein von Saint Climent, wo sich die wohl erste Gralsdarstellung des Mittelalters überhaupt befindet: die Jungfrau Maria, mit weit geöffneten Augen sowohl in sich selbst wie in weite Fernen blickend, in der Linken eine Schale hochhaltend, die eine Fülle von Strahlen aussendet. Es ist ein schier unglaubliches Bild, zeitlos auf jeden Fall. Das Gesicht der Madonna ist ungewöhnlich lang und sieht sehr fremdartig aus.

Die Gralsschale präsentiert sie auf einem in langen Falten ihres prächtigen Mantels herabfließenden Stoff von blaugrüner Farbe, was verblüffend an Eschenbachs *smaragdgrüne Seide* erinnert. Die

Gralsverheißung in Händen der göttlichen Jungfrau: die lebenspendende Fülle des Grals – eine archaische Vorstellung, wie sie die Menschen seit Urzeiten den Muttergottheiten vorbehalten haben.

Aber es ist die Frage, ob sich der Gral nur auf diese archaische Vorstellung bezieht, oder ob er nicht zugleich auch theologischen wie politischen Sprengstoff in sich birgt.

Neben allen mystischen Vorstellungen: Urmutter, lebenspendende Allernährerin – der Gral ist immer auch mit dem Kosmos verbunden gewe-

Repanse de Schoye, die Gralträgerin (Taüll).

sen –, Marienverehrung, Geheimnis von Sexualität und Liebe, für die der Gral ebenfalls steht, könnte er folglich auch ein tatsächlicher Beweis für das Vorhandensein einer göttlichen Dynastie gewesen sein, die von der Kirche und den Mächtigen als gefährlich angesehen und beiseite gedrängt wurde? Eine Dynastie des *reinen Bluts*, die letztlich über das Böse triumphieren wird. Das fußt, wie bereits dargelegt, auf der Annahme, daß Jesus mit Maria Magdalena Kinder hatte, auf die sich später das königliche Geschlecht der Merowinger gegründet hat. Mit aller Wahrscheinlichkeit haben dies die Katharer geglaubt, und Kirchen wie die von Rennes-le-Château im Razès, die der Maria aus Magdala geweiht sind, belegen diesen Glauben auch *äußerlich*. Zudem ist es höchst bedeutungsvoll und kann überhaupt kein Zufall sein, daß die spanische Kapelle mit der ersten abendländischen Gralsdarstellung nicht all-

zu weit vom katharischen Montségur entfernt liegt. Somit könnte man annehmen, daß die geheimnisvollen Gralssucher Ritter
waren, die, zu einem Geheimbund zusammengeschlossen, die
Aufgabe hatten, diesen die römische Kirche erschütternden
Schatz über die Jahrhunderte zu sichern und zu bewahren. Was
bietet sich dafür besser an als eine Institution, die schon im Kern
ketzerisch angelegt ist: die Templer!

Die Reinen und die Mönchssoldaten

Zu den *Reinen*, den Katharern des Languedoc in Südfrankreich,
hatten die Tempelritter von jeher enge Beziehungen gepflegt.
Dafür gab es mehrere Gründe. Zum einen hatten viele reiche
Landbesitzer, die sich zum katharischen Glauben bekannten
oder mit den Ideen der Geheimsekte sympathisierten, dem Orden große Ländereien geschenkt. Im Gegenzug erwarteten sie
Schutz durch die Mönchssoldaten, weil die Katharer – zumindest die Parfaits (die im Glauben Vollendeten) unter ihnen – *Pa-
zifisten* waren. Zum anderen mag es vereinzelt Templer gegeben
haben, die Katharer waren oder aus einem solchen Elternhaus
kamen. So wissen wir, daß der vierte Großmeister des Ordens –
Bertrand de Blanchefort – einem katharischen Elternhaus ent-
stammte. Mitglieder seiner Familie kämpften vierzig Jahre nach
seinem Tod Seite an Seite mit anderen katharischen Edelleuten
gegen die von Simon de Montfort angeführten Kreuzritter aus
dem Norden. Auch in den Albigenserkriegen, in denen Kirche
und Staat einen brutalen Vernichtungsfeldzug gegen die *Reinen*
führten, verhielten sich die Tempelritter neutral und beschränkten sich auf die Rolle des Beobachters. Allerdings hätte eine Ein-
mischung ihrerseits zugunsten der *Ketzer* sie selbst in eine höchst
gefährliche Lage gebracht, denn sie schuldeten dem Papst Gehorsam. Es bleibt jedoch zu fragen, was wohl geschehen wäre,
wenn sich der Orden gegen die Kirche und ihren falschen
Kampf gegen die Häresie erhoben hätte. Ein solches *Coming out*
hätte in Europa eine völlig neue Lage geschaffen, denn mit seiner Stärke und Macht hätte der Orden jedem Gegner trotzen

können. Zugleich hätten die Templer ihre eigenen *unkatholischen* Ziele offenbart, was aber wohl niemals im Sinn der templerischen Führungselite gewesen wäre! Zumindest machte der Großmeister dem Papst gegenüber deutlich, daß ein richtiger Kreuzzug gegen die Sarazenen zu führen sei und nicht gegen ketzerische Christen. Vielen Katharern wurde damals Asyl angeboten, und die Templer verzeichneten zu Beginn der Albigenserkriege einen ansehnlichen Zustrom von Katharern bis in die höchsten Ränge ihres Ordens hinein. So soll es zeitweise unter den Templern des Languedoc mehr Katharer als Christen gegeben haben. Generell kann man sagen, daß die Templer Südfrankreichs – besonders im Roussillon und Languedoc – von jeher gnostischem und hermetischem Gedankengut gegenüber aufgeschlossener waren als die Templer andernorts. Aus diesem Grunde stützten sich alle Großmeister des Ordens mit Vorliebe auf die Ritter dieser zwei Landstriche. Aus ihnen rekrutierte sich fast ausschließlich der Kreis jener Eingeweihten, die über die wirklichen Ziele des Ordens informiert waren und seine Geheimlehre kannten. Es gibt ein schlüssiges Indiz dafür, wie eng die Beziehungen zwischen Katharern und Templern waren: Während des Prozesses gegen die Templer kam heraus, daß einige von ihnen geheimnisvolle Schnüre um den Leib gebunden hatten, die sie ein Leben lang nicht mehr ablegten. Diese Schnüre trugen nur auserwählte Katharer, nämlich jene, die das Consolamentum erhalten hatten – ein katharisches Sakrament, das dem Gläubigen die Gewißheit gab, zwar ein gefallener Engel zu sein, aber in seine himmlische Heimat zurückkehren zu dürfen. Bemerkenswert, denn im Jahre 1307 gab es keine Katharer mehr, oder waren ihre Ideen allesamt in die geheime Lehre der Templer miteingeflossen?

Das Sonnenzimmer von Montségur

Die Geschichte der Katharer, vor allem aber ihr Untergang ist stark mit einem Ort verbunden: Montségur. Sein Name steht nach wie vor für das Geheimnis an sich, und dies nicht nur, weil er an die mystische Gralsburg der Artusromane, Montsalvage,

erinnert. Montségur wird von *Mont Sur*, dem *sicheren Berg*, abgeleitet, während Montsalvage der *Berg des Heils* ist. Gibt es also
Gemeinsamkeiten zwischen ihnen?

Der Montségur.

Daß durch die Burg von Montségur eine Art von Verzauberung
ausgelöst wird, liegt sicherlich auch in ihrer außergewöhnlichen
Lage begründet. Gleich einem Adlernest klebt dieser uneinnehmbare Ort auf dem schmalen Grad eines Berggipfels am
Fuße der Pyrenäen. Durch seine verfallenen Mauern bläst heutzutage der Wind, und von seinen Zinnen aus befällt einen ein
heftiges Schwindelgefühl angesichts der zerklüfteten Abhänge,
der tiefen Schluchten ringsumher, die sich dem Betrachter wie
Schlünde der Hölle öffnen. Dieser Felsblock, so scheint es, ist
mit Waffengewalt nicht zu erobern. An allen Seiten bieten die
sechzig bis achtzig Meter senkrecht abfallenden Steilhänge einen
ebenso wirksamen Schutz wie Festungsmauern. Hier oben also
stand einst die albigensische Festung, die ehemals mächtige
Katharerburg, die im 13. Jahrhundert über ein Jahr lang von den
königlichen Truppen belagert wurde. Dann, am 16. März 1244,

verließen die Bewohner von Montségur ihre Zuflucht, aber nicht, um klein beizugeben. 205 Katharer weigerten sich nach wie vor, ihrem Glauben abzuschwören, und stürzten sich singend in die Flammen des Scheiterhaufens. Am Vorabend hatte ihr Kommandant Pierre-Rogère de Mirepoix noch vier Parfaits zur Flucht verhelfen können. An Seilen hatten sie sich an der Westwand des Berges hinuntergelassen. Wer waren diese vier Männer? Vielleicht Katharer, die bestimmte Geheimnisse kannten? Oder sollten sie gar wichtige Dokumente, beispielsweise den Katharerschatz, in Sicherheit bringen? Ihre Flucht hat zu mancherlei Spekulationen um diese außergewöhnliche Geheimsekte Anlaß gegeben. Zudem wird seit Jahrhunderten darüber gerätselt, wie dieser mögliche Katharerschatz beschaffen gewesen sein mag. Gab es Hilfe von seiten der Templer – vor allem, wenn man unterstellt, daß der *Schatz* kein materieller – Gold und Edelsteine – gewesen ist, sondern von wirklich ketzerischer *Substanz?*

»Anfangs gab es zwei Prinzipien, das Gute und das Böse, und in ihnen war für alle Zeiten das Licht bzw. die Finsternis begriffen. Aus dem Prinzip des Guten kommen Licht und Geist; aus dem Prinzip des Bösen Materie und Finsternis.«[45]

Diese Sätze sind Teil des katharischen Glaubensbekenntnisses.

Im 12. Jahrhundert kam im westlichen Europa die Bewegung der Katharer auf. Sie verbargen sich nicht mehr hinter dem Namen der Bogumilen, weil sie keine Bogumilen mehr waren. Bereits die Bogumilen – vom Ansatz her Vorläufer des katharischen Glaubens – hielten sich für *Himmelsbewohner*. Der Bogumilismus war zwar weiterhin ihr Erbe, aber gelebte Erfahrungen mit den Härten einer ungerechten, ja bösen Welt verdichteten sich allmählich zu einem Dogma und einem praktischen Moralsystem. Es sei immer der Teufel, der alles Sichtbare und Vergängliche geschaffen habe, unter anderem auch den menschlichen Körper und die Sexualität. Gott hingegen habe das geschaf-

---

[45] Zit. aus: Jean Markale: Die Katharer vom Montségur. München 1990, S. 180

fen, was von Dauer ist, das Unsichtbare und die unverderbliche menschliche Seele. Der reine Mensch sei folglich himmlisch und körperlos. Die Bewegung der Katharer hat sich zunächst im Stillen formiert. In der Champagne wurde das erste katharische Bistum gegründet. In Südfrankreich ist dies wohl zuerst in der Gegend von Albi – daher der Name Albigenser – geschehen.

Die Sekte verbreitete sich rasch. Ihre *Ketzerei* bestand vor allem darin, daß die Katharer die Existenz zweier Christusfiguren annahmen: die Existenz des irdischen Christus, der in Jerusalem gekreuzigt worden war, und dies zurecht, weil er mit Maria Magdalena in wilder Ehe zusammengelebt und sogar Kinder mit ihr gehabt hatte. Und die Existenz des himmlischen Christus, der nicht aß oder trank und in der unsichtbaren Welt geboren und gekreuzigt wurde. Ich habe schon darauf hingewiesen, daß in Rennes-le-Château eine Kirche der Maria Magdalena geweiht ist, die sich der lokalen Legende nach in Razès mit ihren Kindern, deren Vater Jesus gewesen war, niedergelassen haben soll. Mit einer fränkischen Familie verbündet, sollen sie die Urahnen der merowingischen Königslinie gewesen sein.

Nach einer anderen katharischen Auffassung sei Christus am Kreuz gestorben, und zugleich geschah dasselbe mit Satan im Himmel.

Hier kam erneut der Dualismus zum Tragen, und schließlich entstand der Gedanke, Jesus und Satan seien beide die Söhne Gottes. Christus sei zudem ein Prophet, ein Lehrer, aber kein Erlöser, denn er sei nur ein Engel. Einige katharische Radikale vermuteten gar, daß Christus überhaupt keinen Leib wie jeder andere besessen habe, sondern nur einen *Corpus phantasticum*, so wie ein Zauberer ein Ding erscheinen läßt, das gar nicht wirklich vorhanden ist. Ein Scheinleib also! Und seine Wundertaten seien verächtliche Blendwerke mit der Materie, eben außergewöhnlich gut gemachte Zauberkunststückchen. Von den Gemäßigteren unter den Katharern war zu hören: »Christus? Jede gefallene Seele ist seinesgleichen.«

Mehr als Christus, und damit *reiner* als er seien die Vollendeten unter den Katharern, die *Parfaits*. Man kann sich vorstellen, daß eine solche Denkweise die Kirchenoberen zutiefst erzürnt hat.

»Meine Seele ist die Seele eines gefallenen Engels, die seither schon durch viele Körper wie durch wechselnde Käfige hindurchgewandert ist«, sagten die Katharer.[46] Sie glaubten an Seelenwanderung. Tiere töteten sie nicht, weil es ja sein konnte, daß in ihnen die Seelen von Menschen enthalten waren. Ausnahmen bildeten Schlangen, Kröten, Mäuse, Sechsfüßler, Fische und Flöhe. Geld war für die Katharer *die Fäulnis der Seele* – eine weise Erkenntnis. Niemals hätten *Parfaits* Menschen getötet, selbst dann nicht, wenn sie angegriffen wurden. Ihre gnostischen und hermetischen Wurzeln sind nicht zu übersehen. Es scheint, als hätten sie die Geheimlehre Jesu gekannt – auch wenn ihre Lehre etwas einfacher erscheint. Vieles an ihnen und ihrem Glauben liegt nach wie vor im dunkeln. Darunter auch Ereignisse, die in Montségur geschahen.

Einen Totenkult kannten die Katharer nicht. Der Leib werde niemals auferstehen, sagten sie. Dagegen werde die Seele des *Parfaits* von achtzehn Engeln durch jeden der sieben Himmel geleitet. Der katharische Himmel kannte grüne Weiden und Wiesen, Singvögel, und weder Durst und Hunger noch Hitze und Kälte. Was aus der Erde werden würde, kümmerte die Katharer wenig. Am Ende der Zeit würde sie zum *Paradies der Dummen* entarten. Die meisten glaubten jedoch, daß die Bösen in einem sinnlosen Kreislauf auf ewig wiedergeboren würden, um auf diese Weise durch immer neuere, schrecklichere Körper zu wandern.

Die Katharer selbst sahen vor allem in Papst Innozenz III. ihren gefährlichsten Feind. Der Papst wurde mit ROMA identifiziert, die Perversion von AMOR, wie das Wort rückwärts gelesen heißt. Der Papst wiederum wollte seit 1231 – erstaunlicherweise gegen den Widerstand vieler Bischöfe und einer Rei-

---

[46] Zit. aus: Arno Borst: Die Katharer. Freiburg 1991, S. 111

he von Städten – mit Hilfe der kaiserlichen Gesetze die physische Vernichtung des Katharismus erreichen. Seine getreuen Helfer dabei waren die Dominikaner und die Franziskaner. Diese beiden Orden bildeten das Institut der schrecklichen Inquisition.

Zu diesem Zeitpunkt war Montségur die Hochburg der Katharerbewegung. Ein ganzes Jahr lang belagerten die Truppen des französischen Königs diese schier uneinnehmbare Festung auf dem Felsgrat. Zuletzt stellte man den Katharern ein Ultimatum: die Übergabe Montségurs am 16. März 1244. Historiker fanden nun heraus, daß man den Ketzern auch den 15. März als Tag der Übergabe hätte diktieren können. Man hat es aber nicht getan. Warum nicht? In jenem Jahr 1244 fiel die Tagundnachtgleiche auf den 15. März. In Montségur entdeckte man später ein sogenanntes *Sonnenzimmer*. Wollte man den Katharern zugestehen, zum letzten Mal ein rituelles Sonnenfest zu feiern? Gab es einen Sonnenkult in Montségur – ein katharisches Ritual –, von dem bislang nichts bekannt geworden ist?

Das ist nicht leicht zu beantworten. Nach allem, was wir wissen, haben die Katharer nicht nur magische Praktiken, sondern generell Rituale bis auf das *consolamentum* (Tröstung) ausdrücklich abgelehnt. Trotzdem ist das *Sonnenzimmer* in Montségur nicht wegzudiskutieren. Es ist noch heute als solches sichtbar! Wozu aber wurde es benutzt? Wenn man der Theologie der Katharer folgt, dann kann ein solcher Raum nur dazu gedient haben, ein *Ort der Wandlung* zu sein. Also ein Ort, an dem der in der Materie gefangene Mensch erwacht und die wohltuenden Strahlen des anfänglichen Lichtes empfängt. Jahrhunderte später sprachen die Alchemisten in ihren Texten von einem Ort, der als Sammelbecken für die Sonnenstrahlen betrachtet wird, in dem sich die Metamorphose der Urmaterie in den Stein der Weisen vollzieht. In der Templerkathedrale von Meaux ist dies der Ort, an dem die Jungfrau Maria steht. Nur im September eines jeden Jahres wird die Figur von einem Lichtkranz aus Sonnenlicht umhüllt. Ein Phänomen, das nicht zufällig ist, sondern von den Erbauern so beabsichtigt war.

Das Sonnenzimmer des Montségur.

Aber die Alchemisten waren keine Katharer, und den Katharern war jegliche Alchemie fremd. Oder doch nicht? Neuere Untersuchungen hinsichtlich des *Sonnenzimmers* in der Halle des Wohnturms brachten erstaunliche Dinge ans Tageslicht. Die ganze Burg ist ein astrologischer Kalender, wobei jeder Sonnenstand und die diesbezüglichen Jahreszeiten meßbar sind. Noch heute! Und noch etwas kam zum Vorschein, und dieses wiederum hat mit der höchsten Erhebung des Razès zu tun – dem Pic de Bugarach bei Rennes-le-Château: Er und Montségur liegen auf demselben Breitengrad – eine geographische Übereinstimmung, die auch die Templer bei ihren Gebäuden häufig bevorzugt haben.

Nachdem ich mich ein wenig eingehender mit dem Bugarach beschäftigt hatte, stellte ich fest, daß der Berg für die Katharer eine überaus wichtige Bedeutung gehabt hatte. Zuerst erforschte ich den Namen *Bugarach*. Auf einer Karte von 1594 wird der 1230 Meter hohe Berg *Bugaraich* genannt. *Brigaragio* hieß er um 1377 und *Bugaaragium* noch einmal 150 Jahre früher. Um 880 stieß ich auf den Namen, von dem ich endlich die Wurzel ableiten konnte, nämlich *Villa Burgaragio*. *Burgar* ist der Stamm des Wortes und bedeutet *Bulgari*. Damit waren die Bogumilen gemeint, die aus dem Osten ins Languedoc eingewandert waren und ihre Religion mitgebracht hatten. Die *Bulgari* waren die Vorläufer der Katharer. Bei meinem Aufenthalt in Rennes-le-Château erfuhr ich, daß sich neuerdings Ufologen verstärkt um den Bugarach kümmern, weil sie dort eine Landebasis der berühmten *kleinen Grauen* vermuten. Viele wollen jedes Jahr Mitte Oktober unerklärliche Lichter um den Gipfel des Berges herum blinken sehen. Für die einstigen katharischen Bewohner des Razès war der Berg zwar zu jeder Jahreszeit heilig, besonders aber am 21. März und am 21. September zu den Tagundnachtgleichen eines jeden Jahres. Der Pic de Bugarach war für die Katharer vor allem ein *alchemistischer Ort* – ein Ort der Umwandlung alles Unreinen in Heiliges. Man sollte dafür heutzutage keine außerirdische Technik bemühen!

Mit diesem Wissen ist es vorstellbar, daß die Katharer am Vortag ihrer Vernichtung ein Sonnenritual abgehalten haben, denn nach ihrem Glauben ist die Sonne jenes anfängliche Licht, aus dem alle Lebewesen hervorgingen. Sollten sie dieses Ritual in manichäischer Weise vollzogen haben, so werden sie jenen mystischen Seelenflug unternommen haben, bei dem man in der Extase durch alle sieben Himmel reist, um zuletzt in jenen Ort zu gelangen, an dem das Licht von vollkommener Klarheit ist. Daß bei den Katharern die Vorstellung von den sieben Himmeln – ein Bild für die hierarchische Ordnung geistiger Ebenen – äußerst beliebt war, ist allgemein bekannt. Daß sie daraus ein geistiges Ritual gemacht haben, können wir nun annehmen.

Sang Royal – Das göttliche Blut

Und wie steht es mit der Beantwortung der Frage nach den vier geheimnisvollen *Parfaits*, die Montségur am 15. März 1244, gestärkt durch das Geheimnis des *Sonnenzimmers*, verlassen konnten? Diese vier Männer zählten somit nicht zu den 205 ermordeten Häretikern. Angesichts der Schicksalsergebenheit der Katharer – »Es gibt keinen schöneren Tod als durch das Feuer« – werden sie zwingende Gründe gehabt haben, aus Montségur zu flüchten. Welche aber könnten das gewesen sein? Ein gewaltiger Schatz, den man in Sicherheit bringen wollte? Was aber könnten vier noch so gut trainierte Männer über die steilen Abhänge und schmalen Pfade in der Nacht transportiert haben? An Gewicht nicht allzu viel, denke ich. Also doch nur geheime Dokumente? Von welcher Art könnten diese gewesen sein, daß sie gleich von vier Männern weggeschafft werden mußten? Oder sollten die vier *Parfaits* bloß bestimmte Geheimangaben weiterleiten? Jeder von ihnen besaß das gleiche Wissen, und wer immer sie auf ihre gefährliche Mission geschickt hatte, wollte durch ihre Anzahl gewährleisten, daß zumindest einer von ihnen durchkam. Dies scheint am wahrscheinlichsten. Jeder der vier Männer scheint seine Geheimangaben überbracht zu haben, denn keiner von ihnen fiel seinem Feind in die Hände. Aber sie verschwanden, ohne Spuren zu hinterlassen. Hätten die Spitzel der Inquisition und des Königshauses etwas ausfindig machen können, wäre es sicherlich bekannt geworden. Worin aber bestand ihre geheime Botschaft? Und wer hat sie erhalten?

Einige denken, daß es sich bei den Geheimangaben um Informationen über den Heiligen Gral gehandelt haben muß. War er der geheime Schatz der Geheimsekte? Der Gral selbst ist ja ein Behältnis, das Christi Blut enthalten haben soll. Mit ihm verbindet sich sogleich die Vorstellung einer Elitetruppe, eines heiligen Geschlechts, das in einer teuflischen Welt die ursprüngliche Reinheit aufrechterhalten mußte. Hier treffen sich eigentümlicherweise Grals- und Katharermythos, wobei bei den Katharern ein möglicher Schatz nicht materiell vorstellbar sein kann. Wolfram von Eschenbach nennt die Gralshüter, wie wir wissen, *Templer*. Diese wiederum hatten eine Allianz mit den Katharern. Manche behaupten sogar, daß die Tempelritter die *Exekutive* der Geheimsekte gewesen waren. Fest steht jedenfalls, daß es starke Verbindungen zwischen den Templern und den Katharern von Montségur gegeben hat. Was den Heiligen Gral betrifft, so lassen sich merkwürdige Wortvarianten finden: *Saint Gral* hieß im 15. Jahrhundert *sangreal*, was an das französische *sang royal*, also *königliches Blut* erinnert. Ist der Heilige Gral also ein Hinweis auf das Königsgeschlecht, bestehend aus der Familie der Gralskönige, das traditionsgemäß über Joseph von Arimathäa auf den biblischen König David zurückgeleitet wird? Das Ganze ist äußerst verwirrend. (So soll das *sang royal* auch in den Adern der Familie der Habsburger fließen.) Hinter allem steckt die Vorstellung, daß Jesus zusammen mit Maria Magdalena Nachkommen gehabt habe. Diese angeblich reuige Prostituierte ist diejenige gewesen, der Jesus nach seiner Auferstehung zuerst erschien. Maria Magdalena wiederum soll mit ihren Kindern ins südfranzösische Razès – das spätere Katharergebiet – gekommen sein, wobei sie vorher, wie es die Sinti und Roma glauben, in Saintes-Maries-de-la-Mer in der Camargue an Land gegangen ist. Ihre Kinder haben dann ein Geschlecht begründet, aus dem später dasjenige der Merowinger hervorging. Dieses wiederum wurde vor allem durch den wenig glorreichen Einfluß der katholischen Kirche zugunsten der Karolinger verdrängt.

Der Schatz der Katharer bestünde demnach in dem Beweis für die Existenz einer verbürgten göttlichen Dynastie, die durch die karolingischen Usurpatoren und ihre Nachfolger, die Karpetinger, zurückgedrängt wurde. Eine solche Hypothese korrespondiert seltsamerweise mit dem westeuropäischen *Mythos vom großen Monarchen*, einem legendären Weltenherrscher, der um das Jahr 2000 n.Chr. erscheinen soll und einem göttlichen Geschlecht angehört. Einigen Legenden zufolge soll er aus den geheimnisvollen Tälern der Razès wieder auftauchen – nach einem jahrhundertelangen Schlaf wie König Artus, der in naher Zukunft seine Insel Avalon verlassen, oder Friedrich I., der ebenfalls wieder erscheinen wird, oder Friedrich Barbarossa, der im Kyffhäuser liegt und schläft. Es ist nicht unwahrscheinlich, daß dieser Mythos von einem König, der am Ende aller Tage auftritt, sich auf den *Schatz* der Katharer zurückführen läßt und demnach nichts anderes ist als das Wissen um das heilige und mystische Gralsgeschlecht, das bis auf König David zurückgeht und über Joseph von Arimathäa, vielleicht Maria Magadalena und Jesus bis zu Lanzelot vom See reicht. Das wäre dann der wahre *Heilige Gral*, das *sang royal*, wie es auch der Schriftsteller Jean Markale sieht.

Man kann also nicht ausschließen, daß es gerade um dieses esoterische und im höchsten Maße ketzerische Wissen ging, das die
vier *Parfaits* in der Märznacht des Jahres 1244 vor der Übergabe
der Festung Montségur fortgetragen haben. Vielleicht schafften
sie sogar gesicherte Beweise, alte Dokumente, weg, versteckten
sie an einem unbekannten Ort oder übergaben sie den Templern des Languedoc.

Es gibt einen alten Lobgesang auf Maria Magdalena, dessen
zweite Strophe lautet: »Die verlorene Drachme ist im königlichen Schatz verborgen, und der Edelstein, gereinigt vom
Schmutz, strahlt heller als die Sterne.« – Ein Hinweis auf den
Gral, der die göttliche Seele enthält? In einigen französischen
Märchen, wie in »Der seelenlose Körper«, haben sich über die
Jahrhunderte katharische Motive bewahrt: »Meine Seele ist in
einem feuerroten Ei und befindet sich im Körper einer Taube.
Die Taube ist in einem Fuchs, der Fuchs in einem Wolf, der Wolf
in einem Eber, der Eber in einem Leoparden, der Leopard in einem Tiger, der Tiger in einem Löwen, der Löwe in einem Men-
schenfresser, der weder Mensch noch Tier ist.«[47] – Eine in der
Tat traurige Vorstellung, die den Fall der Seele in die Materie
symbolisiert. Haut und Schale müssen entfernt werden, um an
das verborgene Göttliche zu gelangen. Dieses Volksmärchen hat,
wie auch beispielsweise »Pelleas und Melisande«, bis heute den
Glauben der vernichteten Geheimsekte der Katharer bewahrt.

Das Geheimnis der heiligen Maria
Magdalena von Rennes-le-Château

»Jesus aber, da er auferstanden war früh am ersten Tag der Woche, erschien am ersten der Maria Magdalena, von welcher er
sieben Teufel ausgetrieben hatte«, schreibt der Evangelist Markus
(16,9). Maria Magdalena ist auf vielen mittelalterlichen Bildern

---

[47] Zit. aus: Jean Markale: Die Katharer vom Montségur. München 1990, S. 309

zu sehen. Ihre äußerlichen Kennzeichen sind ein roter langer Umhang, goldblondes Haar, schöne Gesichtszüge, mitunter barbusig, aber fast immer am Fuße des Kreuzes stehend, an dem Jesus hängt. Sie weint, und beinahe hat es den Anschein, als wäre sie die einzige aus der Gruppe der Umstehenden, die aufrichtig trauert. Jene Maria aus Magdala kennen die Christen als reuige Sünderin und die Gnostiker als Geliebte des Herrn. Die schöne, in Tränen aufgelöste Büßerin ist in Frankreich fast überall gegenwärtig, am häufigsten jedoch in der Provence, im Languedoc und im Roussillon. Darüber hinaus ist ihr Name vielfältigen Dingen verliehen worden, wie beispielsweise einer Entwicklungsstufe der jüngeren Steinzeit, dem *Magdalénien* nach dem Fundort *La Madeleine* in der Dordogne. Aber auch eine Insel nördlich von Sardinien trägt ihren Namen, ebenso wie Colleges in Cambridge und Oxford, Bergketten in Nord- und Süditalien, Orte in Österreich und Estland und zahllose Städtchen und Dörfer mit ihr geweihten Kirchen überall in Europa. Außerhalb Europas wurde ein Strom in Kolumbien nach Maria Magdalena benannt und eine Insel der Marquesas im Südpazifik. Ich bemerkte schon relativ früh bei meinen Recherchen zur Geheimlehre der Templer, daß Maria Magdalena eine sehr wichtige Rolle spielte. Ihre Person tauchte versteckt oder offen immer wieder auf – Grund genug, mich intensiv mit ihrer Gestalt auseinanderzusetzen, wobei das Ergebnis auch für mich eine Überraschung darstellte.

Ganz am Anfang standen zwei Begegnungen; die erste mit René d'Anjou, der als Großmeister der geheimnisvollen Prieuré de Sion betrachtet wird und der eine Nachbildung jener echten Gralsschale besessen haben soll, wie sie jahrzehntelang im Kloster San Juan de la Peña in den Pyrenäen versteckt gehalten wurde. In die Schale des Königs René d'Anjou waren zwei Sätze eingraviert: »Wer die Tiefe trinkt, sieht Gott. Wer sie in einem Schluck leert, sieht Gott und Maria Magdalena.« Auch René war wie viele andere Suchende im südfranzösischen Saintes-Maries-de-la-Mer (Camargue) gewesen, um die sterblichen Überreste der schönen Büßerin zu finden, die dort seit Jahrhunderten vermutet wurden. Andere wollten sie vor ihm in Saint-Maximin entdeckt haben. Aber in Wirklichkeit lagen sie weder an dem einen noch an dem anderen Ort!

Die zweite Erfahrung, die ich machte, ergab große Verblüffung. Ich entdeckte Maria Magdalena nämlich auf dem weltberühmten Fresko »Das Abendmahl« von Leonardo da Vinci. Ein Kunstwerk wirklich verstehen heißt, es durch die Seele ziehen zu lassen. Und je länger ich das Bild des italienischen Genies betrachtete, desto mehr war mir bewußt, daß die Person zur Rechten von Jesus, die die Kunsthistoriker als Johannes, seinen Lieblingsjünger, deuten, in Wirklichkeit eine Frau ist. Denn auffallend sind die grazilen Hände, das feine Gesicht, die weibliche Brust und das Goldcollier! Zudem gibt es bezüglich der Kleidung interessante Entsprechungen zwischen ihr und Jesus, den der große Künstler in seinen Anmerkungen zum Bild *Erlöser* nennt. Jesus trägt einen blauen Rock und einen roten Mantel – sie einen roten Rock und einen blauen Mantel. Und als ob Leonardo da Vinci für alle, die wirklich sehen können, eine weitere visuelle Bestätigung ihrer Vermutung, um wen es sich bei dieser Gestalt denn handeln könnte, im Bild hinterlassen wollte, so ergibt sich für den Betrachter aus der Anordnung des Ensembles – Jesus/Maria – auf dem Gemälde ein großes M. Man wird den Eindruck nicht los, daß Leonardo da Vinci mit dem Abendmahl-Fresko seinen ganz persönlichen Glauben über das Verhältnis zwischen Maria aus Magdala und Jesus darlegen wollte, vor allem, wenn man weiß, daß er das Fresko nur schuf, um eine geheime Botschaft darin zum Ausdruck zu bringen. Das ist bekannt – nur um welche Botschaft es sich handelt, weiß niemand so genau. Einige haben nicht schlecht vermutet, daß der Künstler die herausragende Stellung der Astrologie zu seiner Zeit durch das »Abendmahl« zur Geltung bringen wollte. Dann stünden die zwölf Apostel für die verschiedenen Sternzeichen, von denen dann Johannes, oder besser gesagt Maria Magdalena, zum Sternzeichen Waage zählen würde. Ihre übereinandergelegten Hände symbolisieren Ausgleich und gefühlvolles Abwägen.

Das große Genie des Mittelalters ist ja in der Tat ein ungewöhnlicher Mensch gewesen. Am eindrucksvollsten fand ich neben seinen Entwürfen von *Flugmaschinen* die Erfindung des Fahrrades – eine Zeichnung, die erst im Jahre 1960 entdeckt wurde. Staunend, wenn nicht gar verblüfft, betrachtet man Leonardos Entwurf, der zwei gleich große Räder und eine Kette zeigt, die das Hinterrad durch Pedale antreibt. Was um alles in der Welt hat den Künstler und Ingenieur vor 500 Jahren dazu gebracht, sich ein Fahrrad auszudenken? Ein Flugzeug scheint da eher verständlich, wenn man den uralten Wunsch des Menschen bedenkt, sich wie ein Vogel in die Lüfte zu erheben. Aber über Holper- und Matschwege im Mittelalter zu radeln, ist eine eher unglaubliche und zugleich frustrierende Vorstellung!

Doch zurück zu Maria Magdalena. Nachdem ich davon überzeugt war, daß sie und nicht Johannes von Leonardo beim »Abendmahl« rechts neben Jesus gesetzt wurde, stieß ich auf eine Liste der Prieuré de Sion, auf der Leonardo da Vinci neben Persönlichkeiten wie Isaac Newton, Robert Fludd, Victor Hugo, Claude Debussy und Jean Cocteau als Großmeister der Prieuré genannt wird. Also befand sich auch Leonardo da Vinci im Besitz von esoterischem oder ketzerischem Geheimwissen? Wenn ja, was wollte er uns mit seinem *M* zeigen? Maria Magdalena war zwar alles andere als in der Kirche geächtet, allerdings war es dreist, sie zusammen mit Jesus und den Jüngern beim letzten Abendmahl zu präsentieren. Worauf genau wollte Leonardo hinaus?

Ich *kniete* mich in die gnostische Literatur, um mehr über die schöne Frau aus Magdala zu erfahren. (Magdala soll gemäß der geheimen Überlieferung *erhaben, groß* oder auch *Turm* bedeuten, was sich aber nicht belegen läßt.) Dabei stieß ich auf bemerkenswerte Aussagen. Maria Magdalena galt als die erste unter den Aposteln, weil Jesus ihr mehr als anderen anvertraut hatte. Und anscheinend war sie es, die er als seine Nachfolgerin auserwählt hatte und nicht Petrus, den Fischer. »Petrus sprach zu Maria: Schwester, wir alle wissen, daß der Retter dich lieber hatte als die anderen Frauen. Sage du uns Worte des Retters, derer du dich erinnerst und die du kennst, wir aber nicht, weil wir sie auch nicht gehört haben«, lesen wir im gnostischen Evangelium der Maria Magdalena.[48] Einzig Maria Magdalena kannte also die wahren Geheimnisse der Lehre Jesu. Ihr hatte er alles offenbart, Dinge, die seine Jünger nicht kannten. Jedenfalls teilen uns das die gnostischen Texte mit. Warum, so fragte ich mich, wurde sie derart bevorzugt? Welches Geheimnis umgab sie und Jesus, daß uns selbst Leonardo da Vinci darauf hinweisen wollte und dies in einer ihm nur verschlüsselt möglichen Weise?

Eines von den Graffiti in Domme, wo 70 Templer zwischen 1307 und 1318 inhaftiert gewesen waren, weckte meine Neugier. Es handelt sich um eine sehr ungewöhnliche Kreuzigungsszene, bei der Joseph von Arimathäa das Blut Jesu in einer Schale auffängt. Links von ihm steht eine halbnackte Frau, die vermutlich einen Zweig in ihrer Hand hält. Maria Magdalena? Vielleicht! Sie wird sowohl von den Templern als auch von den Katharern immer mit dem Gral in Zusammenhang gebracht. Auf eben jenen Zusammenhang stieß ich erneut in der Kirche von Rennes-le-Château, die schon vor der Zeit des Abbé Saunière der heiligen Maria Magdalena geweiht gewesen war. Die Sünderin ist an vielen Orten im Roussillon präsent. Aber warum gerade hier und derart häufig, fragte ich mich? In der kleinen häßlichen Kirche hatte Abbé Saunière verschiedene Heilige aufgestellt. Magdalena einmal ausgelassen, stieß ich auf den heiligen Germain, den heiligen Rochus, den heiligen Antonius von Padua und den heiligen Antonius, den Einsiedler. Nicht zu vergessen unterhalb der Kanzel: der heilige Luc. Zusammen ergeben ihre Anfangsbuchstaben den Begriff GRAAL, mit zwei A geschrieben. Über allen thront erneut Maria Magdalena. Das kann kein Zufall sein, und so begann ich im folgenden zu untersuchen, von welcher Art das Verhältnis zwischen dem wackeren Abbé und der schönen Büßerin gewesen war. Das Ergebnis: Er war besessen von Maria Magdalena. Das heißt, bei ihr liegt der Schlüssel für das Rätsel von Rennes-le-Château.

Abbé Saunière hat enorm viele Hinweise darauf hinterlassen, daß ihm der Kult um Maria Magdalena äußerst am Herzen lag.

[48] Zit. aus: Gnosis – Das Buch der verborgenen Evangelien. Augsburg 1994, S. 278

Das Fest der Heiligen ist der 22. Juli. Die Zinnen des Magdalenenturmes und ebenso die Stufen innerhalb des Turmes sind genau 22 an der Zahl. Der von ihm umgewandelte Spruch »Durch dieses Zeichen wirst du *Ihn* besiegen«, erhält durch den Zusatz *Ihn* bzw. *le* im Französischen genau 22 Buchstaben. Je zwei Treppen mit jeweils elf Stufen führen zur Terrasse des Abbé – also erneut 22 insgesamt!

Durch eine günstige Fügung und mit Hilfe eines Freundes lernte ich bei einem Besuch in Rennes-le-Château Antoine Captier kennen, den Enkel von Abbé Saunières Glöckner. Ich fragte ihn, ob er aus dem Bauch heraus sagen könnte, wofür sich seiner Meinung nach Saunière am meisten interessiert hatte. Von einem möglichen Schatz einmal abgesehen. Seine Antwort überraschte mich keineswegs: »Das ist ganz leicht für mich zu sagen, weil der Abbé niemals daraus einen Hehl gemacht hat«, erklärte der Mann spontan. »Wir alle wußten, daß er Freimaurer war. Er zelebrierte den Schottischen Ritus, der sich direkt auf die Geheimlehre der Templer bezieht. Zum anderen galt seine ganze Liebe Maria Magdalena, für die er die Kirche so schön wie möglich herrichten wollte.«

Daß dem Abbé Saunière die Symbole und Riten der Freimaurerei nicht unbekannt gewesen sein müssen, hatte ich beim Besuch seiner Kirche mehrmals festgestellt. Vor allem der Kreuzweg mit der neunten Station zeigt direkte Bezüge zum Grad des *Ritters* im Schottischen Ritus und damit auch zu den Templern. Weitere Nachforschungen ergaben, daß der Künstler des Kreuzweges in der Kirche von Rennes ein Mann namens Giscard aus Toulouse gewesen ist, der ebenfalls – wie hätte es auch anders sein können – Freimaurer war. Jeder katholische Bildhauer hätte sich in jener Zeit entschieden geweigert, einen solch ketzerischen Kreuzweg anzufertigen. Wer sich einmal länger in der Region um Rennes-le-Château aufhält, der wird feststellen, daß Giscard denselben Kreuzweg – abgesehen von seinen *Anomalien* – auch für die Kirche Jean Baptiste in Couiza anfertigte. Ob früher oder später, konnte ich nicht in Erfahrung bringen.

Templer, Freimaurer und Maria Magdalena in Rennes. Ich war auf der richtigen Spur! Als nächstes interessierte mich das Grab von Marie de Nègre d'Ables, Dame d'Hautpoul de Blanchefort. Mit Hilfe ihres Grabsteins und der seltsamen Inschrift, über die wir später noch sprechen werden und die bei nur 20 Wörtern elf Fehler aufweist, hatte Saunière das Rätsel um den angeblichen Schatz gelüftet, wobei er die Grabplatte anschließend zerstörte, um das Geheimnis alleine zu besitzen. Weil die Familie Blanchefort ihn beschuldigte, das Andenken der Vorfahrin entehrt zu haben, ersetzte er den Stein durch eine Kopie, die allerdings nicht mehr die Besonderheiten der Inschrift enthielt. Aber es existiert eine von Hand angefertigte Kopie der ehemaligen Platte, weshalb wir heute wissen, wie sie ursprünglich ausgesehen hat. Die Buchstaben, untereinander gelesen, ergaben jenen lateinischen Ausspruch, den auch der Maler Nicolas Poussin in seinem berühmten Bild »Die Hirten von Arkadien« verwendet hatte: »Et in Arcadia ego« (Auch ich bin in Arkadien!). Wer ist dieses *Ich*? Jesus? Warten wir es ab!

Das heute nicht mehr vorhandene Grab von Marie de Nègre bestand aus zwei Steinen: Einer bildete das Kopfende, und der andere, größere bedeckte das eigentliche Grab gänzlich. Vom ersteren ist nur noch eine Zeichnung, wenngleich eine gute, vorhanden. Wer war diese Dame gewesen, die 1781 starb und auf dem Friedhof der kleinen Gemeinde beerdigt worden war? Ich hatte bis dato jede Menge Literatur über das Geheimnis von Rennes-le-Château gelesen. Alle Autoren hatten sich kluge Gedanken um das vermeintliche Rätsel und auch um den Grabstein der Dame d'Hautpoul de Blanchefort gemacht, aber keiner von ihnen hatte sich die Frage gestellt, warum sie nicht wie alle anderen ihrer Familienmitglieder auf ihrem eigenen Grund und Boden in der Familiengruft beerdigt worden war. Das ist doch äußerst ungewöhnlich! Ein wichtiges Teil in meinem Puzzle kam hinzu, als ich herausfand, daß die Familie d'Hautpoul eng mit der Freimaurerei verbunden gewesen war. Und zwar mit dem Rektifizierten Schottischen Ritus, dessen 6. Grad – ein blauer – *Ritter der Heiligen Stadt* hieß und somit die Templer meinte. (Blau sind auch die zwei Äpfel, die das Sonnenlicht einmal im Jahr auf die Wand der Kirche von Rennes projiziert.) Inhaltlich ist der RSR (Rektifizierte Schottische Ritus) vor allem auf christlicher Basis aufgebaut, wobei sich seine Mitglieder dem Geist der Ur-kirche ohne Papst und ohne die Institution der Kirche verpflich-tet fühlen. Ich fragte mich sodann, wie die Situation für Abbé Saunière nach seiner Ankunft in Rennes-le-Château ausgesehen hatte. Was genau fand er vor? Er fand einen Hinweis auf das Grab der Adeligen und entdeckte den seltsamen Grabstein, den sein Vorgänger Abbé Antoine Bigou ein Jahrhundert vorher so aufgestellt hatte – nebenbei bemerkt: zehn Jahre nach dem Tod der Dame d'Hautpoul de Blanchefort! Aber wie kam Saunière überhaupt auf die Idee, sich damit zu befassen? Warum war er in der Lage, eine Geheimschrift zu entziffern? Weil er nicht voll-kommen ahnungslos nach Rennes gekommen war, sondern be-reits vorher gewußt hatte, was ihn dort erwartete! Denn es ist doch recht merkwürdig, daß sowohl der Abbé Bigou als auch sein Amtskollege Abbé Saunière beide ihre erste Pfarrstelle in dem 20 Kilometer von Rennes entfernt liegenden Bergdorf Clat hatten. Sollte Saunière vielleicht schon in Clat auf einen Hinweis seines Vorgängers gestoßen sein? Vermutlich ja, denn man weiß, daß er seinerzeit alles versucht hatte, um in das *Nest* Rennes-le-Château versetzt zu werden. Bigou selbst gestaltete den Grab-stein der Adeligen kurz vor Beginn der Französischen Revolu-tion; er mußte später nach Spanien fliehen, wo er vermutlich 1793 starb.

Meine Recherche hinsichtlich der Familiengruft der d'Hautpouls endete mit einer Überraschung. Es gab diese Gruft nicht, oder vielmehr: es hatte sie gegeben, aber niemand kannte mehr ihren Eingang. Im Kirchenregister, das im Museum von Rennes-le-Château ausliegt, steht schwarz auf weiß geschrieben, daß die Familiengruft von 1694 bis 1726 in Gebrauch gewesen sei und daß sie nichts anderes als die Krypta der Kirche Sainte-Made-leine war. Denn die Kirche, die der heiligen Maria Magdalena geweiht ist, wurde von den d'Hautpouls erbaut. Ihr Zugang be-fand sich innerhalb der Kirche und war vermutlich von Saunière unter dem *Stein des Ritters*, der heute im lokalen Museum ausgestellt ist, entdeckt worden. Später gab es diesen Zugang dann unbegreiflicherweise nicht mehr, was ich ehrlich gesagt sehr ungewöhnlich finde. Meiner Meinung nach liegt Marie de Nègre noch immer in der unzugänglichen Familiengruft unterhalb der Kirche. Warum sollte sie auch nicht dort beerdigt worden sein? Abbé Bigou hat ihr *Grab* vielleicht nur scheinbar nach außen verlegt, um durch den ausgefallenen Grabstein einem Suchenden wie Saunière einen wichtigen Hinweis zu geben. Aber dieses *doppelte* Grab erfüllt noch einen anderen Sinn. Denn überraschenderweise gibt bzw. gab es auf dem Friedhof von Rennes-les-Bains – zehn Kilometer von Rennes-le-Château entfernt – ebenfalls ein *doppeltes* Grab für nur eine Person. Es handelt sich um die *Gräber* von Paul-Urbain, Graf von Fleury, der auf zwei Grabsteinen mit unterschiedlichen Daten verewigt wurde. Auf dem ersten Grabstein starb Fleury am 7. August 1856, auf dem zweiten zwanzig Jahre früher, nämlich 1836. Geboren wurde der Mann 1778. Was ist von den beiden Grabsteinen zu halten? Ein übler Scherz? Keineswegs! Warum aber dann zwei Gräber für nur eine Person? Weil es sich bei dem Grafen Paul-Urbain de Fleury um einen Eingeweihten handelte! Die Einweihung ist ein symbolischer Tod, aus dem eine zweite Geburt hervorgeht. Seine Grabinschrift lautet: »Er ist gegangen, um das Gute zu tun!« Derart ist die Qualität von Rose und Kreuz des Logenbruders Fleury. Der Graf gehörte der Loge Carbonari in Limoux an. Meiner Meinung nach war auch die Dame d'Hautpoul initiiert und verdiente deswegen zwei Gräber. Daß es weibliche Freimaurerlogen in Frankreich gab und gibt, ist wenig bekannt. Doch bereits Königin Marie-Antoinette war Mitglied einer rein weiblichen oder gemischten Loge *(Obödianz)*, die im übrigen vom Grafen Cagliostro auch in Deutschland um 1760 gegründet worden waren.

Dies war also das Geheimnis der Marie de Nègre, auf das auch Abbé Bigou aufmerksam machen wollte. Aber eben nicht nur darauf! Saunière erhielt sein Leben lang Geld von unbekannten Gönnern. Vermutlich von der Prieuré de Sion und anderen, die sein Geheimnis unterstützten. Welches Geheimnis war das? Daß er den Merowingerschatz entdeckt hatte? Aber weshalb hätte er dann noch finanzieller Zuwendungen bedurft? Nein! Es ging um etwas gänzlich anderes. Nicht so sehr um Geld, sondern um eine Suche und eine vermutlich gemachte Entdeckung in der Umgebung von Rennes-le-Château.

Die Entdeckung des Abbé

Um 1892 erhielt der eifrige Abbé – der zugleich ein angesehener Freimaurer war, was wir nicht vergessen dürfen – von einem Gönner eine gewaltige Summe Geld. Wofür? Was hatte er entdeckt? Oder war es gar Geld, durch das er zum Stillschweigen verpflichtet wurde? Was hätte dieses Verbot hervorgerufen? Ein großes Rätsel? Gar nicht so sehr, wenn man sich einmal genau anschaut, worum es Saunière in erster Linie ging und wie genau seine Aktivitäten aussahen.

Im Jahre 1996 machte in Deutschland das Buch der beiden Engländer Richard Andrews und Paul Schellenberger »Das letzte Grab Christi« Furore. Darin gehen sie – wie viele Forscher vor ihnen auch – der Frage nach, was das eigentliche Geheimnis des Abbé Saunière gewesen war. Mit ihrer These, es war das Wissen um das Grab Christi – verborgen im Pêch Cardou und von den Templern dort im Mittelalter angelegt –, schossen sie in der Tat den Vogel ab bezüglich aller Spekulationen, die bis dahin gemacht worden waren. Man muß den beiden Autoren zugute halten, daß sie niemals behauptet haben, sie hätten das Grab Christi gefunden, sondern immer nur, daß sie aufgrund einer Anzahl von bislang geheimen *geometrischen Schlüsseln* in diversen Bildern und den Texten, die auch Saunière zur Verfügung standen, annähmen, in der Flanke des Pêch Cadou könnte das Grab des Erlösers verborgen liegen.

Leider haben die Autoren keinerlei Rücksicht auf die jahrhundertealten Traditionen im Ariège-Gebiet genommen. Für sie war klar, daß auch ein Künstler wie Nicolas Poussin, der vor über 400 Jahren »Die Hirten von Arkadien« (Teil 1 und 2) gemalt hat, wo auch ein Grab zu sehen ist, bei diesem nur an das Grab Chri-

Der Pêch Cadou, wo einige Autoren das Grab Christi vermuten.

sti gedacht haben muß. Wahr ist hingegen, daß Poussin mit einem Kapuzinermönch befreundet gewesen war – Polycarpe de la Rivière –, der im Kloster von Saint-Croix-en-Jarez lebte. Dieses wurde im 13. Jahrhundert von Béatrice, Gräfin von Roussillon, nach dem Tod ihres Mannes gegründet und zu einer heiligen Stätte der Maria Magdalena erkoren. Sie soll aus Jerusalem kommend im Süden des Landes in Mas de la Madeleine an Land gegangen sein und der Überlieferung zufolge im Gebiet um Rennes-le-Château gelebt haben. Auch Polycarpe war ein glühender Verehrer der Maria Magdalena und gehörte zusammen mit Nicolas Poussin einer geheimen Gesellschaft an, die sich Societé Angélique nannte. Diese Information verdanke ich Antoine Bruzeau, der sich in seinen Büchern gerade mit diesem Aspekt Poussins und seinen Beziehungen zu Rennes-le-Château beschäftigt hat.[49] Der Künstler Poussin wird die Spekulationen über Maria Magdalena und ihren Aufenthalt im Razès gekannt

[49] Antoine Bruzeau: De Rennes-le-Château au Pilat. Paris 1992, S. 82

haben. Alles in dieser Region ist mit Maria Magdalena in irgendeiner Weise seit uralter Zeit verbunden. Sämtliche lokalen Legenden und esoterischen Traditionen in dieser Region betreffen einzig diese Frau. Es gibt hier einen Magdalenen-Kult, aber keinen um Christus! In der Nähe des Klosters von Saint-Croix führt eine schmale Straße durch die Hügelkette von Pilat zu einem erhöhten Punkt, auf dem die Kapelle Marie Madeleine steht. Dort befindet sich ein Bild der Maria Magdalena, das verblüffende Ähnlichkeit mit dem von Rennes-le-Château aufweist. Von hier aus gelangt man zum Dorf Malleval, in dessen Kirche identische Statuen des heiligen Antonius von Padua, des heiligen Antonius, dem Einsiedler, des heiligen Luc und des heiligen Germain stehen.

Gibt es einen Beweis dafür, daß Saunière die Gegend von Pilat gekannt und auch besucht hat? Den gibt es! Saunière teilte es uns auf seine eigentümliche Weise mit. Im Hintergrund des Flachreliefs der vor einem *bois vivant* (Kreuz mit Wurzeln) knie-

Maria Magdalena und der »bois vivant« in der Kirche von Rennes-le-Château.

enden Maria Magdalena in seiner Kirche erkenne ich eine Arche (lateinisch: *pyla*) und eine Säule (*pila* auf keltisch), was beides phonetisch an *Pilat* erinnert. Zudem erinnern die Berge hinter beiden Details an jene von Pilat.

Und noch etwas: ich bin davon überzeugt, daß Saunière alle Legenden und Details des Magdalenen-Kults in Südfrankreich gekannt hat. Eine der angeblichen Maria-Magdalena-Stätten ist das berühmte Saint-Maximin-la-Baume in der Provence. Ein typisches ikonographisches Element dieser Maria Magdalena ist eine kleine Vase aus Alabaster, in der sich ein bestimmter Balsam (Baume) befindet. Dieses ikonographische Element nimmt Saunière nicht in seine Darstellung der Maria Magdalena auf. Warum nicht? Weil er genau weiß, daß ihr angeblicher Schädel, der dort ausgestellt ist, nicht derjenige der schönen Büßerin ist.

Warum sollte sich Abbé Saunière all diese Mühe gemacht haben, wenn es ihm nicht um jene schöne Büßerin aus Magdala gegangen wäre? Er war nach Pilat gekommen, um nach ihren Gebeinen zu forschen. Er wollte diese finden und nach Rennes schaffen lassen. Und er schien dabei die Unterstützung reicher, unbekannter Gönner gehabt zu haben. Das allein macht Sinn. Zudem wissen wir, daß Saunière vorhatte, eine neue Religion zu stiften. Wer ist als *Patronin* einer solchen besser geeignet als Maria Magdalena? Ihr mögliches Grab im Süden Frankreichs interessierte seit Jahrhunderten frühe Christen, Katharer, Templer und andere okkulte Gruppen. Henry Lincoln, ein anderer Forscher in Sachen Rennes-le-Château, wurde einmal gefragt, was man wohl im Grab der Maria Magdalena zu finden hoffe. »Ihren Ehevertrag mit Jesus von Nazareth«, antwortete Lincoln schmunzelnd. Damit wird klar, daß die Magdalena eher im Brennpunkt der Ketzer und Esoteriker steht als in dem der orthodoxen Christen, stellt sie doch eine nicht zu unterschätzende Gefahr dar. Sie könnte das Gebäude der Institution Kirche zum Einsturz bringen, weil durch sie der wirkliche Jesus zutage tritt. Und wenn ich mir Nicolas Poussins berühmtes Gemälde »Les Bergers d'Arcadie II« genau ansehe, dann erkenne ich in der einzig aufrecht stehenden Person rechts eine Frau. Sie trägt ein blaues Kleid und einen gelblichroten Überwurf. Ihr Haar wird durch ein Kopftuch teilweise verdeckt. Wer ist sie? Eine Hirtin? Könnte sie nicht auch diejenige sein, die ich im Grab vermute, auf das die Hirten so eindrucksvoll zeigen, nämlich Maria Magdalena? Und wenn ich schon einmal Vermutungen anstelle, dann erkenne ich auf einen Blick, daß der kniende Hirte, der mit seinem Finger auf den Buchstaben *R* am Grab zeigt – das *R* gehört zur Inschrift *Arcadia* –, dieses *R* durch seinen Finger zu einem *M* umwandelt. Das gelingt ihm, weil der Bogen des *R* von Poussin nicht als geschlossener gemalt wurde.

Auf der Grabplatte von Marie de Nègre stehen vier Wörter, die schon einige Personen zu allen nur möglichen Spekulationen veranlaßt haben:

REDDIS	REGIS
CELLIS	ARCIS
PRAE	CUM

Andrews und Schellenberger übersetzen CELLIS ARCIS mit *zum Bergfried der Burg von Arques*, weil sie dort die Stelle des Geheimnisses vermuten. Eine mögliche Übersetzung wäre, wenn REDDIS das alte Rhedae, also Rennes-le-Château bezeichnet: *In Rennes, der Schatz des Königs, im Keller der Burg.*

PRAECUM als eigenständiges Wort gibt es nicht. Am wahrscheinlichsten ist die Vermutung, daß es sich von *PRAECONIUM* ableitet, was soviel wie *Öffentliche Bekanntmachung* heißt. So verstanden, könnte man es fast für einen kleinen Scherz des Abbé Bigou halten, dem sicherlich nicht daran gelegen war, die Öffentlichkeit über seinen Fund zu unterrichten. *Praeconium* hängt aber auch mit *Praeconis* zusammen, was wiederum *Herold* bedeutet. Als Herolde einer höheren Macht dürften sich sowohl der Abbé Bigou, sein Nachfolger Abbé Saunière, aber auch die Templer gefühlt haben. REDDIS kann jedoch auch ein Verb sein und mit *Du wendest dich nach* übersetzt werden. Wohin soll man sich wenden? Zum König, wo im Keller die Arcis, Arca, Arche, das Grabmahl(?) ruht. König bedeutet in diesem Fall Schloß, und bei der Lösung, um welches es sich dabei handeln mag, hilft uns vielleicht ein kleiner Hinweis weiter, den wir aus dem Verhalten des Abbé Bérenger Saunière gewinnen. Kurz nach Fertigstellung seines Magdalenturms nämlich ließ er dort ein Fernrohr installieren, das in nur eine Richtung schaute: zum Château de Blanchefort. Was hoffte er dort zu sehen? Hatte er dort gefunden, wonach er suchte und was er in seinem Tagebuch als »Sah Grab und Geheimnis« notierte?

Maria Magdalenas sterbliche Überreste im Roussillon? Genauer: in der Nähe von Rennes-le-Château? Ich bin davon überzeugt, und je länger ich mir Saunières Flachrelief in seiner Kirche anschaute, desto mehr wurde deutlich, daß das Hauptgeschehen des Bildes auf der rechten Seite stattfindet, wo Maria Magdalena vor dem Gekreuzigten kniet. Er hängt an einem lebenden Baum, und es hat den Eindruck, als hätte sie ihn einst gepflanzt. In Domme, wo Templer inhaftiert gewesen waren, deutete die Darstellung des gekreuzigten Jesus, aus dessen Brust Blut in eine Schale tropft, auf den Heiligen Gral hin – wobei sein Blut oder *Sang-Gral* auf seine königliche Herkunft verweist. Neben dieser Kreuzigungs-Grals-Szene an der Kerkerwand von Domme steht eine junge Frau mit einem Zweig in der Hand. Für mich war es eindeutig Maria Magdalena. Und der Zweig? Trug sie diesen symbolisch gesprochen nach Südfrankreich in das Gebiet des Razès, um ihn dort einzupflanzen? Abbé Saunière muß dieser Ansicht gewesen sein. Der *tote* Jesus und das Holz, an dem er hing, leben. Sie pflanzte ihn fort! Und das führt uns erneut zum Geschehen um den Heiligen Gral.

Exkurs: Das Genter Altarbild und seine gefährliche Botschaft

Im belgischen Gent schufen die Maler Jan und Hubert van Eyck vor mehr als 500 Jahren im Auftrag von Joos Vijd ein großes Altarbild, das am 6. Mai 1432 in der Kirche des heiligen Johannes in Gent eingeweiht wurde. Dieses mittelalterliche Gemälde, »Lamm Gottes« oder auch »L'Agenau Mystique« (Das Mystische Lamm) genannt, besteht aus insgesamt zwölf kleineren und größeren Bildtafeln und gelangte in unserem Jahrhundert zu einer besonderen Berühmtheit:

In der Nacht vom 10. auf den 11. April 1934 wurden zwei seiner Bildtafeln gestohlen. Die eine von ihnen zeigt Johannes den Täufer, die andere die sogenannten *Gerechten Richter*, auf die als nächstes Bild die Darstellung von neun Rittern – Templer – folgt, die ins Heilige Land ziehen.

Der oder die Diebe hinterließen dem Bischof von Gent einen Brief, der mit den Initialen *D.U.A.* unterschrieben war. Wer sich damit bezeichnete, konnte nie geklärt werden. Jedenfalls tauchte das Bild von »Johannes dem Täufer« – er führt auf der Bildtafel eine Gruppe Pilger nach Santiago de Compostela an – schon bald wieder auf; es wurde von der mysteriösen *D.U.A.* am Nordbahnhof von Brüssel abgegeben und konnte so an seinen Platz in die dem heiligen Johannes geweihte Kirche in Gent zurückkehren. Das zweite gestohlene Bild, »Die gerechten Richter«, wurde dagegen bis heute nicht aufgefunden und mußte deshalb durch eine Kopie ersetzt werden. Im Laufe der Ermittlungen nahm die Polizei einen gewissen Arsène Goedertier aus Wetteren fest, der unter dem Verdacht stand, die Bilder gestohlen zu haben. Dieser konnte oder wollte jedoch nichts zur Aufklärung des Diebstahls mitteilen, so daß die ganze Aktion nach wie vor im dunkeln liegt. Einige wenige Einzelheiten wurden dennoch bekannt, so unter anderem die Aussagen, daß das gesamte Altarbild das Geheimnis des Grals enthüllen würde und daß sich das gestohlene Bild an einer markanten Stelle befände, wo es eigentlich von jedem gesehen, aber dennoch nicht als solches erkannt würde. Dieser rätselhafte Hinweis führte sogar zur Vermutung, der Dieb hätte das Bild von den »Gerechten Richtern« in der Kirche selbst versteckt. Aber auch dort war jede Suche danach bislang vergebens. Über das »Mystische Lamm« und die merkwürdigen Hintergründe des Diebstahls ist bis dato vor allem in Belgien viel geschrieben worden. Mir ist beim Betrachten der zwölf Tafeln einiges aufgefallen, was ich hier gerne als These in den Raum stellen möchte, weil es direkt mit den Templern zu tun hat:

Das zentrale Bild vom »Lamm Gottes« zeigt eine paradiesische Gartenlandschaft, im Hintergrund sind einige Kirchen und Türme zu sehen, die man teilweise als mittelalterliche Stadtsilhouette von Gent identifiziert hat. Das Lamm Gottes steht auf einem rot-weißen (!) Altar, aus seiner Brust fließt Blut in einen Kelch. Diese Darstellung weckt Assoziationen zum Heiligen Gral – auch zu jener Graffiti-Darstellung in Domme, wo die Templer Christus am Kreuz darstellen und aus seiner Brust Blut in einen Kelch fließt und Maria Magdalena mit einem Zweig in der Hand daneben steht.

Um den Altar mit dem Lamm Gottes in der Mitte knien Engel. Rechts vom Lamm steht eine Säule, links ein tau-förmiges Kreuz. Soll damit auf die beiden Säulen im salomonischen Tempel, Jachin und Boas, angespielt werden, und damit direkt auf die Freimaurer? Falls ja, dann bedeutet *Jachin* die göttliche Ordnung oder auch die Rechtschaffenheit. Man kann es auch mit *allzeit Gutes tun* übersetzen, weil hinter *Jachin* das Konzept des *Zedeg* steht, ein Begriff, der bei den Kanaanitern mit dem Sonnengott assoziiert war. Er stellt das Gegenteil von Chaos dar und wacht über die Welt. Die linke Säule wurde durch das Tau-förmige Kreuz ersetzt. Boas war, wie jeder Freimaurer weiß, der Ur-großvater von David, dem König von Israel. Die linke Säule steht normalerweise für das Konzept des Mischpat, worunter nicht so sehr *Gericht* verstanden werden sollte, sondern vielmehr die reguläre Herrschaft Jahwes als König auf Erden. Sie bedeutet auch Stärke. Daß diese Säule durch das tau-förmige Kreuz ohne Korpus ersetzt wurde, halte ich für äußerst aufschlußreich: Jesus als rechtmäßiger König Israels? Das wollten uns wohl die Gebrü-der van Eyck mitteilen!

Über dieser ganzen Szenerie schwebt in einer göttlichen Aureole die Taube, wie sie auch bei Jesu Taufe im Jordan auf ihn herabge-schwebt war. Weniger bekannt ist, daß das Bild der göttlichen Taube überhaupt nicht aus der religiösen Vorstellungswelt der Ju-den entlehnt wurde, sondern aus der Ägyptens. Diese Taube ist als Ka oder *königlicher Doppelgänger* aufzufassen, der auf Licht-strahlen von seinem Vater *Iahu* herabstieg, wie er auch auf die Pharaonen bei ihrer Krönung von ihrem Vater, dem Sonnengott Ra, in Gestalt eines Falken herabstieg. (Ia Hu, auch I A U, geht auf das 16. vorchristliche Jahrhundert zurück und war als Name im Mittelmeerraum sehr verbreitet. Während die Vokale I A U in den kretischen Mysterien für die drei Stationen des Jahres, Geburt, Vollendung und Tod, stehen, scheinen sie doch nach Auffassung von Robert von Ranke-Graves von Ia Hu abgeleitet, wobei Ia *erha-*

ben und Hu *Taube* bedeutet. Iahu ist der Titel Jahwes und macht diesen dadurch zum Herrscher des Sonnenjahres.) Daß die Taube bei Jesu Taufe im Jordan erscheint, stellt also einen direkten Hinweis auf die ägyptischen Mysterien dar, denn auch die ägyptische Hieroglyphe *HU* bedeutet nichts anderes als *Taube*.

Johannes der Täufer kommt im übrigen zweimal auf dem Gesamtbild vor, wodurch er eine große Bedeutung für die Entschlüsselung des »Lamm Gottes« erhält.

Detail des Genter Altarbildes: Maria Magdalena und das Lämmchen in ihrer Schürze.

Das »Lamm Gottes« besitzt auch einen kleinen Sohn, der aus der Schürze oder wenn man so will aus dem Schoß einer jungen Frau entspringt, die sich in vorderster Reihe einer größeren Frauengruppe aufhält. In der rechten Hand trägt sie einen Palmzweig. Wer ist diese Frau, und warum wird sie zusammen mit einem Lämmchen gezeigt? Stellt sie vielleicht Maria Magdalena dar? Falls ja, dann ist geklärt, warum ein kleines Lamm ihrem Schoß entsteigt. Ich will außerdem darauf hinweisen, daß sich das kleine südfranzösische Küstendorf Mas de la Madeleine nahe der Grenze zu Spanien, wo Maria Magdalena einer Legende zufolge von Jerusalem kommend an Land gegangen sein soll, fast genau auf demselben Längengrad wie die Kirche von Gent befindet. Ich habe aufgehört, bei solchen Gemeinsamkeiten an Zufall zu glauben, besonders wenn man weiß, daß die Templer solche magischen Aufeinanderbezogenheiten in der Geographie schätzten.

Zuletzt entdeckte ich noch einen weiteren *Zufall* auf der zentralen Bildtafel des Genter »Lamm Gottes«. Von der göttlichen Taube zielen bestimmte längere Strahlen – insgesamt gibt es acht davon, vier für jede Bildhälfte – auf ganz bestimmte Personen, die sich innerhalb der unterschiedlichen Menschengruppen befinden, die gekommen sind, um das Lamm anzubeten. Jeder einzelne der göttlichen Strahlen endet bei einer Person aus diesen Gruppen. Das sind: zum einen jene Frau, der das Lämmchen aus dem Schoß springen will, in meiner Deutung Maria Magdalena; ein Bischof, dessen Gesicht durch seinen Vordermann halb verdeckt ist; dann ein Mönch, vielleicht Bernhard von Clairvaux; ein Engel rechts vom Lamm; ein Engel links vom Lamm, wobei der Strahl zuvor das Tau-Kreuz durchdringt; ein Kreuzritter in einer Kutte, vielleicht Hugo de Payens; ein Orientale; und zuletzt eine Person mit Hirtenstab: der Papst?

Wenn man nun für alle ausgewählten Personen lateinische Namen einsetzt, also erneut von rechts nach links gesehen: Maria Magdalena, Episcopus, Bernhardus, Angulus, Angulus oder das Tau, Hugo, Orientalis, Papa, dann ergibt sich aus den Anfangsinitialen der einzelen Personen: M, E, B, A, A bzw. T, H, O und P der Begriff: BAPHOMET.

Fazit: Zweifellos beantwortet das Genter Altarbild die Frage nach dem Heiligen Gral in der Gestalt der Maria Magdalena, die das Kind des Lammes trägt. Im übrigen steht sie dem Papst auf der anderen Seite diametral gegenüber! Maria Magdalena ist ebenso wie Johannes der Täufer zweimal auf den zwölf Tafeln zu sehen. Das zweite Mal hält sie sich in der Gruppe der heiligen Eremiten auf, bei der sie im Hintergrund stehend das Gefäß mit dem Balsam in Händen hält. Der Abstand zwischen beiden Darstellungen der Maria Magdalena – gemessen von Lämmchen bis zum Balsamgefäß – beträgt genau ein Viertel der Breite und ein Drittel der Höhe des ganzen Gemäldes einschließlich des Rahmens. Derselbe Abstand trennt auch das Lamm Gottes vom kleinen Lamm, Tau-Kreuz und Gralskelch vom *Brunnen des Lebens* im Vordergrund des Bildes! Damit ist Maria Magdalena das geheime Maß des van Eyck'schen Kunstwerks!

Daß sich auch neun Templer – die herkömmliche Deutung sieht sie als Gottfried von Boullion (er reitet auf einem Esel, dem heiligen Tier des ägyptischen Gottes Seth), König Artus, Karl den Großen u.a. an – und als Begriff versteckt *Baphomet* auf dem Bild befinden, stützt meine These vom Grals-Geheimnis des Ordens, das dieser als Wächter bewahrte. Darauf deutet auch das Lamm Gottes hin, das sein Blut vergießt, zugleich aber wird dieses Blut in einem Kelch (Gral) aufgefangen. Die Taube und die beiden Säulen (*Jachin* und Tau-Kreuz) weisen auf die Geheimlehre und ihre Wurzeln in den ägyptischen Mysterien hin. Während alle Personen sozusagen bewegungslos verharren, sprudelt im Vordergrund der *Brunnen des Lebens und der Weisheit*. Von ihm und aus ihm zu trinken ist die zweite Botschaft des Bildes.

Kapitel 3

DER ORDEN UNTER ANKLAGE

Was Jacques de Molay mit ins Grab nahm

Jacques de Molay war der 23. und letzte bekannte Großmeister eines ruhmvollen Ordens, der den Machtgelüsten Philipps des Schönen zum Opfer fiel. Sein Tod war mit dem Untergang des Ordens unweigerlich verbunden. Jacques de Molay wurde am 18. März 1314 auf der Pariser Seine-Insel *Ile de la Cité* verbrannt. Heute befindet sich an dieser Stelle eine Metalltafel, die in den Pont-Neuf eingelassen ist und vom tragischen Schicksal des letzten offiziellen Großmeisters kündet. Wer war dieser Mann, der von sich selbst angeblich behauptet hatte, nicht lesen und schreiben zu können? Und warum hatte er sieben Jahre lang Kerker, Folter, Ungewißheit ertragen und dabei hartnäckig seine Unschuld beteuert, obwohl ihm ein Geständnis im Sinne der Anklage vielleicht das Leben gerettet hätte? Es bleibt nach wie vor rätselhaft, warum er zwischen 1307 und 1314 nichts zu seiner eigenen Rettung unternommen hatte. Wenn er aber sterben wollte, und wir wissen, daß er standhaft den Flammentod ertrug, wie Zeugen des Ereignisses im nachhinein berichten, warum ist er dann nicht früher gestorben? Warum eine siebenjährige Agonie? Oder hatte er gar auf etwas Bestimmtes gewartet? Welches Rätsel umgibt Jacques de Molay? 1293 war Theobald Gaudin, sein Vorgänger, gestorben. Gaudin war ein Großmeister, der in der offiziellen Geschichte des Ordens kaum Spuren hinterlassen hat. Seine Hauptaufgabe hat angeblich darin bestanden, auf Zypern, wo die Muslime dabei waren, die letzte Bastion der Templer zu stürmen, mit seinen Tempelrittern einzugreifen, d.h. Entsatz zu schaffen. Akkon war längst gefallen, und der Großmeister verhielt sich merkwürdig untätig. Was trieb Gaudin wirklich um?

Jacques de Molay stammte aus der Freigrafschaft Burgund. Noch heute gibt es zwei kleine Ortschaften gleichen Namens, im Département der Haut Saône und im Département Doubs. Welches von beiden nun seine Heimat gewesen war, wissen wir nicht. Auch sein Geburtsjahr ist unbekannt. 1265 wurde er in den Orden aufgenommen. Nachdem sich Molay einige Zeit in England aufgehalten hatte, ging er 1275 in den Orient, wo die einstige Macht des Ordens dabei war, endgültig vernichtet zu werden. Zum Großmeister wurde Molay auf Zypern gewählt, und es ist nicht auszuschließen, daß seine Wahl mit Hilfe von Intrigen geschah. Sein Mitbewerber war Hugues Perraud, auch Pairaud geschrieben, Visiteur von Frankreich und im Gegensatz zu Molay bei seinen Mitbrüdern anerkannt und beliebt. Bestimmte, nicht zu identifizierende Kreise schienen jedoch ein Interesse daran zu haben, ausgerechnet Jacques de Molay an der Spitze des Ordens wissen zu wollen. Über ihre Motive kann man nur rätseln. Stellte Molay vielleicht im Hinblick auf ein drohendes Ende der Templer die geeignetere Wahl dar? War er, dem man Starrsinn vorwarf, dennoch auf eine bestimmte Weise manipulierbar? Interessant ist, daß man nicht genau weiß, was aus Hugues Pairaud nach dem Prozeß wurde. Man nimmt an, daß er im Kerker verstarb.

Nach seiner Wahl zum Großmeister bereiste Jacques de Molay Europa und machte dabei in Süditalien, Venedig, Frankreich und England Station. Er sollte dem Orden 25 Jahre lang vorstehen. Militärisch erwies sich der Großmeister als Versager – seine Aktion gegen die Sarazenen führte zum Tod vieler Tempelritter. Danach plädierte Molay für einen neuen Kreuzzug. Er versuchte Papst Clemens dafür zu gewinnen und blieb damit militärischen Lösungen treu, die längst überholt waren. Ziel des neuen Kreuzzuges – durchgeführt mit einer gewaltigen Flotte – sollte Ägypten sein. Viele moderne Historiker haben diesen Starrsinn der Templer kritisiert und ihnen vorgeworfen, daß sie statt dessen hätten versuchen sollen, sich auf Zypern eine feste Stellung zu verschaffen. Dies wäre in den Jahren 1302 bis 1306 wohl noch möglich gewesen – so jedenfalls die Historiker! Molay plante zumindest nicht, den Hauptsitz des Ordens nach Frankreich zu verlegen.

Papst Clemens IV. bestellte im Juni 1306 die Großmeister der beiden Ritterorden – Hospitaliter und Templer – zu sich nach

Poitou. Molay folgte dem Ruf des Papstes zur gemeinsamen Beratung – nach wie vor ging es um einen neuen Kreuzzug – und traf Ende 1306/Anfang 1307 in Frankreich ein. Zu diesem Zeitpunkt waren die Beziehungen zwischen seinem Orden und der französischen Monarchie nicht die allerbesten – aber derlei Spannungen gab es schon seit Ludwig IX. Jacques de Molay benahm sich bei dieser Unterredung gegenüber dem Papst und dem französischen König äußerst ungeschickt. Philipp dem Schönen warf er hitzig vor, sich unerlaubt 400.000 Gulden mit Hilfe des Pariser Schatzmeisters angeeignet zu haben. Das Geld war dem König geliehen worden, aber ohne daß der Großmeister zuvor um Erlaubnis gebeten worden war. Dem Papst gegenüber führte sich der Großmeister grob, ja geradezu proletenhaft auf, was Gérard de Montréal zu der Vermutung verleitete, daß Jacques de Molay von Natur aus borniert, uneinsichtig und geizig gewesen sei. Mag sein! Aber die Art und Weise, wie er mit 60 Jahren (falls das Alter stimmen sollte) in den Tod ging, differenziert dieses Urteil. Es kann jedoch ausgeschlossen werden, daß ausgerechnet sein hochmütiges Verhalten sowohl beim König als auch beim Papst die Absicht geweckt hat, gegen den Orden vorzugehen. Ein wenig Hochmut schien den meisten Großmeistern des Ordens im Blut zu liegen, wie es diversen Protokollen zu entnehmen ist – gerade im Umgang mit den Mächtigen der Welt.

Im Juni 1307, zwei Monate vor dem Ende, diskutierte Jacques de Molay in Paris mit einigen ausgewählten Brüdern über das, was den Templern seit mindestens 1305 vorgeworfen wurde: Ketzerei, Sodomie und Götzenkult. Urheber dieser Anschuldigungen war ein gewisser Esquieu de Floyran, der Prior von Montfauçon und zudem ein Ex-Templer war. Er hatte zunächst König Jakob II. von Aragon in einem Brief über seine Erkenntnisse hinsichtlich der Templer informiert. Aber man schenkte ihm keinen Glauben. Es ist bemerkenswert, daß sich der Prior zuerst an den König von Aragon gewandt hatte. Nach allem, was wir heute wissen, saßen die besonders häretischen Templer im Süden Frankreichs auf beiden Seiten des Pyrenäenkammes. Es ist anzunehmen, daß Jakob II. diese Templer deckte und den Großmeister in Zypern über die Denunziation informiert hat. (Allerdings nutzte auch Jakob II. von Aragon später die Gunst der Stunde, um sich in den Besitz der mächtigen Templerburgen seines Landes zu bringen!) Danach wandte sich Esquieu de Floyran an Philipp den Schönen: »Damit Euer Majestät klar sei, daß ich der Mann bin, der dem Herrn König von Frankreich die Tatsachen betreffend der Templer enthüllt hat.«[50] Das klingt im heutigen Jargon nach der Sorte *kleiner Spießbürger*, der sich wichtig tun will. Auch der Papst weigerte sich, den Gerüchten Glauben zu schenken. Die französische Krone eröffnete hingegen nun das Verfahren gegen die Templer. Hauptankläger und Oberster Rat des Königs war Wilhelm von Nogaret, der verbissen die Ermittlungen führte und Belastungszeugen unter ehemaligen Templern rekrutierte. Ein mittelalterlicher Kenneth Starr! Nogaret arbeitete sogar mit Undercover-Agenten, die er in den Orden einschleuste. Das wirklich Seltsame ist, daß Jacques de Molay über all die Vorgänge durch Templer aus der Nähe des Papstes Bescheid wußte und lange Zeit dazu schwieg, bis er von sich aus vom Papst forderte, eine Untersuchung gegen den Orden vorzunehmen, um ihn von allen schändlichen Anschuldigungen reinzuwaschen. Am 24. August 1307 teilte Papst Clemens dem König von Frankreich mit, daß er eine solche Untersuchung anordne. Das konnte Philipp nicht gefallen. Er fürchtete, daß sich die Untersuchung zum einen in die Länge zöge und daß zum anderen an deren Ende ein Freispruch stünde. Somit befahl er seiner Polizei, die Vorrechte der kirchlichen Gerichtsbarkeit zu übergehen und die Sache selbst und gründlich in die Hand zu nehmen. Das geschah im Morgengrauen des 13. Oktober 1307, als allein in Paris 138 Templer festgenommen wurden. Viele konnten am Tage der Razzia flüchten. Über das Schicksal der Templer in Österreich, Polen und Ungarn ist uns nichts bekannt. In Italien konnten sich die meisten der Verhaftung entziehen. Daß Jacques de Molay das auch gekonnt hätte, ist anzunehmen, aber er tat es nicht. Weil er an ein faires Verfahren glaubte? Bestimmt nicht!

---

[50] Zit. aus: Alain Demurger: Die Templer – Aufstieg und Untergang 1120-1314. München 1997, S. 241

Im Prozeß verfolgte er im übrigen zwei entgegengesetzte Strategien. Kurz nach der Verhaftung der Templer erteilte er ihnen die Weisung zu gestehen. Er selbst gab auch die absurdesten Anschuldigungen, die gegen ihn erhoben wurden, öffentlich zu, ohne vorher gefoltert worden zu sein. Manche Historiker sehen ihn deshalb als Feigling. Andere Templer wurden aufs grausamste mißhandelt. Der Templer Bernard du Gué gab später an, daß er so stark gefoltert worden sei, daß Fleisch und Knochen seiner Fersen abfielen und der Schmerz so groß gewesen sei, daß er sogar gestanden hätte, *Gott getötet zu haben.*

Nicht alle Brüder kamen der Aufforderung ihres Großmeisters nach. Sie bestätigten nicht, daß sie wie alle anderen bei ihrer Aufnahme in den Orden auf das Kreuz gespuckt hätten. Andererseits gaben sogar einige Knappen an, von Jacques de Molay in einer Nacht dreimal mißbraucht worden zu ein. Welche Gründe mögen Jacques de Molay bewogen haben, zwei Jahre später, nämlich am 26. November 1308, und von diesem Tag an unnachgiebig alles wieder abzustreiten, was ihm zur Last gelegt worden war? Die Historiker sind sich einig, daß er nicht hingerichtet worden wäre, sondern man ihn nur zu lebenslanger Haft verdammt hätte, wenn er bei seinem Geständnis geblieben wäre. Seinen Anklägern gegenüber nahm er nun die Position ein, nur im Angesicht des Papstes zu sprechen, und so blieb er all die nächsten Jahre bis zu dem Tag, an dem er hingerichtet wurde, stumm. Aus diesem Verhalten wollen nun wiederum einige Historiker ableiten, wie unglaublich dumm und weltfremd Molay gewesen sein muß. Hatte er denn nicht begriffen, daß es der Papst auf keine Machtprobe mit dem König von Frankreich würde ankommen lassen, kritisieren sie. Der Großmeister jedenfalls scherte sich nicht um die Meinung späterer Historiker und lehnte jede weitere Aussage entschieden ab. War Molay wirklich so borniert oder verfolgte er trotz seines angeblich mittelmäßigen Verstandes eine Strategie? Vielleicht spielte er ja auch in einem Spiel mit, das ihm weder Papst noch König diktierten?

Von 1307 bis zum 26. November 1308 war er im Turm von Château de Chinon, dem Donjon de Coudray, inhaftiert gewesen,

Der wuchtige Turm Coudray war im Mittelalter uneinnehmbarer Teil der Burg von Chinon, wo viele Templer inhaftiert waren – unter ihnen auch Jacques de Molay.

zusammen mit einigen hochrangigen Templern. In die Wände ritzten sie ihr geheimes esoterisches *Testament* ein, dessen endgültige Entschlüsselung wohl niemals gelingen wird, weil zahlreiche Graffiti verlorengegangen sind.

Was mochte Jacques de Molays Entschluß, zu widerrufen, geweckt haben? Zum einen konnte er wohl davon ausgehen, daß der König ihn nicht so schnell hinrichten lassen würde, weil sich der Prozeß hinzog. Zum anderen leisteten in manchen Gebieten Europas einige Templer immer noch verbissen Widerstand; darunter auch die Templer von La Rochelle. Mitunter verteidigte ein Zeuge wie der Dominikaner Peter de Palud aus Lyon den Orden; ferner verwickelten sich die Ankläger selbst in nicht unerhebliche Widersprüche. Nach wie vor hatte der Papst den Orden nicht aufgelöst, obwohl er dazu von verschiedenen Seiten gedrängt worden war. Die Auflösung erfolgte, mehr oder weniger gegen den Widerstand von Clemens V., erst am 22. März 1312. Bekannt wurde auch, daß der Papst Jacques de Molays Wunsch nachkommen wollte, nur ihm allein Rede und Antwort zu stehen. Aber merkwürdigerweise hielt er nicht Wort, sondern benannte fast genau dieselbe Delegation, der sich Molay bislang so hartnäckig verweigert hatte. Eine sehr interessante Person, zumindest was ihre wahren Absichten angeht, ist also neben dem Großmeister Papst Clemens V.

Beim französischen König liegen die Dinge klar und geordnet: Er wollte vor allem die Beschlagnahme der gesamten Besitztümer des Templerordens durchsetzen. Philipp war bei ihnen verschuldet. Bezüglich solcher Aktionen war Philipp IV. kein unbeschriebenes Blatt: 1291 war er mit eindeutigen Absichten gegen lombardische Bankiers vorgegangen, und 1306 gegen die Juden. Auch wenn bei ihm ein frommer Eifer zum Vorschein kam – er war nur vorgetäuscht. So sind sich denn auch die meisten Autoren darin einig, daß die Templer vernichtet wurden, weil Philipp der Schöne es so wollte und nicht, weil sie es verdient hätten. Ich will nur ein Beispiel dafür anführen, daß sein Haß auf diejenigen, die sich ihm widersetzten oder bei denen er um Hilfe hatte bitten müssen, mitunter pathologisch sein konnte: So ließ er das

Grab des Templers Jean de la Tour, der Schatzmeister seines Vaters gewesen war, öffnen, die Knochen des Toten zerstampfen und sie danach in alle Winde zerstreuen. Genauso verfuhr er auch mit der Leiche des Architekten des Pariser Temple. Jacques de Molay konnte sich also ausmalen, was ihm blühte, wenn der König, ohne Papst Clemens im Rücken zu haben, mit ihm willfahren durfte, wie er es wollte.

Die wichtigste Frage in diesem unwürdigen Prozeß ist die nach dem Verhalten von Papst Clemens V. Wenn er schon von der Unschuld des Ordens überzeugt war – ein Beweis dafür besteht darin, daß die Auflösung desselben erst 1312 erfolgte –, warum unternahm er dann nicht alles, um den Mönchssoldaten eine faire Möglichkeit zur Verteidigung zu bieten? Die Auflösung des Ordens geschah im übrigen ohne eine Verurteilung der Templer, was recht seltsam anmutet. Eine andere Frage lautet: Warum besuchte er Jacques de Molay nicht, der nur mit ihm von Angesicht zu Angesicht sprechen wollte? Weil er ein schwacher Mensch war, wie einige argumentieren, und sich auf die Politik des »Durchlavierens« verlegte? Für mich bleibt er Teil des Rätsels, denn was wäre geschehen, wenn er doch noch mit dem Großmeister gesprochen hätte? Dann hätte das Urteil nur lebenslangen Kerker bedeutet, was dem König von Frankreich sicherlich nicht gefallen hätte. Also hat Philipp den Papst unter Druck gesetzt, Molay nicht aufzusuchen? Schon möglich. Aber hätte sich der König wirklich gegen den Papst stellen können? Wohl nicht, denn Philipp war alles andere als im Lande beliebt und hatte sich sogar einmal in Paris unter den Schutz der Templer stellen müssen. Wurde Molay also geopfert? Hatte er vielleicht von Anfang an gewußt, daß der Papst ihn niemals aufsuchen würde? Das würde bedeuten, daß er seinen Tod mit vollem Kalkül angenommen hatte. Es wird behauptet, daß der letzte Großmeister den Grafen von Beaujeu, seinen Neffen, zu seinem Nachfolger bestimmt hatte. Ein neuer Großmeister konnte nur nach dem Ableben seines Vorgängers das Amt antreten, wie bei den Päpsten, von denen auch niemals zwei zur selben Zeit leben – das Schisma einmal ausgenommen. Bemerkenswert ist auch, in welcher Form der Graf von Beaujeu als neuer Großmeister inthronisiert wurde. Die Legende berichtet, daß Molay ihn aufforderte, in die Grabstätte der verstorbenen Großmeister des Ordens hinabzusteigen, um von dort aus den Tiefen der Erde einen Kristall in Form eines Dreiecks zu holen. Das erinnert an Hiram, den Baumeister des Salomonischen Tempels, zugleich stellt es eine Einweihungszeremonie dar. Beaujeu gehorchte und übergab Molay das magische Dreieck. Molay ließ ihn daraufhin schwören, daß er den Orden nach seinem Tod erneuern würde. Außerdem erklärte er, daß in dem Kristall ein Knochen von der rechten Hand Johannes des Täufers aufbewahrt würde, den der Orden einst von König Balduin in Jerusalem geschenkt bekommen habe. Als letztes übergab Molay seinem Neffen drei Schlüssel. Damit sollte er nach seinem Tod einen Koffer öffnen, der im Grab von Theobald Gaudin, seinem Vorgänger, verborgen sei.

Nachdem Jacques de Molay auf der Seine-Insel verbrannt worden war, besuchte der Graf von Beaujeu zusammen mit neun (!) Templern das Grab von Theobald Gaudin. Dort, so heißt es, hätten sie in dem von Molay bezeichneten Koffer einen Schatz entdeckt, der nicht materieller Natur gewesen sei. Diesen für den Orden so wichtigen Schatz habe Beaujeu erneut in Sicherheit gebracht: auf Zypern, in Gisors oder an anderer Stelle irgendwo in Frankreich.

Gehörte dies alles mit zur Strategie des letzten Großmeisters? Er starb als Märtyrer und wurde verbrannt wie die Katharer. Damit setzte er ein Zeichen, das bis heute nachwirkt. Er war ein Konservativer, ein Bewahrer, und ein Zitat von ihm, das aus dem Anfang seiner Karriere als Großmeister stammt, kennzeichnet seine persönliche Haltung und seine eigenen Erwartungen bezüglich jeder Veränderung: »... denn man führt nie oder selten etwas Neues ein, ohne große Gefahren heraufzubeschwören.«[51] Vielleicht wollte er ja sehen, daß er richtig handelte, und zögerte nur aus dem ei-

---

[51] Zit. aus: Alain Demurger: Die Templer – Aufstieg und Untergang 1120-1314. München 1997, S. 232

nen Grunde seine Hinrichtung mit widersprüchlichen Erklärungen hinaus, um den Boden für eine neue Saat zu bestellen. Es macht Sinn, und zwar dann, wenn man davon überzeugt ist, daß der Templerorden an anderer Stelle wieder auferstand. Oder noch genauer formuliert: daß die geheimen Lehren des Templerordens durch einen neuen, wie auch immer gearteten Bund von Männern fortgeführt wurden.

Geoffrey de Charney oder die Frage nach dem Grabtuch

Es stellt sich gerade durch jenen Mann an Molays Seite, der zusammen mit ihm so tapfer auf dem Scheiterhaufen starb, die Frage, ob der Templerorden vielleicht doch im Besitz des Turiner Grabtuchs gewesen war. Die Beantwortung ist nicht von so umwälzend großer Wichtigkeit, aber sie würde konstatieren, daß der Orden bedeutende Reliquien wie das Tuch mit dem Abbild des Gekreuzigten lieber selbst in Händen behielt, als es der Kirche zu überlassen. Eine mögliche Schlüsselfigur hierbei ist ausgerechnet Geoffrey de Charney, über dessen Person nicht sehr viel bekannt ist. Eine exponierte Stellung innerhalb des Ordens hat er niemals innegehabt. Man weiß nur, daß er Präzeptor der Normandie gewesen war und bei seiner Festnahme im Jahre 1307 genau 56 Jahre alt war. 20 Jahre früher hatte man ihn in den Orden aufgenommen. Charney legte als erster der Würdenträger ein umfassendes Geständnis ab. Damit hielt er sich strikt an die Vorgaben Molays, dessen Verschleppungstaktik er im weiteren Verlauf bis zum Tod zusammen mit seinem Großmeister mitmachte. Die beiden anderen Würdenträger des Ordens, Pairaud und Gonneville, wurden hingegen nicht getötet. Wollte auch Charney unbedingt sterben? Warum folgte er im Gegensatz zu den anderen Molays Linie? Gab es etwas, was die beiden miteinander verband?

Hat er vielleicht noch kurz vor der Verhaftung eine wichtige Aufgabe durchgeführt, die ihm von Jacques de Molay aufgetragen worden war? Wir wissen nicht, wie eng die beiden zusammenarbeiteten oder ob sie gar miteinander befreundet waren, aber es ist schon auffällig, daß die beiden anderen Würdenträger des Ordens Molays Aufforderung nicht folgten.

Im Pariser Museum von Cluny ist das Fragment eines Pilgerandenkens ausgestellt, das man vor Jahren in der Seine gefunden hat. Es handelt sich dabei um die wohl älteste Darstellung des Turiner Grabtuchs mit Vorder- und Rückseite. Auf diesem Pilgerandenken ist aber auch das Wappen Geoffrey de Charnys in Form von drei kleinen roten Wappenschilden abgebildet. Dessen Name unterscheidet sich in der Schreibweise geringfügig von dem ehemaligen Präzeptor der Normandie. Die beiden waren keineswegs identisch, konnten es auch nicht sein, weil Charny im Jahre 1356 im Verlauf einer Schlacht ums Leben kam. Dennoch kann es gut sein, daß die Templer, genauer Geoffrey de Charney, dafür Sorge getragen haben, daß das Tuch sicher verwahrt blieb, selbst nach dem Untergang des Ordens. Und was liegt näher, als in der eigenen Verwandtschaft nachzufragen und das Tuch dort in Sicherheit zu bringen? Es ist jedoch schwierig herauszufinden, ob Geoffrey de Charny mit Geoffrey de Charney verwandt gewesen war, denn obwohl man weiß, daß Geoffrey de Charny Sohn von Jean de Charny war und noch drei Geschwister hatte, wird nichts über ihn und mögliche Beziehungen zu den Templern berichtet. Angeblich soll das Tuch zu Charnys Lebzeiten in seiner eigenen Kapelle als Reliquie ausgestellt gewesen sein, doch finden sich keinerlei Unterlagen darüber. Eine solch wichtige Reliquie hätte vermutlich für großes Aufsehen gesorgt. Davon ist aber weit und breit in den verfügbaren Quellen nichts zu finden. Im übrigen soll Charny das Tuch als Geschenk erhalten haben – von wem, bleibt im dunkeln. Von den Templern? Von Geoffrey de Charney, dem Präzeptor der Normandie? Vielleicht. Jedenfalls gelangte das Turiner Grabtuch irgendwie nach Lirey, wo das Stammschloß der Charnys steht, in der Nähe von Troyes. Sein neuer Besitzer scheint zeitlebens darüber geschwiegen zu haben; es taucht weder in seiner Inventarliste von 1357 auf, noch findet es bei seiner

Totenmesse Erwähnung. Erst nach seinem Tod ist es plötzlich vorhanden und wird öffentlich zur Schau gestellt.

Geoffrey de Charney soll hinsichtlich des Templerordens schwärmerische Gedanken gehabt haben. Er hätte ihn wohl gern wieder ins Leben gerufen, wenn er die Macht dazu gehabt hätte. Eine der wichtigsten Regeln im Orden war es, zu schweigen, über all das zu schweigen, was im Kapitel besprochen wurde. Nichts durfte nach außen dringen! Meiner Meinung nach wäre Geoffrey de Charny ein würdiger Kandidat für den Orden gewesen. Man hatte ihm etwas Heiliges und Wichtiges anvertraut, und er hatte seine Aufgabe mit Bravour gemeistert. Ist es nicht bemerkenswert, daß die Templer das Grabtuch des Herrn nicht der Kirche selbst anvertrauten? Warum nicht? Kannten auch sie bereits die Brisanz, die damit verbunden war? Erst am 18. März 1983, nach dem Tode Umbertos II. von Savoyen, gelangte die vielleicht wichtigste Reliquie der Christenheit in den Besitz der Kirche.

Was blieb nach dem Untergang?

Ich habe diese kleine Episode mit dem Grabtuch auch deshalb eingefügt, um zu zeigen, daß Molay und Charney sehr wahrscheinlich vorausgedacht und für bestimmte Dinge Sorge getragen hatten. Leider wissen wir nicht, wieviele Templer es zu dem Zeitpunkt, als der König von Frankreich gegen sie losschlug, in Europa gegeben hat. Die Zahlen schwanken zwischen 5000 und 30.000 Männern. Jedenfalls starb das Gros der Templer nicht. Viele landeten im Kerker oder mußten den Rest ihres Lebens in Klöstern verbringen. In Portugal blieb der Orden fast ganz verschont, denn eine Untersuchungskommission unter Vorsitz des Erzbischofs von Lissabon sprach sie von jedem Verdacht frei. König Dennis I. handelte sogar einen Kompromiß mit dem Vatikan aus. Die Festung in Tómar wurde zwar von den königlichen Truppen besetzt, aber man verschaffte den Bewohnern genügend Zeit, um sich abzusetzen. 1318 wurde der Christusorden als Nachfolgeorden gegründet. Sehr viele ehemalige Templer traten dem neuen Orden bei. Das achtspitzige rote Tatzenkreuz wurde fast unverändert übernommen. Sogar das gesamte Vermögen der alten Bruderschaft wurde auf die Christusritter übertragen. Johannes XXII. sprach dem neuen Orden die offizielle Anerkennung zu. Ab 1356 war Tómar wieder Hauptzentrale des Ordens in Portugal. Heinrich der Seefahrer benutzte die Christusritter für seine Eroberungszüge, und es prangte auf seinen Segeln wie auch auf denen der Santa Maria und der Pinta das alte Templerkreuz. Auch Vasco da Gama trat dem Christusorden bei und segelte unter dem roten Tatzenkreuz um die Welt. Doch wie sagte noch der Templer Gauçerand de Montpézat im Verhör: »Wir haben drei Artikel, die niemand von uns kennt oder jemals gehört hat, ausgenommen Gott, der Teufel und die Großmeister.«[52]

Eine zentrale Frage bleibt, was aus der Geheimlehre der Templer geworden ist. Vielleicht ging sie nicht auf den Christusorden über, sondern tauchte an anderer, unerwarteter Stelle wieder auf. Doch bevor wir das untersuchen, müssen wir uns mit einem rätselhaften Unbekannten auseinandersetzen: Maître Ronçelin.

Dieser Name soll während des Prozesses gefallen sein. Verschiedene Templer, darunter Geoffrey de Gonneville, Präzeptor von Aquitanien und Poitou, sagten aus, daß durch eben diesen Mann die Häresie in den Orden hineingetragen worden wäre. Gonneville redete sogar von perversen Riten, durch die Ronçelin den Orden verdorben hätte. Wenn sich Geoffrey de Gonneville diesen geheimnisvollen Maître nicht völlig ausgedacht hat, dann wirft seine Existenz viele Fragen auf. Wer war Maître Ronçelin? Als Großmeister wird er nirgendwo erwähnt, aber es soll geheime Statuten gegeben haben, die er vor 1240 schriftlich festlegte. Diese habe Robert de Samfort abgeschrieben und versteckt. Ende des 18. Jahrhunderts soll der dänische Historiker Münter die Abschrift in Rom gefunden haben, allerdings besaß er sie nur kurze Zeit, denn sie verschwand erneut, um im 19. Jahrhundert in einer Hamburger Privatbibliothek wieder aufzutauchen.

[52] Zit. aus: Michel Lamy: Les Templiers. Bordeaux 1997, S. 112, Übs. v. Franjo Terhart

Hat es ihn wirklich gegeben, diesen Maître Ronçelin, oder nicht? Was verraten uns die Mitgliederlisten? 1281 wurde ein gewisser Ronçelin du Fos, ein provenzialischer Ritter, in den Orden aufgenommen. Sein Schloß stand in Bormes-les-Mimosas in der Provence. Meinte Gonneville ihn? Wenn ja, dann ist allerdings die Frage berechtigt, wie ein *normaler* Templer, der nicht Großmeister war, innerhalb des Ordens etwas hätte initiieren können? Woher nahm er Macht und Einfluß dazu? Warum wurde er nicht daran gehindert, wenn seine neuen Riten so pervers waren? Oder existierte eine zweite Ordenshierarchie, parallel und geheim zur ersten? Dann allerdings würde deutlich, warum er bislang Unerhörtes in den Orden hineintragen konnte. Und was ist nun mit der geheimen Regel? 1877 veröffentlichte ein gewisser Mersdorf die »Geheimen Statuten des Tempels«. Auf die Frage, woher er diese denn hätte, antwortete er, daß er sie in den Archiven des Vatikans entdeckt hätte, allerdings nicht er persönlich, sondern sie seien 1780 durch den damaligen Bischof von Kopenhagen von dort entwendet worden. Kann man das glauben? Schwerlich! Laurent Dailliez sieht die Dokumente, die Robert de Samfort als Kopist unterzeichnet hat, als Fälschungen des 16. Jahrhunderts an. Aber man muß sich fragen, wer zu jener Zeit ein Interesse daran gehabt haben sollte, geheime Statuten der Templer zu erfinden? Um 1560 oder früher, zur Zeit der Hexenverfolgungen in Europa! Das würde nur vor dem Hintergrund der Freimaurerei Sinn machen, die allerdings offiziell erst 1717 begann. Das andere Problem ist, daß der einzige Ronçelin (de Fos), den wir kennen, erst 40 Jahre nach der Abschrift durch Samfort dem Orden beitrat. Er kann sie also nicht verfaßt haben. Und es gibt – allerdings umstrittene – Quellen, die besagen, daß der erste Teil um 1205 von einem gewissen Mathieu de Tramlay verfaßt wurde, wobei seine Fassung nicht häretisch war. Später habe dann Ronçelin de Fos seine eigenen ketzerischen Gedanken dem Teil von Tramley angefügt.

Aber was genau steht nun in den »Geheimen Statuten«? Insgesamt gibt es 20 geheime Artikel, und das meiste davon liest sich sehr katharisch, wie beispielsweise der erste Artikel: »Das Volk, das in der Finsternis wandelt, schaut ein großes Licht, und jene, die im Schatten des Todes sind, haben dieses Licht ebenfalls gesehen.«[53]

Es geht vor allem um Licht in diesen ersten Absätzen und um den Begriff *illuminés*, was stark an die Illuminaten, einen Geheimbund, der 1776 innerhalb der bestehenden Freimaurerlogen Deutschlands gegründet wurde, erinnert. Zudem tauchen in den »Geheimen Statuten« *die Söhne Gottes* auf, und damit verbunden die Vorstellung, daß alle Menschen vor Gott gleich sind, welcher Konfession auch immer sie angehören. Dieser Gedanke ist revolutionär, wenn er denn vor der Zeit der Aufklärung geschrieben worden ist. Jesus wird als Sohn von Maria und Joseph bezeichnet, der ohne Sünde lebte und gekreuzigt wurde. Er war nicht Gott, obwohl er verehrt wurde, und das Holz des Kreuzes ist nicht Symbol für die Erlösung, sondern für das Böse in der Welt. Ein zutiefst gnostischer Gedanke, der hier wieder auflebt! Es war Gott, der durch Jesus zu den Menschen redete. Der ganze Tonfall der »Geheimen Statuten« ist zutiefst katharisch und damit kirchenfeindlich. Ob sie wirklich die geheimen Statuen des Templerordens waren, weiß niemand, zumindest aber erlauben sie eine Interpretation, welcher Art die Häresie der Templer gewesen war. Insofern ist der Text eine ausgezeichnete Arbeitshypothese.

Artikel 19 ist in seiner Eindeutigkeit kaum zu überbieten: »Der Einzuweihende soll zu den Archiven geführt werden, wo man ihm das Mysterium der Göttlichen Wissenschaft, das Mysterium von Gott, vom Jesuskind, vom wahren Baphomet, vom neuen Babylon, von der Natur der Dinge, vom ewigen Leben, aber vor allem von der *Geheimen Wissenschaft der Großen Philosophie: Abraxas und die Talismane* zeigen soll. Alles Dinge, die den Priestern des Ordens kategorisch verborgen bleiben.«[54]

Abraxas war der höchste Gott der gnostischen Sekte der Basaliden, die um 150 n. Chr. in Erscheinung trat. Er soll ihrer Auffassung nach alle anderen Götter ins Leben gerufen haben –

---

[53] Zit. aus: Jean-Luc Chaumeil: Le Trésor des Templiers. Paris 1994, S. 238. Übs. v. Franjo Terhart
[54] Zit. ebd.

auch Jesus Christus. Die sieben Buchstaben des Namens Abraxas haben im griechischen Alphabet den Zahlwert 365, was der Anzahl der Tage im Jahr entspricht, aber auch dem Gott Mithras. Abraxas hat die Gestalt eines Löwen und den Kopf eines Hahnes. Seine beiden Füße sind Schlangen. In der Hand hält er eine Peitsche, wie sie die Pharaonen, aber auch die Großmeister als Symbol verwendeten. Abraxas wird der Sonne zugeordnet und gilt als ägyptischer Gott. Es scheint, als habe der Templerorden das Bild des Abraxas als *geheimes Siegel* oder *Kontersiegel* im Zusammenhang mit bestimmten Zeremonien benutzt. Es ist auf einer Urkunde vom Oktober 1214, unterschrieben von Bruder André de Colours, Präzeptor des Tempels in Frankreich, zu sehen. In dieser Urkunde geht es um den Verkauf eines Waldes zwischen Senlis und Verneuil nördlich von Paris, wobei der König vorab um Erlaubnis zu fragen ist. Dieser Text ist in der Tat wenig hermetisch, macht aber durch die Tatsache, daß ein anderes Siegel benutzt wurde, deutlich, daß es eine parallele Hierarchie zum Orden selbst gegeben haben muß. Eine zweite Urkunde in den Nationalen Archiven bestätigt diesen Eindruck. Neben dem Siegel des Abraxas steht nämlich die Inschrift: *Prieuré secret de l'ordre du Temple.* Leider ist der übrige Text nicht mehr zu entziffern. Durch dieses Siegel mit dem Bildnis des Abraxas können wir vermuten, daß es ein zweites internes Organ im Orden gegeben hat, welches ausschließlich für eine bestimmte Anzahl von Templern zuständig gewesen war: die Eingeweihten. Dafür spricht auch die Wahl ihres Logos, das den gnostischen Symbolen entlehnt ist.

Noch ein Wort zu Mithras, dessen griechischer Zahlwert ebenfalls 365 ergibt, wodurch er Abraxas gleichwertig ist: Sein Fest am 25. Dezember wurde durch die frühe Kirche zum Weihnachtsfest umgedeutet. In den Riten des Mithras heißt es: »Derjenige, der mein Fleisch nicht ißt und mein Blut nicht trinkt, in der Weise, daß er nicht mit mir zusammen sein will, derjenige wird auch nicht gerettet werden!«[55] Sowohl Abraxas als auch

---

[55] Zit. aus: Maarten J. Vermaseren: Mithras – Geschichte eines Kultes. Stuttgart 1965, S. 83

Mithras wird die Stärke, die *Wachsamkeit* und die Weisheit zugesprochen. Die Wachsamkeit symbolisiert der Kopf des Abraxas, der der eines Hahnes ist. Das französische *coq* wurde vom keltischen *kog* abgeleitet, das *rot wie die Morgenröte* bedeutet. Paul de Saint-Hillaire, einem belgischen Autor, zufolge, der sich sehr mit den Siegeln der Templer beschäftigt hat, soll das Wort Abraxas auch auf einigen Tatzenkreuzen eingraviert worden sein, und zwar schon unmittelbar nach der Gründung des Ordens.

Mehr noch als Artikel 19 der »Geheimen Statuten« des Meisters Ronçelin macht mich der nachfolgende stutzig. Dort heißt es nämlich, daß es dem Großmeister verboten sei, das Consolamentum zu wählen. Damit hätte er den Zustand des vollendeten Bewußtseins im katharischen Sinne erlangt, was ihm aber offensichtlich nicht zustand. Warum nicht? Es bleibt dafür nur eine Erklärung, nämlich diejenige, daß ein Großmeister, beispielsweise Jacques de Molay, nicht die Nummer Eins im Orden war und somit zum Kreis der Auserwählten zählte. Wir wissen, daß es Templer gegeben hat, die das Consolamentum erhalten hatten, weil sie als Zeichen dafür Schnüre um den Leib gebunden trugen. Impliziert Artikel 20 der »Geheimen Statuten« also, daß es eine weitere Klasse innerhalb des Orden gab, mit einem Großmeister, der weitestgehend geheim blieb? Und dieser geheime Großmeister zählte wiederum jene Brüder zu seinem engsten Kreis, die das Consolamentum erhalten hatten, also katharischen Geistes waren? War ihr Siegel auch zugleich das des gnostischen Abraxas? Nicht auszuschließen, aber auch schwer zu beweisen!

Bemerkenswert ist noch, daß sich die geheime Regel ausnahmslos an die *frères consolés* (katharischen Brüder) wendet und sie von den ordinären Brüdern unterscheidet. Folglich existierte eine katharische Gruppe innerhalb des Templerordens! Aber über ihre Stellung zu sprechen und darüber, wodurch sie sich von den anderen unterschieden, wäre keinem von ihnen eingefallen, sie hätten »sich lieber enthaupten lassen, als es zu verraten«, erklärte Gervais de Beauvais bei seiner Vernehmung.

Liegt hierin vielleicht die wirkliche Bedeutung des Templersiegels, das zwei Ritter auf einem Pferd darstellt? In Rosslyn-Chapel stieß ich erneut auf das Siegel, aber es besitzt einen markanten Unterschied: der erste Reiter stößt den hinter sich sitzenden mit dem Ellbogen vom Pferd. Ein Schelm, wer Arges dabei denkt! Jacques de Molay war nur die zweite Garnitur; er und seine Leute mußten abtreten, weil die verborgenen Meister es so wollten!

Die Templererscheinung von Gavarnie

Die folgende Geschichte beweist, wie lebendig das Andenken an den vor 700 Jahren untergegangenen Orden hier noch immer ist. Auf diese recht merkwürdige angebliche Begebenheit stieß ich bei meiner Recherche in dem kleinen Pyrenäendorf Gavarnie, südlich von Lourdes an der spanischen Grenze, das durch den gleichnamigen *Cirque de Gavarnie* bekannt ist. Hier befand sich ein alter und wichtiger Übergang ins Königreich Aragón, den eine Templer-Kommandatur bewachte. In der romanischen Dorfkirche werden neben verschiedenen Reliquien – angebliche Knöchelchen von Maria Magdalena oder Johannes dem Täufer – auch sieben uralte Totenschädel aufbewahrt. Sie sollen Templern gehört haben, die hier 1307 zu Tode gequält worden waren, weil sie sich der Auflösung ihres Ordens durch König Philipp den Schönen mit allen Mitteln widersetzt hatten. Seit jenem blutigen Ereignis, bei dem die sieben Templer den Tod fanden, erscheint angeblich an jedem 18. März eines Jahres, dem Todestag von Jacques de Molay, auf dem örtlichen Friedhof ein Templer in voller Rüstung und mit dem weißen Mantel bekleidet. Dreimal (!) ruft die Gestalt in die Nacht hinaus: »Wer wird den Tempel verteidigen? Wer wird das Grab des Herrn befreien?« Und jedesmal erwachen die sieben Schädel und antworten: »Niemand! Niemand! Niemand! Der Tempel ist zerstört!«

Eine traurige Antwort, die zugleich impliziert, daß jemand kommt, um den Tempel wieder aufzubauen.[56]

---

[56] Auf eine ähnliche Geschichte, bei der ebenfalls sieben Templerschädel wehklagend antworten, stieß ich in Larzac, im südlichen Zentralmassiv.

Das Geheimnis von Rosslyn-Chapel

Rosslyn-Chapel in Schottland ist eine der ungewöhnlichsten Kirchen, die ich kenne. Sie ist ein architektonisches Wunder, bestehend aus vielen Türmen und einem großen Bogendach und ist insgesamt von einer bizarren Form, die eher an einen heidnischen Tempel als an eine christliche Kirche denken läßt. Wer Rosslyn-Chapel betritt, wird sich nur schwerlich der Seele dieses besonderen Gotteshauses wieder entziehen können. Und das liegt nicht nur am Mais und dem Aloekaktus, der lange vor Kolumbus von Nordamerika vielleicht durch Prinz Henry von Sinclair irgendwie dorthin gelangt ist und bildhauerisch verewigt wurde. Prinz Sinclair soll mit dem Geld der Templer eine Flotte von zwölf Schiffen ausgerüstet und mit ihnen die *Neue Welt* vor 1400 erforscht haben. Einer seiner Männer, Sir James Gunn, soll in Amerika verstorben und dort begraben worden sein. Das alles erzählen die Mauern von Rosslyn-Chapel. Aber sie erzählen noch viel, viel mehr ...

Vor allem berichten sie über die Freimaurerei, über Hiram Abiff und seine Ermordung, über die beiden Säulen Jachin und Boas. Es schwindelt einen bei der Fülle von keltischen, ägyptischen, jüdischen, freimaurerischen und vor allem templerischen Symbolen wie dem berühmten Tau-Kreuz. »Eine Decke voller Sterne, Grünpflanzen, die aus dem Mund der keltischen grünen Männer quellen, miteinander verwobene Pyramiden, Abbildungen von Moses, Türme des himmlischen Jerusalem, gezackte Kreuze ebenso wie Winkelmaße und Kompasse.«[57]

Während ich durch die Kirche schlenderte, ging mir der Gedanke nicht mehr aus dem Kopf, den das Autorengespann Christopher Knight und Robert Lomas in ihrem Buch »Unter den Templern Jerusalems. Pharaonen, Freimaurer und die Entdeckung der geheimen Schriften Jesu« aufgestellt haben. Die beiden Autoren sind davon überzeugt, daß Rosslyn-Chapel ein-

---

[57] Zit. aus: Christopher Knight/Robert Lomas: Unter den Tempeln Jerusalems. München 1996, S. 347

zig errichtet worden ist – von einem der templerisch-freimaure-
rischen Idee nahestehenden Mann namens William St. Clair –,
um hier mit der Grundsteinlegung im Jahre 1446 all jene Schrift-
stücke zu verstecken, die Hugo de Payens seinerzeit aus dem
Orient mitgebracht hatte. Im übrigen war William St. Clair ein
Nachfahre von Catherine de St. Clair, der Ehefrau Hugo de Payens, auf deren Grund und Boden südlich von Edinburgh die erste Templerkomturei Schottlands errichtet worden war. Ob Hugo de Payens seinerzeit die so wichtigen Dokumente ausschließlich im Tempelberg von Jerusalem entdeckt hat, oder, wie ich
denke, sowohl dort als auch an anderer Stelle in Outremer,
bleibt in diesem Fall unerheblich. Wenn sie wirklich unter meinen Füßen liegen sollten, dann ruhen sie dort für alle Ewigkeit.
Unter diesen Texten wird sich vermutlich das verlorengegange-
ne Evangelium Q befinden – jene geheime Quelle, von der alle
Evangelien gespeist werden. Aber es werden sich auch Texte
über die geheime Auferstehungszeremonie, das geheime Wissen, das Jesus Maria aus Magdala lehrte und, wie die Freimaurer
vermuten, Texte über die Bildung des menschlichen Geistes, der
wie der Tempel Salomons aufgebaut ist, dort befinden. Sie ruhen
unter dem sicherlich meterdicken Steinfußboden angeblich in
vier eichenen Truhen, die bei einem Brand ein Jahr nach Baube-
ginn zufällig von einigen Zeugen gesehen worden waren. Die
Absicht von William St. Clair war es, den Tempel von Jerusalem
darzustellen – im kleinen versteht sich –, aber doch so wirkungsvoll, daß Rosslyn-Chapel als ein Ort verstanden wird (»für alle,
die Augen haben zu sehen!«), an dem etwas Kostbares verborgen liegt.

Knight und Lomas vermuten, daß der Ort mit den geheimen
Dokumenten noch im Mittelalter einigen Auserwählten zugäng-
lich war. Später wurde er dann zugemauert. Sie vermuten den
Eingang bei einer kleinen Figur mit einem Schlüssel. Sie stellt
Hiram dar; zumindest hält sie einen Schlüssel an einem dreiecki-
gen Griff fest. Mich erinnert die ganze Szenerie an die Kirche in
Rennes-le-Château. Sie ist in ihrer esoterischen Kraft in gewisser
Weise mit Rosslyn-Chapel vergleichbar, wenngleich mir der Ab-

bé doch etwas weniger Kunstgeschmack bzw. Kunstverständnis gehabt zu haben schien. Auch in Rennes liegt der interessanteste Teil verborgen: die unzugängliche Krypta. Rosslyn-Chapel ist, was künstlerische Ästhetik angeht, von vorne bis hinten durchdacht und ästhetisch ausgewogen.

Eine wichtige Parallele sprang mir in die Augen: Hier wie dort schaut der *Wächter der Verborgenen Dinge* irgendwie nachdenklich zu Boden, als ob die Lösung dort in der Tiefe läge. Verbirgt sich also in der Westmauer von Rosslyn-Chapel der Zugang zu einem unterirdischen Labyrinth und seinen Schätzen, ebenso wie sich in Rennes-le-Château an gleicher Stelle ein geheimer Gang befindet, an dem Asmodeus wacht? Schätze hier wie dort, und keiner kann sie heben? Falls es doch zutrifft, daß der Orden auch eine zweite geheime Kommandoebene hatte – beispielsweise die Prieuré de Sion –, wäre es dann nicht glaubhaft, wenn die Großmeister der neuen Geheimorganisation die altehrwürdigen Dokumente an sich genommen und an sicherer Stelle verwahrt hätten? Aber vielleicht steht man auf dem Stand-

Grabplatte eines Templers in der Abtei von Beauport, Bretagne.

punkt, daß sich die Templer nach 1307 in Schottland ein neues Domizil gesucht und ihren Hauptsitz auch dort eingerichtet haben! Unbestreitbar sind Verbindungen zwischen den Freimaurern Schottlands und den Templern vorhanden. Im zugänglichen Teil der Krypta von Rosslyn-Chapel steht ein Steinsarkophag, in dem einstmals ein Templer seine letzte Ruhestätte fand. Zudem zeugen zahllose Grabplatten im County Argyll für die Anwesenheit der Templer in dieser Region. Sie sind typisch in ihrer Art: namenlos, nur mit Abbildungen von Schwertern, Rittern, Schiffen und keltischen Ornamenten versehen. Genau wie in der ehemaligen Komturei von Bure-les-Templiers im Osten Frankreichs findet man aber auch Grabplatten mit typischen Freimaurersymbolen wie Winkelmaß und Spitzhacke. Faszinierend fand ich die Schiffssymbole auf den verwitterten Grabsteinen. Sollen sie an die verschwundene Templerflotte erinnern, deren neuer Hafen sich beim heutigen Adfern befunden hat? Von hier aus unterstützten sie die Schotten in ihrem Freiheitskampf gegen England. Robert the Bruce, Bannockburn sind Namen, die zugleich geschichtliche Wendepunkte bedeuteten. Und es gibt Legenden wie die von John Grahame of Claverhouse, der zu Beginn einer entscheidenden Schlacht vom 27. Juli 1689 in Killikrankie sein Leben verlor. Schotten und Iren kämpften gegen den Oranier Wilhelm, der zu Unrecht auf dem Thron saß. Von John Grahame of Claverhouse, den einige Bloody Claver und seine Freunde Bonny Dundee nannten, heißt es, daß man auf seinem Leichnam ein altes Templerkreuz aus der Zeit vor 1309 gefunden habe. – Das Andenken der Templer wurde auch deshalb im katholischen Schottland über Jahrhunderte so sehr hochgehalten, weil die Mönchssoldaten in der Meinung des Volkes den einzig wahren Glauben gehabt hatten und nicht den englisch-anglikanischen. – Ebenfalls hielt sich jahrhundertelang das Gerücht, daß der Fluch der toten Templer auch die französische Monarchie zu Fall bringen würde. Die Revolutionäre nannten sich Jakobiner – offiziell nach ihrem Treffpunkt in einem Kloster neben der Kirche, die dem heiligen Jakob geweiht gewesen war. Daß ausgerechnet sie in ihren langen gestreiften Hosen und mit der phrygischen Mütze auf dem Kopf *(Symbol des Mi-*

thras) es waren, die sich dem heiligen Jakob namentlich verschrieben hatten, um dem König von Frankreich den Kopf abzuschlagen, wird den anderen Jakob, nämlich Jacques de Molay, in seinem ewigen Grab besonders gefreut haben.

Die rätselhafte Prieuré de Sion

Diese sonderbare Bruderschaft begegnete uns bereits bei den Dokumenten des Abbé de Saunière, in denen ihr und König Dagobert II. gleichermaßen der Schatz von Rennes-le-Château zugesprochen wird. Wer heutzutage über Templer schreibt, darf diese geheimnisvolle Gesellschaft nicht mehr auslassen. Was war und ist die Prieuré de Sion überhaupt? Übersetzt könnte man bei *Prieuré* von einem Priorat, einem Kloster, von Amt und Würde sprechen. Also das Kloster von Sion? Die Würde von Sion? Gibt es historische Aufzeichnungen über eine solche Einrichtung? In der Tat gibt es solche Dokumente, und sie belegen eindrucksvoll, daß die Prieuré de Sion älter ist als der Templerorden. Aber sie wirklich zu fassen, erinnert an die mittelalterliche Definition von Gott, der *überall ist und nirgendwo*. Ins Gespräch gebracht haben die Prieuré Autoren wie Michael Baigent und Henry Lincoln. Besonders letzterer fühlte sich häufig genug von ihr verfolgt, zumindest stark beobachtet. In ihren Büchern berufen sich manche Autoren wie der französische Journalist Gérard de Sède (»Die Templer sind unter uns«) bei ihren Thesen auf geheime Dossiers, Unterlagen, die sie von der Prieuré zugespielt bekommen hätten. Grund genug für mich, sich damit einmal auseinanderzusetzen.

Fakt ist, daß es sich bei der Prieuré de Sion um einen Geheimbund handelt, auch angesichts der gewaltigen Geheimniskrämerei, die er betreibt. Historisch ist gesichert, daß der Morgenlandfahrer Gottfried von Bouillon kurz vor seinem Tod im Jahre 1099 auf dem Berge Zion eine Abtei errichten ließ. Sie trug den Namen *Unsere Liebe Frau vom Berge Sion.* So weit, so gut. Aus einem Dokument des 17. Jahrhundert geht nun hervor, daß sich auch Ritter dem neuen Orden angeschlossen hätten, die sich *Ritter vom Orden Unserer Lieben Frau von Sion* nannten. Mehr noch, einer von ihnen wäre Hugo de Payens gewesen. Der Legende zufolge soll sich der *Orden von Sion* zunächst hauptsächlich aus abtrünnigen Tempelrittern rekrutiert haben – ein Vorgang, den man als *Spaltung der Ulme* überliefert hat. 1152 wird der Name des Geheimordens zum erstenmal erwähnt, wobei der Titel *Prieuré* erst im Jahre 1188 übernommen wird. Nun ist die Jahreszahl 1188 insoweit interessant, weil sie das Gründungsjahr für einen weiteren Geheimbund gewesen sein soll, der sich als dritter aus dem Orden von Sion und dem der Templer herausgelöst hat: die Rosenkreutzer. Sein Gründer soll Jean de Gisors gewesen sein – zuvor erster Großmeister der Prieuré de Sion. Das behauptet jedenfalls Robert Denyau, der 1629 Pfarrer von Gisors war. 13 Jahre früher war die »Chymische Hochzeit des Christian Rosenkreutz« erschienen, anonym zunächst, später stellte sich heraus, daß der württembergische Pfarrer Johann Valentin Andreae Urheber des Werkes gewesen war. Wenn es um die Rosenkreutzer geht, wird die Historie verwirrend. Und noch verwirrender ist, was die Templer damit verbindet. Das Rosenkreuz oder *Rosa Crucis* ist keines ihrer üblichen Symbole. Dennoch fand ich es an der Kirchenmauer von Montsaunès im Languedoc und im Kloster San Juan de la Peña, wo der Heilige Gral einige Jahre lang verwahrt worden war. Das Wandgrab am *Pantheon der Edlen* trägt das Rosenkreuz, das eine Weiterentwicklung des Chrismons aus dem Ankh-Kreuz darstellt. Ich deute das Auftreten des Rosenkreuzes vorwiegend an den Kirchen längs des Jakobsweges Nordspaniens und dem Kloster von San Juan de la Peña, die Kirche von Montsaunès eingeschlossen, als Beleg dafür, daß die Templer den Grals-Auftrag der Johannisritter zu ihrem eigenen Anliegen gemacht haben. Nun könnte man allerdings vermuten, daß sich daraus der eigentliche Rosenkreutzer-Geheimbund entwickelt hat. Ihm schlossen sich im Laufe der Jahrhunderte verschiedene Persönlichkeiten an wie Robert Fludd, René Descartes oder Isaac Newton. Sie alle widmeten sich gerne okkulten Studien, darunter auch der Tscheche Jan Amos Comenius, ein Wegbereiter der Freimaurerei.

Grundgedanke der Rosenkreutzer ist die These, daß die erhaltene Macht nur im Sinne des Guten angewandt werden kann, weil sich jede negative Ausrichtung derselben gegen ihren Erzeuger richten würde. Der geistige Weg des Rosenkreutzers wird sehr treffend mit dem Begriff *Spirituelle Alchemie* umschrieben. Die Rose steht hierbei für den Stein der Weisen, der den Urstoff aller Dinge enthält. Aber die Rose ist ja bekanntlich dornenreich ... Das Kreuz ist der Schmelztiegel, in dem die Rose stirbt, um gereinigt, durchgeistigt und verwandelt aufzuerstehen. Ein Rosenkreutzer macht sich folglich auf den Weg, um seine Umwandlung zu bewerkstelligen. Sie ist für ihn das große Werk, das Opus Magnum, die *Feuertaufe*, wie sie die Templer bzw. die Johannisritter in San Juan de la Peña erfuhren. Dabei soll seine endliche Substanz in eine göttliche, unendliche umgewandelt werden, was einem innerpsychischen Prozeß gleichkommt, bei dem das »Erkenne dich selbst, dann erkennst du Gott« praktiziert wird. Innere Freiheit erlangt der Rosenkreutzer nur, wenn er sich von allem löst, um die Transmutation des Geistes zu bewerkstelligen – ist nicht ein Orden das beste Mittel dafür? Dabei helfen ihm auch fernöstliche Praktiken wie das Aktivieren psychischer Zentren, der Chakras. Seitdem ich den Templer an der Kathedrale von Méaux gesehen habe, der das Halschakra aktiviert, bin ich mir sicher, daß im geheimen Kapitel des Ordens solche Techniken gelehrt wurden. Die Wächter des Heiligen Gral lebten und arbeiteten in San Juan de la Peña. Nur an diesem Ort konnte die *Rosenkreutzer-Idee* entstehen, und von hier aus ist sie ins restliche Abendland eingegangen. Für mich ist das Wappen von René von Anjou und seiner zweiten Frau Jeanne de Laval ein Beweis für die Annahme, daß der Gral von San Juan de la Peña und das Entstehen der Rosenkreutzer als Spaltung von den Templern und dem Orden von Sion 1188 zusammengehören. Auf dem Wappen des Königs von Anjou – das Haus Anjou bot Templern in der schwierigen Zeit immer eine Zuflucht – ist die gespaltene Ulme zu sehen und der Gralskelch von San Juan de la Peña. Bemerkenswerterweise lodert in ihm eine Flamme, was an den geheimen Ritus der *Feuertaufe* erinnern soll.

Wir sind etwas vom Thema *Sion* abgekommen, weil die Vorgänge darum von äußerst komplexer Natur sind. Wenn ich es richtig sehe, dann bildete der Orden von Sion eine zweite Struktur zum Templerorden, bis zur Spaltung im Jahre 1188, als angeblich bei Gisors eine Ulme gespalten oder gefällt wurde. Oder ist die Ulme nur symbolisch zu verstehen? Immer wenn Bäume bei solchen Vorgängen mit im Spiel sind, werde ich hellwach, weil Bäume den Kelten heilig waren und weil, wie wir ja gesehen haben, sehr viel Keltisches im Orden der Tempelritter anzutreffen ist. Jeder Baum führte einem Kelten den druidischen Hauptlehrsatz von der Unendlichkeit des Lebens und der Endlichkeit des Todes vor Augen. Was mag es also mit der Ulme auf sich gehabt haben, daß sie zum Sinnbild für das Auseinanderdriften von Grallehre (Orden von Sion) und Templergeist geworden ist? Bei den Kelten (Altiren) gab es eine Gleichsetzung von Ulme und Steineiche. Die Steineiche ist zum einen der Lebensbaum in der babylonischen Geschichte vom Garten Eden, zum anderen wurde der Vogel Phönix in einer Steineiche geboren und wird dort ewig wiedergeboren. Wenn die Spaltung der Ulme dieses symbolische Bild meint, dann müßten wir sie positiv bewerten. Und so ist es auch, denn letztlich ging die Sache nur für den Templerorden schlecht aus, als er 1312 aufgelöst wurde. Der Orden von Sion büßte mit diesem Bruch zunächst nur seinen weltlichen Arm ein, entging damit aber auch in späterer Zeit der Vernichtung durch König und Papst. Zudem konnte ein Teil der Geheimlehre im Geheimbund der Rosenkreutzer fortleben, ein anderer Teil später in Gestalt der schottischen Hochgradmaurerei. Ein Beispiel für das Überleben der Templergeheimnisse in der Freimaurerei ist der 30. Grad des Alten und Angenommenen Schottischen Ritus. Dieser 30. Grad heißt *Ritter Kadosch*, wobei *Kadosch* das hebräische Wort für *heilig* ist. Der Hirman des Meistergrades ist im 30. Grad der des letzten Templer-Großmeisters Jacques de Molay, dessen Märtyrertod eine realistische Darstellung findet. Denn der Ritter Kadosch tritt nicht als Rächer auf, wie viele Gegner vermutet haben. Die Verbindungen zwischen Freimaurerei und Templern sind also vorhanden und nicht nachträglich hineininterpretiert. Diese Beziehungen bestanden schon in den Zeiten, als der Orden noch existierte, wie es verschiedene Grabplatten aus jener Zeit, auf denen die für die Freimaurerei typischen Symbole zu sehen sind, eindeutig belegen. Diese *ideologischen* Beziehungen bieten sich auch deshalb schon an, weil die Templer die Bauhütten gefördert und sich beide Orden inhaltlich befruchtet haben. Nach dem Untergang des Templerordens ging die Geheimlehre in den Schottischen Ritus der Maurer ein. Hierbei sind vor allem die Royal-Arch-Logen zu nennen, die nicht einer Großloge unterstehen, sondern einem Großkapitel. Aber vor allem die von den Royal-Arch-Logen verwendeten Symbole *Kelle und Schwert* erinnern an die Templer und den Salomonischen Tempel.

Wie aber steht es mit der Prieuré de Sion? Es wäre zu einfach, alles, was darüber geschrieben wurde, für Unsinn zu erklären und die modernen Autoren der Prieuré für Lügner zu halten. Die Dinge sind wesentlich komplizierter, obwohl man Prieuré-Autoren wie Gérard de Sède oder Philippe de Chérisey mitunter bewußte Irreführung nachweisen kann. So zeigt Gérard de Sède in der französischen Ausgabe seines Buches (S. 64) ein Kriegsmonument, das in der Kirche von Couiza bei Rennes-le-Château zu sehen ist. Es ist ein Mahnmal für die Gefallenen. Einer der Toten hält auf dem Photo im Buch einen runden Stein in der Hand, den der Autor als *Stein der Weisen* oder als *Schatz* deutet (ähnlich wie der Templer an der Kathedrale von Meaux). Ich selbst fand vor Ort in der Kirche zwar jenen Soldaten, den Gérard de Sède als Beweis für seine These in seinem Buch ablichtete, aber leider hält er keinen runden Stein in seiner Rechten, sondern ein Gewehr. Mit derlei Verwirrspielchen ist bei allem, was die Prieuré angeht, immer zu rechnen. Allerdings würde Gérard de Sède heftig abstreiten, daß er irgend etwas mit der Prieuré zu tun hat, dennoch weiß er mitunter ungewöhnlich viele Interna zu berichten, so zum Beispiel, daß eine Neuformierung des Geheimbundes im Jahre 1959 durch Pierre Plantard vorgenommen wurde. Pierre Plantard hat sich im übrigen in einem recht merkwürdigen Buch über die wahre keltische Sprache und natürlich über Rennes-le-Château geäußert.

Vieles dreht sich, wie im 1977 publizierten Prieuré-Dokument »Le Cercle d'Ulysse« (Der Kreis des Odysseus), für das ein gewisser Jean Delaude verantwortlich zeichnet, um die Festung Gisors. Im übrigen sieht die Prieuré sehr gerne direkte Zusammenhänge zwischen Stenay, Gisors und Rennes-le-Château, die durch Linien miteinander verbunden ein spitzes, fast gleichschenkeliges sogenanntes *goldenes* Dreieck ergeben. In Gisors wollte auch Gérard de Sède die Spur der Templer wieder aufnehmen und berichtet von einer unterirdischen Kapelle aus der Zeit der Templer – Sankt Katherina. 19 Steinsarkophage seien dort verborgen, neben den von mir bereits erwähnten 30 Schatztruhen. Nachzuprüfen sind seine Angaben leider nicht. In seinem Werk »Die Templer sind unter uns« versucht de Sède auch genealogische Verbindungen zwischen den Erbauern von Gisors und der Prieuré de Sion nachzuweisen, was ihm aber meines Erachtens nicht gelingt. So behauptet er, daß Roger Montgomery, vor allem aber sein Sohn Roger de Bellême für den Bau der Burg von Gisors verantwortlich gewesen sei. Dieser Roger Montgomery sei im übrigen im Jahre 1066 der Großmeister der englischen Freimaurer gewesen, was wohl mit Recht bezweifelt werden darf. Allerdings kann man durchaus den Standpunkt vertreten, daß es eine ununterbrochene Weitergabe von Geheimnissen unter den Baumeistern gegeben hat, von der griechisch-römischen Zeit bis auf den heutigen Tag, oder reicht sie gar bis in die ägyptische Zeit? Manche Autoren gehen sogar noch weiter zurück bis zu den Megalithikern. Dann allerdings ließen sich sogar für das Jahr 1066, als England gerade unter der Normannenherrschaft litt, mögliche Großmeister der Freimaurer nachweisen, wenn man die Logen der Bauhütten als freimaurerische vereinnahmt. Bei diesen mir eher willkürlich erscheinenden Gleichsetzungen halte ich Vorsicht für dringend angebracht.

Worum geht es der Prieuré eigentlich? Man kennt sie nur durch Autoren, die sich auf sie berufen und anscheinend mehr wissen als jeder andere. Zwei Themen ziehen sich dabei wie rote Fäden durch ihre Veröffentlichungen: zum einen der Nachweis, daß der

Heilige Gral das *Heilige Blut* darstellt und es eine Geschlechterab-
folge über Jesus, Maria Magdalena und deren Kinder hin zu König Merovech und den Merowingern gibt, denen die königliche
Herrschaft von den Karolingern durch den Mord an Dagobert II.
in Stenay geraubt wurde. Philippe de Chéresy, ein weiterer
Prieuré-Autor, versuchte nachzuweisen, daß zum Beispiel die
Plantards aktuell die königliche Familie Frankreichs seien. Verschiedene Plantards wären dementsprechend natürlich auch
Großmeister, besser *Nautonnier* der Prieuré im Verlauf ihres Bestehens gewesen. Der Begriff Nautonnier (Steuermann, Fährmann)
für den Chef des Ordens von Sion ist dabei ziemlich überlegt gewählt. Zum einen taucht er in ähnlicher Form in den *Papst-Prophe-
zeiungen* des irischen Mönches Malachias auf, zum anderen weckt
er direkte Assoziationen mit der Stadt Paris, deren Wappen ein
Schiff ist und bei deren Gründung es auch geheimnisvolle *Nautae-
Seeleute* gegeben haben soll. Aber auch Anklänge an die Sonnen-
barke der Ägypter und die Argonauten, mit denen sich die Alchemisten so gerne verglichen, sind beabsichtigt. Die Prieuré versucht aufzuzeigen, daß sie es ist, die seit Jahrhunderten insgeheim
führt und lenkt. Sie allein stellt die *Steuermänner*, die den *Kahn Gesellschaft* lenken und auf richtigem Kurs halten. Ihr vermeintliches
Ziel: die Wiederherstellung des wahren königlichen Geschlechts
und dessen Regierung im Abendland. Hinzu kommt die Vorstellung, daß das wahre Christentum einstmals auferstehen wird,
wenn sowohl die historischen wie auch die hermetischen Zusammenhänge, vor allem um Maria Magdalena und Jesus, bekannt
geworden sind. Damit soll die Kirche in Rom aus den Angeln ge-
hoben werden! Zu letzterem sollte wohl auch der Abbé Saunière
beitragen, als er in Rennes-le-Château auf alte Prieuré-Dokumen-
te stieß. Treuhänderisch, so Gérard de Sède, wurde ihm ein Teil
des Schatzes anvertraut. Irgendwo bei meinen Recherchen stieß
ich auf die Gesamtzahl der Mitglieder, die der Prieuré angehören
sollen – eine Zahl, die immer gleich bleibt: nämlich 365, die Zahl
Mithras' und des Gottes Abraxas. Die Prieuré tritt jedoch nicht öffentlich in Erscheinung, hält sich im Hintergrund wie jede gute
Geheimgesellschaft und gibt nur bruchstückchenweise Dinge
preis, über die dann spekuliert werden darf.

Niemand anderes als die Prieuré de Sion will einstmals den Templer-Orden gegründet haben, und sie sei es auch gewesen, die langfristig Ziele angesteuert habe, die darüber hinausgingen. Selbstverständlich lag auch der Untergang der Templer in ihrem Interesse und wurde sogar von der Prieuré veranlaßt. Der weltliche Teil des Ordens war ihrer Meinung nach überflüssig geworden. Insgeheim lebte die Templeridee aber weiter und ging auf die Rosenkreutzer, die Freimaurer und die Prieuré über, wobei letztere für sich in Anspruch nimmt, wegen des Erbes des Sang Royal auch weltliche, d.h. die einzig wahre königliche Macht zu besitzen.

Die Macht der Roten Schlange

Ich muß noch einmal auf Rennes-le-Château zurückkommen, mit dessen Geheimnis die Prieuré de Sion sehr verbunden zu sein scheint. Etwas ungewöhnlich sind die vielen Assoziationen, Ähnlichkeiten, Anspielungen und rätselhaften Bilder sowohl im Fall Rennes als auch im Fall der Prieuré. Ein Beispiel ist der 17. Januar. Wir erinnern uns, daß an jedem 17. Januar ein Sonnenstrahl die Statue des heiligen Antonius berührt, dessen Fest an diesem Tag gefeiert wird. Der 17. Januar ist aber auch der Todestag von Marie de Nègre d'Ables, Dame d'Hautpoul de Blanchefort, die am 17. Januar 1781 diese Welt verließ. Auf ihrem Grabstein fand Abbé Saunière Hinweise zu den versteckten Dokumenten der Prieuré in seiner Kirche. Saunière selbst erlitt am 17. Januar 1917 einen Schlaganfall, von dem er sich nicht mehr erholte, und verschied nur fünf Tage später. An einem anderen 17. Januar, nämlich dem des Jahres 681, sollte eigentlich Sigisbert IV., Sohn von Dagobert II., in Rennes-le-Château eintreffen, was aber nicht stattfand, weil die Thronräuber längst am Werk waren; die Merowinger wurden entmachtet. Papst Gregor XI. traf am 17. Januar 1377 in Rom ein, nachdem er Avignon am 13. September 1376 für immer verlassen hatte. Damit saß der Nachfolger Petri wieder auf seinem Thron im Vatikan. An einem 17. Januar 1967 wurde ein ungewöhnliches Buch veröffentlicht: Es erschien »Le

Serpent Rouge« (Die Rote Schlange), ein rätselhafter verschlüsselter Text, der Eingeweihten sowohl Hinweise auf das Geheimnis von Rennes-le-Château als auch angeblich auf die geheimen Lehren der Templer gibt. Einer der Großmeister (Nautonnier) der Prieuré de Sion soll der Alchemist Nicolas Flamel gewesen sein. Er behauptet, daß ihm das *Große Werk* an einem Montag gegen Mittag des 17. Januar 1382 zum erstenmal gelungen sei. Im übrigen stammt Flamel aus dem Vexin, der Gegend um Gisors. Und als letztes: Der 17. Januar ist auch das Fest des heiligen Sulpicius, dessen Pariser Kirche im Ortsteil Saint-Germain des Près auf demselben Längengrad liegt wie die Kirche von Rennes-le-Château.

Die erwähnte »Rote Schlange« ist ein literarisches Mysterium der besonderen Art. Es erscheint als Anhang des Buches »Genesis« von David Wood, der den Text wiederum von einem anderen Autor namens Louis Saint Maxent 1966 erhalten haben will. Insgesamt waren es jedoch drei Autoren, die den Text verfaßt haben: Louis Saint Maxent, Gaston de Koker und Pierre Feugère. Wenige Wochen nach der Veröffentlichung wurden alle drei ermordet: Louis Saint Maxent starb am Montag, den 6. März 1967 um 7.30 Uhr durch Erhängen, Gaston de Koker am selben Tag um 9 Uhr durch Erhängen, und Pierre de Feugère am Dienstag, 7. März 1967 um 6.20 Uhr ebenfalls durch Erhängen. Es wurde sehr schnell festgestellt, daß es sich nicht um drei Selbstmorde handelte. Aber wer hatte die Verbrechen begangen, und vor allem warum? Was war das Motiv für diese Morde? Die Veröffentlichung der »Roten Schlange«? Dann kann es sich nur um einen nachträglichen Racheakt gehandelt haben, weil der Text bekannt geworden war. Aber wer waren der oder die Täter? Die Prieuré de Sion?

Und dann die Todesart! Man weiß von einem Templer aus Carentoir in der Bretagne, daß er sich kurz vor Eintreffen der königlichen Schergen im Oktober 1307 mit einer Kette in der Kapelle erhängte. Zog dieser Templer den Tod der Befragung durch die Inquisition deshalb vor, weil er andernfalls Dinge verraten hätte, die niemand hören sollte? Oder beging er rituellen

Selbstmord? Wir wissen leider nicht, auf welche Weise man den toten Templer vorfand.

Die Todesart der drei Autoren der »Roten Schlange« macht mich nachdenklich. Im Tarot existiert die Karte des *Erhängten*. Karte Nr. 12 des Rider-Tarot zeigt einen Mann, aufgehängt an einem Bein an einem Balken. Der Gehängte im Tarotspiel drückt absolute Unterwerfung aus, die das Menschliche gegenüber dem Göttlichen beweisen muß. Zudem kreuzt der Gehängte seine Beine in einer bestimmten Weise. Im 18. Grad des Schottischen Ritus der Freimaurerei besteht eines der Erkennungszeichen darin, seine Beine genauso zu kreuzen, wie es der hermetisch Gehenkte tut.

Was im Tarot als eine Art symbolischer Tod gedeutet werden kann, wurde für die drei Männer zum tödlichen Ernst. Oder haben wir es hierbei mit rituellem Selbstmord zu tun? Die drei haben etwas verraten und sich anschließend dafür an sich selbst gerächt. Was aber steht nun an Offenbarungen in der »Roten Schlange« oder »Le Serpent Rouge«?

Der Text erweckt vordergründig den Eindruck, als habe die Prieuré de Sion erneut ein Stückchen vom großen Geheimnis preisgegeben, allerdings nur an denjenigen, der richtig zu lesen versteht: »Laß denjenigen, der richtig begreift, es weise nutzen!«

Eine solche Aussage erinnert an den Grad des schottischen Royal Arch: »Wenn du das begreifst, weißt du genug.«

»Le Serpent Rouge« teilt jedem der zwölf Tierkreiszeichen eine verschlüsselte Botschaft zu und fügt dem astrologischen Kreis noch ein weiteres Zeichen hinzu: nämlich das der Schlange, die sich selbst in den Schwanz beißt, den Ouroboros. Der Text sagt dazu, daß er das Geheimnis des Salomonischen Siegels und seiner Königin kennt; gemeint ist die Königin von Saba, die die Weisheit der Sophia verkörpert. Die Schlange ist also die Kraft der Kundalini, die geweckt werden muß, um zu einem höheren Bewußtsein seiner selbst zu gelangen oder, wie es der Text verkündet, zum *puren Gold*.

Ansonsten werden im Text all jene wichtigen Schlüssel mitgeteilt, die einem beim Geheimnis von Rennes-le-Château begegnen: Asmodeus, der Maler Poussin, der Spruch »In diesem Zeichen wirst du siegen« ohne das *ihn*, »Et in Arcadia Ego« usw.

Weil ich denke, das Geheimnis des Abbé Saunière zu kennen, war ich beim Lesen gespannt darauf, ob Maria Magdalena erwähnt würde, und falls ja, in welcher Weise. Die schöne Büßerin wird zum erstenmal im Abschnitt Nr. 7, *Sternzeichen Löwe,* genannt, und das im Zusammenhang mit der Göttin Isis. Sieben Teufel hatte Jesus aus ihr ausgetrieben. Spielte diese Tatsache auch bei den Autoren eine Rolle, so daß sie erst im siebten Abschnitt des Textes erscheint? Maria Magdalenas geheimer Name lautet *Unsere liebe Frau von den Kreuzen.* Sie allein besitzt jenen Balsam, der die Wunden heilt, womit auf die besondere Behandlung des gemarterten Körpers Jesu angespielt wird, aber auch auf ihre erste Begegnung, bei der sie seine Füße salbt und die vergossenen Tränen mit ihrem Haar abwischt. Mit Isis hat sie eigentlich nichts gemein. Isis ist gänzlich in Maria, der Jungfrau, *aufgegangen* und verkörpert das Prinzip der nährenden Muttergottheit, die alle Dinge der Natur aus sich heraus gebiert. Aber Isis setzte auch den Körper von Osiris wieder zusammen, den Seth in vierzehn Stücke zerteilt hatte. Insofern gibt es hier eine symbolische Entsprechung zum heilenden Balsam der Maria Magdalena. Und die Autoren stellten zwischen ihr und Isis eine weitere Beziehung her. Isis wird im Text als *Königin der Heilquellen* bezeichnet. Und es gibt in Rennes-les-Bains eine Thermalquelle, die bereits die Kelten nutzten. Diese Quelle, am Fluß Blanque gelegen, wurde lange Zeit *Madeleine* genannt. Ihr Wasser ist stark eisenhaltig und schmeckt ein wenig bitter, wie ich mich überzeugen konnte. Und was den Titel *Unsere liebe Frau von den Kreuzen* angeht, so stieß ich oberhalb der Quelle in der Nähe von Caunès auf einen Ort, der *Notre Dame du Cros* genannt wird. Vermutete also das Autorentrio in dieser Gegend das Grab von Maria Magdalena, denn an anderer Stelle im Text ist auch von der *Stimme des Blutes* die Rede?

Dies alles hat nur noch entfernt mit den Templern zu tun, oder etwa doch nicht? In »Le Serpent Rouge« wird der Orden nicht erwähnt, aber auch nicht die Prieuré de Sion. Dennoch sind beide allgegenwärtig, denn das Geheimnis von Rennes-le-

Château begann vor fast 2000 Jahren und wurde von den Mero-wingern, später den Templern, Männern wie Saunière und natürlich der nach wie vor rätselhaften Prieuré de Sion weiterge-tragen, die von sich als *Sion* behauptet, die *Verlobte der perfekten Gemeinschaft* zu sein. Sion ist also weiblich und eine Göttin? Wir wissen es nicht. Der Prieuré jedenfalls kann nur recht sein, daß über all das immer und immer wieder spekuliert wird, weil sie einen geistig-religiösen Umsturz bewirken möchte. Ob ihr das gelingen wird, ist allerdings zweifelhaft. Ein Geheimbund ohne ein Geheimnis ist wie eine offene Wunde, die niemals mehr ver-heilen wird. Und so erscheint es allemal besser, wenn alles mehr oder weniger im Trüben bleibt und man niemanden jemals bis zu den *Dessous des heiligen Rätsels* durchblicken läßt.

Schlußbetrachtung –
Die Hoffnung auf den
24. Großmeister

Unsere *Reise* durch die geheimen Welten des ehemaligen Templerordens neigt sich ihrem Ende zu. Ich habe versucht, die Geheimnisse des Ordens zu entschleiern, indem ich das esoterische Glaubensbekenntnis der Mönchssoldaten weitgehend anhand von Fakten rekonstruierte. Ausgehend von der Darstellung der neun ersten Templer in der Kirche von Saint-Denis in Paris, die an einem Pfeiler der Krypta zusammen mit der Bundeslade abgebildet sind, habe ich diese Lade geöffnet, um zu sehen, was sie enthält.

Es zeigte sich, daß der Inhalt der *Arche mit dem verborgenen Wissen* erstaunlich und vielfältig zugleich ist. Zuunterst stieß ich auf keltische Wurzeln, die sowohl von Bernhard aus Clairvaux als auch von seinem geistigen Mentor Etienne Harding in den Orden hineingetragen wurden. Sie bilden das Fundament, auf dem das hermetische Wissen um Mensch und Kosmos weiter aufgebaut wurde.

Zudem ist Etienne Harding jener Mann gewesen, der Männern wie Hugo de Payens und anderen den Auftrag gab, sich im Nahen Osten nach alten hermetischen Texten umzusehen, die bis in die Tage der Ägyptischen Mysterienkulte zurückreichen. Ebenfalls wurden durch ihn Kontakte zu den verschiedenen nichtchristlichen Kulturen, Geheimbünden und Gruppierungen im Vorderen Orient aufgenommen: Drusen, Assassinen, Juden und Moslems. Die Abtei von Cîteaux entwickelte sich im 12. Jahrhundert zu einem Ort des Studiums nichtchristlicher Literatur. Gnosis, Kabbala, Magie, Marienverehrung, Mithraskult, Katharerglaube und die Wahrheiten der Mysterien standen dabei im Vordergrund.

Als nächstes holte ich die Zeichen und Symbole der Templer aus ihrer *Arche* hervor: Siegel, Farben, Kriegsflagge, deren ehemalige Verwendung man seit langem zu kennen meint. Aber auch hier zeigte sich, daß ihnen ein zweiter und geheimer Sinn innewohnt, den man erst entschlüsselt, wenn man die hermetischen Grundlagen kennt. Dann erst zeigt sich, daß der Orden der Mönchsritter wahrhaft ein *Orden des Baphomet* gewesen ist (Baphomet war ein mächtiges Symbol für die eingeweihten Templer). Denn es gab geheime Regeln, die nur Gott, der Teufel und die Großmeister kannten, wie wir aus dem Prozeß gegen die Templer von einem Ahnungslosen und Unwissenden erfahren haben. Neben dem offiziellen Orden mit seinen bekannten Regeln gab es eine zweite geheime Gruppierung innerhalb des Ordens, deren Mitglieder – wie es ein Ronçelin du Fos eindrucksvoll belegt – sogar dem Großmeister übergeordnet waren. Maître Ronçelin formulierte die Geheimlehre des Ordens. Ihr ketzerischer Glaube gründete im Katharertum, denn man fand nach der Verhaftung von 1307 seltsame Bänder, die sich diese Mönchsritter um den Leib gebunden hatten und die anzeigten, daß die betreffende Person das Consolamentum erhalten hatte – ein katharisches Sakrament. Das *Kontersiegel* dieser mächtigen Gruppe innerhalb des Ordens war das Bildnis des Gottes *Abraxas.*

Leider haben uns die eingeweihten Templer nichts Schriftliches hinterlassen – falls doch, liegt es noch immer irgendwo verborgen – eine Spur führt nach Schottland zur Rosslyn-Kapelle. Auch ihre weltlichen Schätze harren nach wie vor ihrer Entdeckung, auch wenn man sie an Orten wie Gisors, Valcroix, Schloß Arginy oder Rennes-le-Château immer noch vergeblich sucht. Obwohl wir also kaum etwas schwarz auf weiß über die Geheimlehre der Templer in Händen halten, haben sie sich dennoch an anderer Stelle verewigt: in Stein. Die Graffiti von Chinon und Domme, wo Mönchssoldaten viele Jahre lang inhaftiert gewesen waren, beweisen eindrucksvoll, wie stark der *Unglaube* und wie groß das Verlangen nach einem anderen Christentum ohne Papst und Amtskirche gewesen war. Das beherrschende Symbol dieser Inschriften ist der Heilige Gral. Er steht in Zusammenhang mit dem Geheimnis um Maria Magdalena. Ihre

Spur findet sich sowohl in Leonardo da Vincis Fresko »Das Abendmahl« als auch im berühmten Genter Altarbild. Die schöne Büßerin bürgt für eine andere und brisante Botschaft ihres Herrn und Geliebten Jesus, des Nazareners. An sie und das Gralsgeheimnis knüpft auch die Prieuré de Sion an, die sich als Geheimbund hinter dem Templerorden begriff und immer noch so versteht.

Doch nur die Eingeweihten verstehen den Sinn hinter all den Rätseln, Assoziationen, Gemeinsamkeiten, Zahlensymboliken und zweideutigen Texten. Zu diesem Zweck errichteten die Templer bestimmte Orte, zu denen die unterirdische Kapelle von Bois de Jaunière in der Normandie ebenso zählt wie die unter der Erde liegende Kapelle Sainte-Katherine in Gisors. Die Bauten des Ordens sprechen eine geheime Sprache, die es zu entschlüsseln gilt: Eunate und Lanleff, aber auch die Kirchen von Montsaunès, San Bartolomé und Méaux zählen an erster Stelle mit dazu. Sie künden vom verborgenen Wissen der Ritter mit dem Tatzenkreuz, zu dem gleichermaßen Techniken des Yoga, Kenntnisse der Druiden als auch die meisterhafte Handhabung der *magischen Geographie* hinzugehören, die bis auf den ägyptischen Gott Thot zurückgeführt werden kann.

Zuoberst in der *Arche des Wissens* stieß ich auf Indizien, die dafür sprechen, daß der letzte Großmeister des Ordens, Jacques de Molay, ein großes Geheimnis mit ins Grab nahm. Es hat mit dem Untergang seines Ordens zu tun, der allem Anschein nach auch im Interesse der verborgenen und ketzerischen Gruppierung innerhalb des Ordens gelegen hatte. Die Templer hatten ihre geschichtliche Aufgabe erfüllt. Ihre äußerlichen Strukturen gingen auf den Christusorden über, der 1318 in Portugal gegründet wurde. Das Geheimwissen wurde von den Rosenkreutzern, den Freimaurern und der Prieuré de Sion weitergetragen mit dem Ziel, eines Tages den Vatikan zu stürzen und das wahre, weil göttliche Herrschergeschlecht in Europa als Instanz einzusetzen. Spekulationen über eine kontinuierliche Folge von verborgenen Großmeistern, die dem letzten offiziellen bis heute folgen, gibt es zuhauf. Es liegen zahllose Namenslisten vor, und noch 1779 behauptete Karl G. Anton, ein Templer-Forscher, daß sich sowohl in Rom und Köln als auch im slowakischen Tirnau Tempelherren in ihren alten Wohnungen und in ihren ehemaligen Kleidern befänden. Sie würden ihre Häuser jedoch niemals verlassen, aus Angst, getötet zu werden. Und bei meinen Recherchen stieß ich auf einen Zeitungsartikel von 1988, in dem behauptet wird, daß der damals letzte Großmeister des Ordens im April 1988 im Alter von 90 Jahren in San Sebastian in Nordspanien gestorben sei. Vierundzwanzig Sprachen habe er gesprochen und sein Vermächtnis habe darin bestanden, daß er sich zusammen mit einer Ägypterin in die Große Pyramide zum Sterben gelegt habe. Aber sein Nachfolger sei bereits in Sicht. Als Quelle gab die Zeitung den Sekretär des verstorbenen Großmeisters an, der mit Vornamen André heißen und in der Nähe von Châteauneuf-des-Bains leben soll.

Und vermutlich haben auch jene unbekannten *Graffiti-Künstler*, deren mysteriöses Zeichen ich sowohl in der Bretagne als auch im Roussillon an verschiedenen Stellen entdeckt hatte, den Todestag Jacques de Molays im Sinn gehabt, als sie die Zahlen 6-7-5 in den Kreis mit dem scheinbaren Dreieck setzten. Was soll die Zahl bedeuten, fragte ich mich immer wieder, wenn mir das Zeichen irgendwo unterkam. Es war nicht sehr alt, und an vielen Stellen hatte man es auch wieder von den Mauern entfernt. Mein Freund in Carcassonne war der Ansicht, daß es so um 1989/90 zum erstenmal aufgetaucht sei. Und da hatte ich plötzlich einen Einfall. Ich subtrahierte von 1989 die Jahreszahl 1314 (das Todesjahr Jacques de Molays) und erhielt das Ergebnis: 675. Heureka! 1989 war ein Jahr des politischen Umbruchs in Europa gewesen. Vielleicht wollten die Unbekannten, die das Zeichen in die Welt gesetzt hatten, damit zum Ausdruck bringen, daß es nun auch einen geistigen Umbruch oder Aufbruch geben sollte! Durch die Templer? Wer weiß?

Nun denn! Es bleibt die Frage nach dem 24. und für alle Welt sichtbaren Großmeister, die nach wie vor nicht eindeutig beantwortet ist. Viele warten und warteten auf ihn – so auch der Abbé Saunière, der Rennes-le-Château zum Zentrum einer neuen Religion machen wollte. Denn der Geist der geheimen Templerlehre nährte sich von der Vorstellung, daß Gottes Geist in uns wirkt und ewig in uns existiert. Der Eingeweihte weiß, daß die Welt um seinetwillen erschaffen wurde und er für immer in einem grenzenlosen spirituellen Ozean geborgen ist. Dieser *Ozean* liegt der materiellen Welt primär zugrunde, und aus ihm entspringt alles, was ist, war und sein wird.

Aber noch schläft der 24. Großmeister irgendwo im Verborgenen und wartet darauf, daß er durch die Wiederauferstehung des Tatzenkreuzes – Symbol für das Universum und das Heilige Bewußtsein – endlich aufgeweckt wird.

Franjo Terhart
Das Geheimnis der Eingeweihten
Was spirituelle Persönlichkeiten uns erschließen

Durch das Zeugnis der in diesem Buch versammelten Persönlichkeiten erfahren wir, daß Einweihung ein Prozeß ist, der sich nicht im geheimnisvollen Rahmen von Zeremonie und Ritus vollziehen muß. Wer sich für die Offenheit des Geistes entscheidet, erlebt das Wunder der stufenweisen Einweihung. Und dennoch lehren uns gerade die wahrhaft magischen Personen, daß Einweihung im Grunde jedem Menschen zuteil werden kann, denn die wirkliche spirituelle Erfahrung spielt sich in der Tiefe der menschliche Seele ab. Die großen Eingeweihten der letzten drei Jahrtausende können uns dabei Vorbild und Partner sein. Somit stellt diese Werk eine spirituelle Reise dar, die wir gemeinsam mit den großen Gestalten der Einweihung unternehmen können, um dem Geheimnis des Lebens näherzukommen.

ISBN 3-404-70146-1

Jeder kennt die folgende Situation: Man begegnet einem Menschen – und dreht sich, einem unbewussten Drang nachgebend, nach ihm um. Derjenige hat »Charisma« – eine starke und positive Ausstrahlung.

Oft haben wir diesen Ausdruck schon gehört oder gelesen, aber worin besteht eigentlich jene geheimnisvolle Anziehungskraft? Kann man sie bewusst einsetzen und vielleicht sogar andere damit manipulieren?

Theodor Dombrowski untersucht in diesem Buch die Kraft der Ausstrahlung und vermittelt uralte Praktiken, die die eigene Anziehungskraft mit dem Ziel eines erfüllten Berufs- und Privatlebens steigern können. Er geht aber noch weiter und betrachtet das Charisma als »Strahlkraft alles Lebendigen« und Energie des Univer-sums, die sich jeder zunutze machen kann.

ISBN 3-404-70180-1

BASTEI LÜBBE

Atlantis

Christa Zettel
Reiserouten der Götter
Zurück in die Zukunft:
Das Erbe der Schamanen

Die uralten Mythen der Völker führen uns auf eine Reiseroute quer über den gesamten Globus. Im geistigen Erbe unserer Vorfahren findet die Autorin ein Wissen, das uns in die Lage versetzt, unser »Woher« und »Wohin« zu erkennen. Jene harmonische Einheit zwischen Mensch und Kosmos, die für die chinesischen, indischen, sumerischen, keltischen, ägyptischen und steinzeitlichen Mysterien so typisch ist, ist dem heutigen Menschen verlorengegangen.

Christa Zettel unternimmt eine Reise quer durch Raum und Zeit und bringt die neuesten Erkenntnisse der modernen Naturwissenschaften mit den althergebrachten Mythen unserer Ahnen auf fruchtbare und verblüffende Weise in Einklang.

Das Ergebnis dieser inneren und äußeren Reise der Autorin ist ein neues Weltbild, das uns zu den Ursprüngen unseres Bewußtseins zurückführt.

ISBN 3-404-70181-X

BASTEI
LÜBBE